本书出版由"江西省落实民间投资政策评估""江西
政策评估"课题资助

U0571484

激发
民间有效投资活力
实践与探索
——基于江西省的经验

麻智辉 高玫 / 主编

经济管理出版社

ECONOMY & MANAGEMENT PUBLISHING HOUSE

图书在版编目（CIP）数据

激发民间有效投资活力实践与探索：基于江西省的经验／麻智辉，高玫主编. —
北京：经济管理出版社，2019.12

ISBN 978-7-5096-6948-8

Ⅰ.①激… Ⅱ.①麻… ②高… Ⅲ.①民间投资—投资政策—研究报告—江西
Ⅳ.①F832.756

中国版本图书馆 CIP 数据核字（2019）第 287793 号

组稿编辑：杨　雪
责任编辑：杨　雪　董必俊
责任印制：黄章平
责任校对：陈　颖

出版发行：经济管理出版社
　　　　　（北京市海淀区北蜂窝 8 号中雅大厦 A 座 11 层　　100038）

网　　址：www. E-mp. com. cn

电　　话：(010) 51915602

印　　刷：三河市延风印装有限公司

经　　销：新华书店

开　　本：720mm×1000mm /16

印　　张：18.75

字　　数：298 千字

版　　次：2019 年 12 月第 1 版　　2019 年 12 月第 1 次印刷

书　　号：ISBN 978-7-5096-6948-8

定　　价：69.00 元

目　录

第一章　绪论

优化营商环境，激发民间投资活力，既是地方经济发展的重要基础，也是解放生产力、提升竞争力的基本条件。当前中国经济面临较大的下行压力，促进民间投资将有效弥补国家在宏观经济调控上的短板，进一步增强中国经济活力，推动经济增长。党中央、国务院高度重视民间投资工作，近年来相继出台了《关于进一步做好民间投资有关工作的通知》《关于进一步激发民间有效投资活力促进经济持续健康发展的指导意见》等一系列有针对性的政策文件，江西省政府也出台了《关于进一步激发民间有效投资活力促进经济持续健康发展的实施意见》，并开展了专项督察，有效地促进民间投资增速企稳回升。但是，当前民间投资增长仍面临着不少困难和障碍，部分鼓励民间投资的政策尚未落实到位，营商环境有待进一步改善，一些垄断行业市场开放度不够，融资难、融资贵问题仍然存在，民间投资活力不强的局面尚未根本改观。全面落实民间投资政策，对于为进一步调动民间投资积极性，激发民间投资潜力和创新活力，促进经济持续健康发展具有重要意义。

第一节　研究背景

一、研究目的

为贯彻落实国务院《关于进一步激发民间有效投资活力促进经济持续

健康发展的指导意见》和江西省政府《关于进一步激发民间有效投资活力促进经济持续健康发展的实施意见》精神，进一步优化全省营商环境，推动各项民间投资政策的落地生效，促进江西省民间投资健康发展。

二、研究意义

改革开放以来，江西民间投资不断发展壮大，已经成为促进经济发展、调整产业结构、繁荣城乡市场、扩大社会就业的重要力量和稳定江西经济的重要基础。民间投资已占到全社会固定资产投资的60%以上。进入新时代以来，推动高质量发展，对进一步落实民间投资政策提出了新要求。然而，近年来，受多重因素影响，民间投资出现增速放缓的趋势，除全国性的工业品出厂价格持续下滑以外，部分产能过剩行业的企业利润增速面临更大压力，在一定程度上影响了民间投资的积极性。此外，民间投资抽贷、断贷现象突出，融资难仍普遍存在；审批烦琐依然突出；成本高、负担重，影响企业投资意愿等问题，也令民间资本望而却步。因此，进一步落实民间投资政策，促进民间投资健康发展，对于促进供给侧结构性改革，稳增长、促创新、增就业、改善民生具有重要意义。

第二节 研究范围

一、行业领域

包括第一产业、第二产业、第三产业。重点为种植业、林业、畜牧业、养殖业、加工制造业、交通运输业、通信产业、商业、餐饮业、金融业、建筑业、房地产业、旅游产业、文化产业、教育产业、公共服务业等。

二、区域

包括南昌、九江、赣州、上饶、宜春、景德镇、抚州、吉安、新余、鹰潭、萍乡11个设区市及100个县（市、区）。

第三节　研究方法

一、多学科研究方法

综合运用区域经济学、公共管理学、统计学、社会学等学科的基本原理和研究方法，以多方动态博弈为研究原则，以系统理论为研究框架，从多层面、多角度研究落实民间投资政策的理论和实践。

二、座谈会

调研组深入访谈省、市、县，开展专题座谈会，并深入企业与企业家一对一访谈，了解当地落实民间投资政策情况。

三、问卷调查

一是实地走访开展座谈会或企业一对一访谈时发放问卷；二是利用环境监测点系统收集有效问卷；三是各设区市工商联组织市本级非公企业进行填报调查问卷。

问卷数量全省总共1000份，其中每个市不低于100份；每个县（市、区）不低于50份。南昌、九江、赣州、上饶、吉安、抚州等市覆盖60%的县（市、区），其余设区市县域全覆盖。

四、典型案例分析方法

以落实民间投资政策研究为基础，选取全省具有典型意义和特点的市、县区域为样本，以激发民间投资活力为基础对如何促进江西民间投资进行整体性分析和机制创新研究。

第四节 研究内容

一、基本思路

本书围绕激发民间投资活力、促进民间投资政策落实这一主线，从五个方面展开研究：第一，深入分析进一步激发民间有效投资活力、促进经济持续健康发展的指导意见出台及江西省实施意见出台的时代背景和重要意义；第二，通过问卷调查和座谈会材料分析，全面梳理了11个设区市激活民间投资活力、落实民间投资政策的情况；第三，从要素、法治、政务、市场、配套和创新等多个维度对江西省和11个设区市激活民间投资活力、落实民间投资政策的情况进行了总体评估；第四，分析了全省在激活民间投资活力、落实民间投资政策中存在的困难和问题；第五，从继续推动"放、管、服"改革、建立公平公正的市场环境、切实降低民营企业成本、确保PPP项目对接落地、拓宽民间投资融资渠道、提振民营企业家投资信心、构建"亲""清"新型政商关系等方面提出了民间投资活力、落实民间投资政策的对策建议。

二、主要内容

本书运用定量和定性分析相结合的方法，从要素环境、法治环境、政务环境、市场环境、配套环境和创新环境等多个维度对江西省及11个设区市激发民间投资活力、落实民间投资政策的状况及存在的主要问题进行了深入的分析，在此基础上提出了进一步改善江西省营商环境、落实民间投资政策的政策建议。全书共分十三章：第一章为绪论，第二章为江西激发民间有效投资活力的实践与探索，第三章至第十三章分别为南昌市、九江市、赣州市、上饶市、鹰潭市、景德镇市、吉安市、萍乡市、新余市、宜春市、抚州市11个设区市激发民间投资活力的实践与探索，附录为江西省营商环境和设区市民间投资政策落实情况调查问卷。

三、重点难点

一是中国经济进入新时代，如何在新形势下，结合江西特色，提出可操作性强、符合现行经济环境的政策举措，是本书研究的重点。

二是如何运用定性与定量相结合的方法，科学评估民间投资政策落实的情况及经济社会效应，是本书研究的重点。

四、主要创新点

一是利用宏观数据和微观数据，结合实地调查、问卷调查和座谈会等各种方法和手段，对江西激活民间投资活力的效应进行定性定量分析，是本书的创新点之一。

二是在对11个设区市激活民间投资活力的效应进行科学评估的基础上，结合江西特色，提出进一步促进民间投资的政策建议是本书的创新点之二。

五、预期目标

通过本书的研究，在评估激活民间投资活力、落实民间投资政策的基础上，构建江西落实民间投资政策、激发民间有效投资活力的有效机制，从继续推动"放、管、服"改革、提高审批服务水平、建立公平公正的市场环境、切实降低民营企业成本、鼓励民间资本参与政府和社会资本合作（PPP）项目、拓宽民间投资融资渠道、提振民营企业家投资信心、构建"亲""清"新型政商关系等方面，促进民间投资政策进一步落实，为江西经济持续健康发展提供重要保障。

第二章　江西激发民间有效投资活力的实践与探索

民间投资是拉动经济发展的重要力量，激发民间有效投资活力，推动民营经济持续健康发展，对加快建设富裕、美丽、幸福、现代化江西，共绘新时代江西物华天宝、人杰地灵新画卷意义重大。为客观了解江西民间投资的真实情况，推动相关政策落地生效，增强投资者信心，激发市场新活力，培育发展新动能，受江西省促进非公有制经济发展领导小组办公室委托，2018 年 3~5 月，江西省社科院、省工商联联合组成课题组，赴全省 11 个设区市和 60 多个县（市、区），对江西民间投资情况进行了深度调研。课题组采取实地走访、集中座谈、个别访谈和问卷调查方式，召开各类座谈会 100 余场，收集有效问卷 1038 份。调研发现，近年来江西在激发民间投资方面做了大量卓有成效的工作，全省民间投资增速高于全国平均水平，民营经济社会贡献突出。为进一步激发民间投资活力，推动江西经济高质量跨越式发展，需进一步推进"放、管、服"改革，优化营商环境，努力破解制约民间投资发展的融资难题，切实降低企业经营成本。

第一节　江西省投资环境分析

江西省位于中国东南部，属中部省份，全省面积 16.69 万平方千米，辖 11 个设区市、100 个县（市、区），2018 年常住人口 4647.6 万人。近年来，江西省贯彻新发展理念，落实高质量发展要求，以供给侧结构性改革为主线,遵照"创新引领、改革攻坚、开放提升、绿色崛起、担当实干、兴赣富民"工作方针,统筹做好稳增长、促改革、调结构、优生态、惠民生、防风险各项工作,全省经济运行总体平稳、稳中有进、稳中提质,社会发展和谐健康,为民间投资发展营造了较好的软环境和硬环境。

一、经济发展总体情况

2013~2018年,受国内外经济大环境的影响,江西省经济发展速度有所放缓,但始终稳定在中高速增长区间,主要经济指标增速处于全国"第一方阵",发展质量稳步提高,呈现出由高速增长向高质量发展转变的特征。据初步核算,2018年全省地区生产总值(GDP)21984.8亿元,比上年增长8.7%;人均生产总值47434元,按年平均汇率计算,折合7168美元,增长8.1%。财政总收入3795.0亿元,比上年增长10.1%,其中税收收入占财政总收入的比重为81.3%,比上年提高2.5个百分点;一般公共预算收入2372.3亿元,增长5.6%。固定资产投资增长11.1%。分产业看,第一产业投资增长17.2%,占全部投资的2.7%;第二产业投资增长13.1%,占全部投资的49.1%,其中工业投资增长13.1%,占全部投资的48.9%;第三产业投资增长8.9%,占全部投资的48.2%。社会消费品零售总额7566.4亿元,比上年增长11.0%。其中,限额以上消费品零售额2800.7亿元,增长10.7%。货物进出口总值3164.9亿元,比上年增长5.1%。其中,出口值2224.1亿元,增长0.7%;进口值940.8亿元,增长17.3%(见表2-1)。

表2-1 2013~2018年江西省主要经济指标

指标	2013年	2014年	2015年	2016年	2017年	2018年
GDP总量(亿元)	14452.2	15759.5	16780.9	18388.6	20006.3	21984.8
增长率(%)	10.1	9.7	9.1	9.0	8.8	8.7
财政总收入(亿元)	2358.4	2681.0	3021.8	3143.0	3447.4	3795.0
增长率(%)	15.3	13.7	12.7	4.0	9.7	10.1
固定资产投资(亿元)	12603.0	14871.6	17251.1	19666.3	22085.3	24536.8
增长率(%)	19.8	18.0	16.0	14.0	12.3	11.1
社会消费品零售总额(亿元)	4316.8	4865.0	5419.6	6069.9	6816.6	7566.4

指标	2013 年	2014 年	2015 年	2016 年	2017 年	2018 年
增长率（%）	13.6	12.7	11.4	12.0	12.3	11.0
出口总额（亿元）	1752.5	1966.7	2051.5	1962.2	2209.0	2224.1
增长率（%）	12.2	12.2	4.3	-4.4	12.6	0.7

资料来源：江西省统计局。

二、产业发展情况

1. 工业和服务业两轮驱动特征明显

经济新常态下，江西省加快产业转型升级，着力构建以"高、新、软、优"为特征的现代产业体系，工业和服务业共同推动经济发展的特征明显。第二产业虽然仍占据主导地位，但占地区生产总值（GDP）的比重逐步降低，第三产业比重逐年上升，第一产业比重缓慢下降。2018 年，全省第一产业增加值 1877.3 亿元，增长 3.4%；第二产业增加值 10250.2 亿元，增长 8.3%；第三产业增加值 9857.2 亿元，增长 10.3%。三次产业结构为 8.6∶46.6∶44.8，三次产业对 GDP 增长的贡献率为 3.7%、48.2% 和 48.1%。与 2013 年相比，第一产业比重下降了 2.8 个百分点，第二产业下降了 6.9 个百分点，第三产业上升了 9.7 个百分点（见图 2-1）。

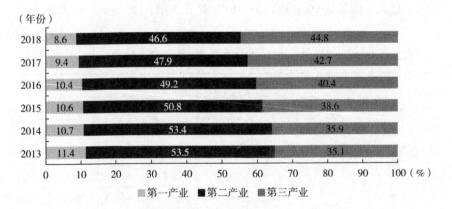

图 2-1　2013~2018 年江西省三次产业结构变化

数据来源：江西省统计局。

2. "2+6+N" 优势产业引领工业高质量发展

江西在以工业化为主导的发展战略中，大力发展战略性新兴产业和高新技术产业，先后实施了产业经济"十百千亿"工程、工业"三年强攻"行动计划等一系列重大战略举措，工业化进程加快推进，战略性新兴产业和高新技术产业加快发展。2018 年，江西全部工业增加值 8113.0 亿元，比上年增长 8.7%；规模以上工业增加值增长 8.9%（见图 2-2）。新兴产业苗壮成长，高新技术产业增加值增长 12.0%，比规模以上工业快 3.1 个百分点，占规模以上工业增加值的 33.8%，比上年提高 2.9 个百分点；装备制造业增加值增长 13.8%，比规模以上工业快 4.9 个百分点，占规模以上工业增加值的 26.3%，比上年提高 0.8 个百分点；战略性新兴产业增加值增长 11.6%，比规模以上工业快 2.7 个百分点，占规模以上工业增加值的 17.1%，比上年提高 2.0 个百分点。

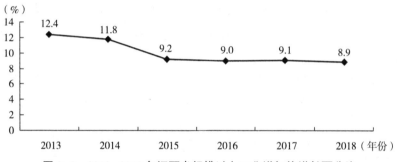

图 2-2　2013~2018 年江西省规模以上工业增加值增长百分比

为加快产业转型升级，推动工业迈向中高端，2019 年 2 月江西开始实施《江西省"2+6+N"产业高质量跨越式发展行动计划》（2019—2023年），提出以高端化、智能化、绿色化、服务化为方向，以项目、企业、集群、园区为着力点，推动新兴产业倍增发展、传统产业优化升级、新经济新动能快速壮大，推动有色、电子 2 个产业主营业务收入过万亿元，装备制造、石化、建材、纺织、食品、汽车 6 个产业过 5000 亿元，航空、中医药、移动物联网、半导体照明、虚拟现实、节能环保等 N 个产业突破千亿。集群层面，要力争在铜、钨和稀土、光伏等领域培育 1~2 个世界级产业集群，京九（江西）电子信息产业带主营业务收入要达到万亿级。企业层面，要力争培育 1 家主营业务收入过 5000 亿元的龙头企业，打造 4~5家千亿级企业、40 家左右的百亿级企业，全省规模以上工业企业数超过

15000 家，沪、深证券市场公开上市企业达到 50 家左右。

3. 旅游、金融、物流等现代服务业加速发展

服务业一度是江西经济发展的短板，为了补齐现代服务业这块短板，2012 年以来，中共江西省委、省政府提出了加快推进现代服务业发展的重大战略决策，先后出台了《江西省人民政府关于加快推进全省服务业发展的若干意见》（赣府发〔2012〕18 号）、《中共江西省委江西省人民政府关于推进旅游强省建设的意见》（赣发〔2013〕11 号）、《江西省人民政府关于印发服务业发展提速三年行动计划（2015—2017 年）的通知》（赣府发〔2015〕17 号）等政策文件，各地各部门形成齐抓共促服务业发展的良好氛围，全省服务业呈现加速发展、逆势上扬的态势。

旅游业较快发展。2018 年，江西实现旅游总收入 8145.1 亿元，增长 26.6%，旅游业占 GDP 比重达到 37.05%，比 2013 年提高了 23.83 个百分点。从国内外旅游人次和收入来看，同年江西省接待国内旅游者 68550.4 万人次，比上年增长 19.7%；国内旅游收入 8095.8 亿元，增长 26.6%。接待入境旅游者 206.3 万人次，增长 9.2%；国际旅游外汇收入 7.5 亿美元，增长 18.3%。2013~2018 年，江西省国内旅游收入年均复合增长率为 34.15%，增长十分迅速，成为推动全省经济发展的支柱产业（见表 2-2）。

表 2-2   2013~2018 年江西省旅游业发展情况

年份	旅游业总收入（亿元）	占全省地区生产总值的比例（%）	第三产业占全省地区生产总值的比例（%）
2013	1896.06	13.22	37.69
2014	2649.70	16.86	45.82
2015	3637.65	21.75	55.63
2016	4993.29	27.19	67.22
2017	6435.09	30.91	72.36
2018	8145.10	37.05	82.63

数据来源：江西省统计局。

金融业占 GDP 比重稳步增长。2018 年末，江西金融机构人民币各项存款余额 35069.5 亿元，比上年末增长 8.5%。各项贷款余额 30358.4 亿元，比上年末增长 18.1%。2017 年金融业增加值 738.3 亿元，占 GDP 比

重 5.5%，比 2013 年提高了 1.7 个百分点。

物流业运行良好。2018 年，江西省物流业景气指数维持在较好区间，平均值为 54.3%。全省 50 个物流产业集群预计实现主营业务收入 2700 亿元，增长 9%。物流企业不断发展壮大，全省 A 级物流企业总数达 186 家，其中 4A 级以上企业 83 家，占比 44.6%，冷链四星级企业 2 家。一批龙头企业进入全国前列，正广通、万佶物流成为全国无车承运人试点企业；赣州传化南北公路港、鹰潭市现代物流园被中物联评为"2018 年优秀物流园区"；三志物流进入 2018 年全国零担物流货量前四强。

4. 农业现代化建设卓有成效

江西以农业供给侧结构性改革为抓手，以一、二、三产业融合发展为突破口，加快转变农业发展方式，大力构建现代农业产业体系、生产体系、经营体系，推动农业提质增效，农业农村经济持续保持"稳中有进、稳中提质、移中增效"的良好发展态势，为全省发展大局提供了有力支撑。2018 年，全省农业总产值 3148.6 亿元，比上年增长 3.5%；第一产业增加值 1877.3 亿元，增长 3.4%。粮食主产区地位进一步巩固。2018 年，全省粮食种植面积 3491.7 千公顷，全年粮食总产量 2190.7 万吨。现代农业示范园建设加快推进，截至 2018 年底，全省共有省级现代农业示范园 159 个，建设面积 241.3 万亩。全年新增 1 个千亿级产业（水产产业），形成粮食、畜牧、果蔬、水产四大千亿元产业，农业产品加工业产值与农业总产值的比例为 2.2∶1。精心打造"四绿一红"五大茶叶品牌，启动了"鄱阳湖水产"和"江西地方鸡"品牌建设，建立了赣南脐橙、南丰蜜橘、广丰马家柚、庐山云雾茶、宁红茶、广昌白莲等 10 个农产品区域公用品牌。

三、区位和交通运输情况

区位条件优越。江西地处中国东南偏中部长江中下游南岸，东邻浙江、福建，南连广东，西靠湖南，北毗湖北、安徽而共接长江，古称"吴头楚尾，粤户闽庭"，乃"形胜之区"。江西为长江三角洲、珠江三角洲和闽南三角地区的腹地，与上海、广州、厦门、南京、武汉、长沙、合肥等各重镇、港口的直线距离，大多为 600~700 千米，是承接粤港澳大湾区、长三角、海峡西岸经济区产业转移的前沿阵地。

交通较为便利。基本建成了高效便利的立体化交通网络。2018 年末，全省公路通车里程 161941.0 千米，其中，高速公路通车里程 5931.4 千米，出省主要通道全部高速化（见图 2-3）。京九线、浙赣线纵横贯穿全境，铁路营运里程 4134.4 千米。航空和水运便捷。有"八干一支"机场，昌北国际机场开通了外国人口岸签证业务、至比利时首条洲际货运航线，2018 年旅客吞吐量 1352 万人次、增长 23.7%，货邮吞吐量 8.26 万吨、增长 58.1%。主要港口有九江港、南昌港等，内陆港有赣州港。开行赣欧班列 202 列，赣州国际内陆港年吞吐量达 40.8 万标箱、增长 71.4%，九江港年吞吐量达 42.9 万标箱、增长 28%。便利的交通运输条件有利于企业的货物往来。2018 年，全省货物运输量 174184.2 万吨，比上年增长 12.8%；货物运输周转量 4528.3 亿吨千米，增长 7.4%。旅客运输量 62419.3 万人，下降 3.1%；旅客运输周转量 993.7 亿人千米，下降 0.7%。

图 2-3　2013~2018 年江西省高速公路通车里程

四、资源环境情况

资源丰富。江西省 97.7% 的面积属于长江流域，水资源比较丰富，河网密集，河流总长约 18400 千米，有全国最大的淡水湖——鄱阳湖。已发现野生高等植物 5117 种，野生脊椎动物 845 种。全省现有世界遗产地 5 处，世界文化与自然双遗产地 1 处，世界地质公园 3 处，国际重要湿地 1 处，国家级风景名胜区 14 处，林业自然保护区 186 个（国家级 15 个），森林公园 180 个（国家级 46 个），湿地公园 84 处（国家级 28 处）。江西矿产资源丰富，已查明有资源储量的矿产有九大类 139 种，在全国居前 10 位的有 81 种，有色、稀土和贵金属矿产优势明显，是亚洲超大型的铜工业基地之一，有"世界钨都""稀土王国""中国铜都""有色金属之乡"的美誉。江西物产丰富、品种多样。景德镇的瓷器源远流长，以"白如玉、明如镜、薄如纸、声如磬"的特色闻名中外。樟树的四特酒，周恩来总理赞誉为"清、香、醇、纯"。江铃汽车、凤凰相机、金圣卷烟等159种商品，被列入中国驰名商标。主要旅游景区可概括为"四大名山"（庐山、井冈山、三清山、龙虎山）、"四大摇篮"（中国革命摇篮、人民军队摇篮、共和国摇篮、中国工人运动摇篮）、"四个千年"（景德镇、樟树、吴城和铅山河口四个千年古镇）、"六个一"（一湖：鄱阳湖，一村：婺源，一海：庐山西海，一峰：龟峰，一道：小平小道，一城：共青城）。

生态良好。2018年全省森林覆盖率稳定在63.1%，居全国第二位，活立木蓄积量44531万立方米。全省自然保护区、森林公园、湿地公园总面积达到2551万亩，其中，全省自然保护区数量190个，保护区面积109.88万公顷，占全省面积的6.6%，湿地面积达到91万公顷。全省地表水水质总体为优，断面水质优良比例为90.7%，空气优良天数比例为88.3%。可以说，生态优势是江西的最大财富、最大优势、最大品牌。目前，江西正在推进鄱阳湖生态文明示范区建设，努力将生态优势转化为经济优势，"绿水青山"加速转化为"金山银山"。

五、人口和城镇化情况

2018年末，江西常住人口4647.6万人，比上年末增加25.5万人。其中，城镇人口2603.6万人，占总人口的比重（常住人口城镇化率）为56.0%，比上年末提高1.4个百分点。户籍人口城镇化率为39.8%，比上年末提高1.9个百分点。常住人口城镇化率高于户籍人口城镇化率16.2个百分点（见图2-4）。

六、社会环境情况

教育发展情况。普通高等学校98所（含独立学院13所）、成人高等学校8所，全年研究生教育招生1.5万人，在校生3.9万人，毕业生1.0万人。2018年普通高等教育招生32.4万人，在校生105.4万人，毕业生31.1万人。成人高等教育招生7.4万人，在校生18.4万人，毕业生5.1

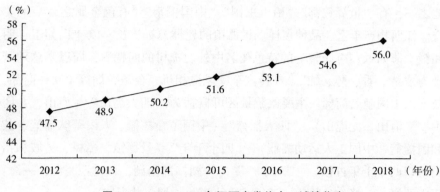

图 2-4　2012~2018 年江西省常住人口城镇化率

万人。普通高中招生 33.4 万人，在校生 96.7 万人。中等职业教育招生 12.3 万人，在校生 35.5 万人。初中学校招生 74.1 万人，在校生 207.0 万人。普通小学招生 70.2 万人，在校生 421.2 万人。

科技发展情况。2018 年，全省研究与试验发展（R&D）经费支出 307.8 亿元，占 GDP 的比重为 1.4%。年末共有国家工程（技术）研究中心 8 个，省工程（技术）研究中心 346 个；国家级重点实验室 5 个，省级重点实验室 181 个。全年受理专利申请 86001 件，授权专利 52819 件（见图 2-5）；签订技术合同 3024 项，技术市场合同成交金额 115.8 亿元，其中，技术开发合同成交额 41.2 亿元，技术转让合同成交额 12.6 亿元。建立首个"千人计划"人才产业园，新增共青城和丰城 2 个国家级高新区，国家级高新区增加至 9 个。2018 年末共有产品质量检测机构 72 个，其中，国家级检测中心 11 个，法定计量技术机构 308 个。

图 2-5　2012~2018 年江西省专利授权情况

人民生活和社会保障情况。全年全省居民人均可支配收入 24080 元，比上年增长 9.3%，扣除价格因素，实际增长 7.1%。其中，全年城镇居民人均可支配收入 33819 元，增长 8.4%；农村居民人均可支配收入 14460 元，增长 9.2%（见图 2-6）。全年全省居民人均消费支出 15792 元，比上年增长 9.2%。其中，城城镇居民人均生活消费支出 20760 元，增长 7.9%；农村居民人均生活消费支出 10885 元，增长 10.3%。城、乡居民消费恩格尔系数分别为 30.0%、31.3%。年末全省参加城镇职工基本养老保险人数 1052.8 万人，比上年末增加 47.6 万人。

图 2-6　2013~2018 年江西城镇和农村居民人均可支配收入

第二节　江西民营经济发展和投资的基本情况

近年来，随着国家和江西省委、省政府一系列扶持民营经济发展政策措施的出台，江西民营经济发展量质齐升，民间投资活力有效释放，为推动江西经济高质量发展发挥了重要作用。

一、经济总量持续增加，比重逐步提高

2018 年，江西民营经济增加值①由 2013 年的 8237.1 亿元增加到

---

① 江西省统计局没有民营经济增加值数据，只有非公经济增加值数据，两者之者差距不大，本文用非公经济增加值近似地代表民营经济增加值。民间投资数据有统计口径，是准确数字。

13157.47亿元，五年累计增长59.7%（见图2-7）；全省民营经济增加值占GDP的比重由2013年的57.4%提高到59.8%，累计提高2.4个百分点（见图2-8）。

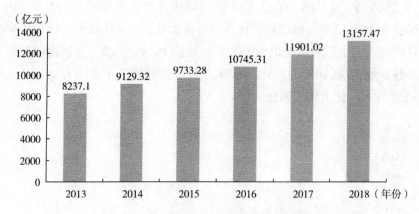

图2-7　2013~2018年江西省民营经济增加值

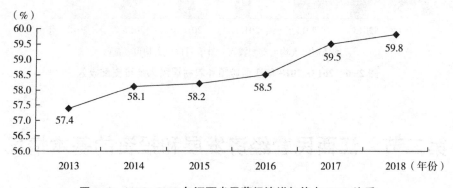

图2-8　2013~2018年江西省民营经济增加值占GDP比重

从民营经济产业发展来看，2018年江西第一产业民营经济增加值为398.23亿元，增长1.4%，占全省第一产业增加值的比重为21.2%；第二产业民营经济增加值为7779.03亿元，增长9.3%，占第二产业增加值的比重为75.9%，其中，民营工业企业实现增加值6186.82亿元，同比增长9.4%，比全省工业增加值的比重为76.3%；第三产业民营经济增加值为4980.21亿元，增长9.1%，占全省第三产业增加值的比重为50.5%。

二、市场主体日益壮大，发展质量显著提升

2018 年，江西私营企业、个体工商户 244.0 万户，注册资金 43404.78 亿元，分别比 2017 年增长 8.9%、20.1%。其中，私营企业、个体工商户户数同比分别增长 19.0%、5.6%，两者注册资金分别增长 20.5%、13.2%（见表 2-3）。

表 2-3　2018 年江西省私营企业和个体工商户户数和注册资金

企业类型	户数（万户）	同比增长（%）	注册资金（亿元）	同比增长（%）
私营企业	64.76	19.0	40895.04	20.5
个体工商户	179.24	5.6	2509.74	13.2
合计	244.00	8.9	43404.78	20.1

资料来源：江西省统计局。

江西民营企业在数量增加的同时，发展质量也显著提高。由全国工商业联合会发布的 2018 年中国民营企业 500 强，江西省有 6 家企业跻身榜单，比 2013 年增加 3 家。其中，正邦集团有限公司 2017 年实现营业收入 663.53 亿元，排名第 86 位，进入前 100 强；江西方大特钢集团有限公司和双胞胎（集团）股份有限公司营业收入也突破 500 亿元（见表 2-4）。

表 2-4　2018 年中国民营企业 500 强江西省上榜企业

排名	企业名称	500 强排名	所属行业	营业收入（亿元）
1	正邦集团有限公司	86	农业	663.53
2	江西方大特钢集团有限公司	107	黑色金属冶炼和压延加工业	560.24
3	双胞胎（集团）股份有限公司	132	农副食品加工业	502.37
4	晶科能源有限公司	279	电气机械和器材制造业	264.73
5	江西博能实业集团公司	391	金属制品业	195.04
6	江西济民可信集团公司	427	医药制造业	180.25

资料来源：中商产业研究院。

从产业结构变化情况来看，江西民营经济三次产业构成由 2013 年的 6.9∶61.0∶32.1 调整为 2018 年的 3.0∶59.1∶37.9，结构更趋优化（见图 2-9）。

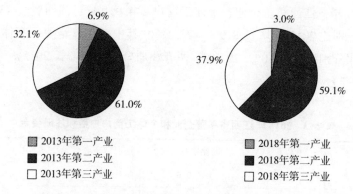

图 2-9　2013 年和 2018 年江西省民营经济增加值构成

三、经济拉动作用凸显，财税和创汇贡献突出

2018 年，江西民营经济对 GDP 增长的贡献率为 60.0%，拉动 GDP 增长 5.3 个百分点。从上缴税金和出口创汇看，2018 年民营经济上缴税金 2501.87 亿元，增长 21.8%，占全省税收总额的比重达 76.3%，比上年比重提高 6.3 个百分点；出口创汇 324.22 亿美元，同比增长 3.4%，占全省出口总额比重 95.5%（见表 2-5）。

表 2-5　2018 年江西省民营经济主要指标及其占全省比重

指标	江西省民营经济	全省	民营经济占全省比重（%）
增加值（亿元）	13157.47	21984.8	59.8
其中：第一产业	398.23	1877.3	21.2
第二产业	7779.03	10250.2	75.9
其中：工业	6186.82	8113.0	76.3
第三产业	4980.21	9857.2	50.5
上缴税金（亿元）	2501.87	3278.99	76.3
出口创汇（亿美元）	324.22	339.50	95.5

资料来源：江西省统计局。

四、投资规模不断扩大，但投资增速有所放缓

进入经济新常态后，受全国经济增速下滑和部分行业产能过剩影响，江西省民间投资增速有所放缓，由 2013 年的 25.9%降为 2018 年的 12.5%，除 2016 年外，其他年份仍然保持了两位数增长速度（见图 2-10）。2018 年，江西民间投资额达到 17585.8 亿元，占全省全部投资的比重达 67.9%，对投资增长的贡献率高达 74.3%（见图 2-11）。

图 2-10　2013～2018 年江西省民间投资增速与全国的比较

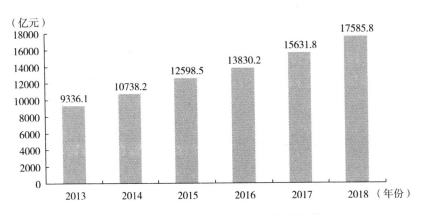

图 2-11　2013～2018 年江西省民间投资额

从江西民间投资增速与全国的比较来看，2013～2018 年，江西民间投资增速除 2014 年外，其余年份增速均高于全国平均水平。2018 年，江西民间投资增长 12.5%，比全国平均水平（8.7%）高 3.8 个百分点（见

图 2-10)。

五、占固定资产投资比重缓慢下降，但高于全国平均水平

从江西民间投资占固定资产投资比重来看，2013~2018 年呈缓慢下降态势，2018 年江西民间投资占固定资产投资的比重为 67.9%，比 2013 年下降了 7.1 个百分点，但比全国平均水平（62.0%）高 5.9 个百分点。民间投资与固定资产投资的比重下降主要受部分行业产能过剩、投资机会减少的影响，也与新常态下国家为稳增长加大基础设施投资力度导致国有投资较快增长密切相关。总体而言，江西民间投资比重高于全国平均水平，但是两者的差距呈逐步缩小之势，从 2013 年的 12 个百分点，缩小到 2018 年的 5.9 个百分点（见图 2-12）。

图 2-12　2013~2018 年江西省民间投资占固定资产投资的比重与全国的比较

六、投资集中在第二产业，第三产业次之

从江西民间投资的三产分布来看，主要集中在第二产业，第三产业（服务业）次之，对第一产业（农业）的投资微乎其微。2013~2016 年，江西第二产业民间投资比重比第三产业高出 30 多个百分点，差距最大的年份 2013 年高出 38.89 个百分点，差距最小的年份 2014 年高出 33.17 个百分点；2017 年后，第二产业的比重有所下降，第三产业的比重有所提高，两者的比重逐步缩小，但仍在 20 个百分点左右。这种投资结构的变化使

2017 年以来江西服务业得到较快发展，在全省经济中的比重逐步提高（见表 2-6）。

表 2-6 江西省民间投资产业结构与全国的比较 单位：%

年份	江西			全国		
	第一产业	第二产业	第三产业	第一产业	第二产业	第三产业
2013	2.59	68.15	29.26	2.98	50.92	46.10
2014	2.49	65.34	32.17	3.38	50.25	46.37
2015	2.87	65.41	31.72	3.60	49.96	46.44
2016	2.86	65.68	31.46	3.24	50.09	46.67
2017	2.8	58.4	38.8	3.07	48.81	48.12
2018	2.9	59.3	37.8	—	—	—

注：民间投资统计方法为：民间投资计算方法为内资减去国有控股投资及加上个人控股，或者集体控股与个人控股之和。

从江西民间投资结构与全国的比较来看，2013~2016 年，江西第二产业的比重高出全国十几个百分点，而第三产业的比重比全国低十几个百分点；2017 年，差距有所缩小，但江西民间投资第二产业的比重仍然高于全国平均水平 9.59 个百分点，第三产业的投资比重低 9.32 个百分点，这与江西工业化任务尚未完成的发展阶段密切相关（见表 2-6）。这种投资结构使江西三次产业结构与全国相比，第二产业的比重偏高，而第三产业的比重偏低。2018 年，江西三次产业比重为 8.6：46.6：44.8，全国为 7.2：40.6：52.2，江西第二产业比重比全国高 6 个百分点，而第三产业的比重低 7.4 个百分点。

七、民间投资政策落实良好，企业家投资信心较为充足

从调研的总体状况来看，江西民间投资政策落实较好，民企投资信心、意愿和市场预期有所增强，民间投资总体呈上升的趋势。问卷调查中认为民间投资政策落实"非常好"和"比较好"的企业有 524 家，占比 60.22%；认为"比较差"和"非常差"的企业只有 21 家，占比 2.03%

（见图 2-13）。当地企业继续投资经营的信心指数为 8.48 分（选项依次为 0~10 分，满分为 10 分），其中选择 10 分的最多，占比 40.49%（见图 2-14）。

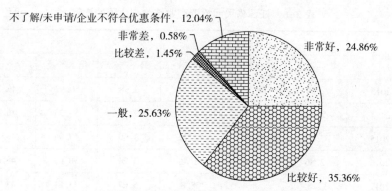

图 2-13　企业对江西省民间投资政策落实情况的评价

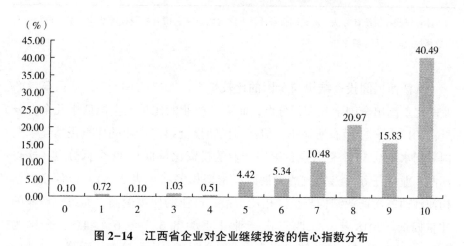

图 2-14　江西省企业对企业继续投资的信心指数分布

第三节　江西促进民间投资的做法与经验

近年来，江西省把促进民间投资作为稳增长、调结构、促就业的重中之重，不断激发民间投资活力。2017 年，印发了《关于进一步激发民间有效投资活力，促进经济持续健康发展的实施意见》（赣府厅发〔2017〕96

号），并在谋划民间投资新局面过程中，提出要营造政策最优、成本最低、服务最好、办事最快的"四最"政策环境，并确保"政策要落地、减费要加力"。

一、持续推动投资"放、管、服"改革

江西在省级层面研究制定了深化投融资体制改革的实施意见，同时结合自身实际，对国家促进民间投资"26条"政策在相关改革举措中逐条进行了落实和细化，形成了"省市两级核准、县级备案"的企业投资项目核备体制，省级核准权限取消、下放比例达69%，备案权限一律下放到县级。各设区市中九江、吉安、抚州等地企业对整合投资项目报建审批事项政策落实情况评价比较高；其他设区市如赣州、新余等地开展"一窗式"审批服务改革，上饶推行"一窗受理、集成办理"的做法缩短了审批时限，评价也较好。在民间投资项目报建审批情况清理核查方面，企业对吉安地区的落实情况最为满意，另外南昌市要求市、县（区）发改部门牵头组织，会同工信、住建、国土、规划、环保、人防、城管等19个投资项目审批部门进行清理核查，也取得良好的效果。

二、进一步拓宽新兴领域投资

江西省大力支持民间投资创新发展，创新发展动力进一步增强。问卷调查中选择对"鼓励民营企业投资新兴产业服务"政策落实情况"满意"和"较满意"的企业共占62.13%。在放宽市场准入方面，坚持"非禁即入、平等准入"原则，鼓励和引导民间投资进入法律法规未明令禁止的行业和领域，着力清除民间投资进入障碍，鼓励民间资本参与水权制度改革、铁路投融资体制改革、国有企业改革等；在推动产业转型升级方面，江西采取母子基金"1+N"模式，逐步设立规模为3000亿元左右的发展升级引导基金集群，重点支持创新创业、战略性新兴产业、现代服务业等重点领域和关键环节；充分利用省级"中国制造2025"专项资金中切块补助等方式，带动同行业实施智能化改造，建成了481个"数字化车间"及"智能工厂"，培育了198家两化融合示范企业和11家示范园区。

三、大力推进 PPP 项目

江西省各级财政部门高度重视推广运用 PPP 模式。2016 年以来，省财政厅先后出台了《关于进一步加快推进政府和社会资本合作（PPP）项目实施的通知》（赣财债〔2016〕157 号）《关于建立 PPP 全国示范项目进展情况定期上报和通报制度的通知》《深入推进农业领域政府和社会资本合作的实施意见》《关于规范开展政府和社会资本合作项目资产证券化有关事宜的通知》《运用政府和社会资本模式支持养老服务业发展的实施意见》等文件规定，为财政 PPP 工作提供业务指导支持。同时，邀请财政部专家为全省财政干部举办了 PPP 专题知识讲座，并专题组织了 3 期全省财政系统工作人员业务知识培训班，并在财政厅门户网站中的政府和社会资本合作（PPP）专栏中宣传政策、推介项目。在组织保障、制度建设、平台管理、项目示范、政策支持、融资对接、宣传培训等方面，积极推进 PPP 工作。

根据财政部建立的政府和社会资本合作（PPP）综合信息平台统计，截至 2019 年 3 月 31 日，江西省按照要求审核纳入项目库并准予发布的项目有 418 个，累计投资额 3517.05 亿元，覆盖 11 个设区市和 17 个行业领域。其中 315 个项目处于准备、采购、执行和移交阶段，均已完成物有所值评价和财政承受能力论证的审核，纳入管理库，投资额 2732.9 亿元；103 个项目处于识别阶段，尚未完成物有所值评价和财政承受能力论证的审核，是地方政府部门有意愿采用 PPP 模式的储备项目，纳入储备库，投资额 784.15 亿元。项目库共涉及能源、交通运输、水利建设、生态建设和环境保护、农业、科技、保障性安居工程、医疗卫生、养老、教育、文化、体育、市政工程、政府基础设施、城镇综合开发、旅游、社会保障和其他 17 个一级行业。按管理库项目数排序，赣州市、宜春市、上饶市位居前三名，分别为 92 个、37 个、31 个，合计 160 个，占入库项目总数的 50.79%。按管理库项目投资额排序，赣州市、上饶市、宜春市位居前三名，分别为 748.32 亿元、362.03 亿元、293.92 亿元，合计 1404.27 亿元，占入库项目总投资额的 51.38%。

四、加强市场规范监管

江西省加强行政执法规范和商事制度改革执行力度，努力营造规范有序的市场监管体系、宽松平等的准入环境、公平竞争的市场环境。调查问卷显示，当问到对"建立健全信用信息公示机制"和"建立激励和惩戒措施清单制度"的评价时，认为"很满意""较满意"的企业总数分别为679家和611家，均占多数，说明企业对于江西省建立健全信用信息公示机制和奖惩措施清单制度总体评价较好（见表2-7）。在规范行政执法方面，省法制办公室加快建设好江西省"双随机、一公开"行政执法监督平台和动态管理随机抽查事项清单制度，省、市、县三级行政执法部门均通过平台开展"双随机、一公开"工作，省直部门324项、设区市2896项、县（市、区）20618项随机抽查事项全部纳入平台。该平台同时对接了信用江西等数据平台，将检查结果共享给江西省企业信用监管警示系统，让失信企业一处违规、处处受限；省工商局与多个部门联合出台了《江西省市场和质量监督管理部门行政处罚程序规定》，规范基层市场和质量监管部门行政处罚程序；省交通厅实施了《〈江西省公路条例〉行政处罚自由裁量权执法标准》，进一步规范物流车辆超限超载、违法运输等处罚标准和执法行为。

表2-7　调研企业对市场环境的评价

	很满意	较满意	一般	不满意	很不满意	没有接触/不了解
建立健全信用信息公示机制	287（27.65%）	392（37.76%）	200（19.27%）	20（1.93%）	5（0.48%）	134（12.91%）
建立激励和惩戒措施清单制度	267（25.72%）	344（33.14%）	222（21.39%）	27（2.6%）	7（0.67%）	171（16.47%）

注：括号内的数值为占比。

资料来源：根据问卷调查资料整理。

五、努力降低企业要素成本

江西省持续强化企业帮扶，出台了第四批22条降成本、优环境的政策，2018年为企业减负1200亿元以上，出台支持民营经济健康发展"30条"等措施。国土部门鼓励和引导企业根据自身产业类型和产业生命周期实行土地弹性出让年期制、长期租赁、先租后让、租让结合方式取得工业用地，降低了企业用地成本。省交通运输厅严格执行普货省内异地检测审验制度，在全省范围内实施普货运输车辆异地年审，节约了货运企业年审时间，提高了运输效率。继续支持甩挂运输试点企业开展试点工作，促进跨区域、企业联盟、干支衔接等甩挂运输发展。截至2018年底，已有3家企业通过了交通运输部甩挂运输试点验收，共计获得财政专项资金1923万元。但在用工成本方面，参与问卷调查的企业认为偏高，特别是社保缴费基数高于广东等周边发达地区。

六、着力优化民营企业融资环境

通过持续开展"降成本优环境"专项行动，2017年，全省银行业金融机构共计减少收费项目27项，降低收费标准215项，通过缩短企业融资链条、创新担保方式等多种形式共为企业节省融资成本64亿元。江西省税务局联合省银监局与全省23家省级商业银行签订了"银税互动"战略合作协议，在全国率先实现"银税互动"商业性银行全覆盖、企业全覆盖。江西省金融监管局连年开展"百家银行进千企"系列对接活动，坚持执行银行抽贷定期报告制度、问题企业贷款牵头行协调制度、金融纠纷案件快速处置机制、地方政府倒贷基金等帮扶企业融资的"四项制度"。截至2018年4月，小微企业贷款余额9589.74亿元，同比增长16.48%。江西省人民政府办公厅印发《关于促进区域性股权市场规范发展的通知》，指导江西联合股权交易中心免费为中小微企业提供挂牌展示及各类融资及咨询服务。实施以"财园信贷通""惠农信贷通"为代表的财政增信"银财合作"模式，截至2018年4月，"财园信贷通"累计发放贷款1689亿元，惠及企业4.3万户；"惠农信贷通"累计发放428.26亿元，惠及企业10.67万户。深化民间金融改革创新，除"财园信贷通""惠农信贷通""银税互动""油茶贷"等金融产品外，支持民营企业投资参股小额贷款、担保公司等地方金融组织。截至2018年4月末，全省138家担保机构、199家小额贷款公司和9家各类交易场所中，民营独资及参股机构分别占比34.8%、95%和77.8%。

第四节 进一步激发江西民间投资活力的建议

总体上看，江西省民间投资呈现出持续健康发展的良好态势，但民间投资增速和民间投资占全部投资的比重还有进一步提高的空间，针对民间投资领域的一些突出矛盾和问题，江西省下一步应当在以下几方面发力，以持续激发有效投资活力。

一、培育经济发展新动能

坚持推进供给侧结构性改革，寻找经济发展新动能。激发民间投资，一个重要任务是提振民间经济主体投资信心。目前，江西民间投资发展受到一些外部因素的不利影响：从国际形势看，中美贸易摩擦加剧、海外市场需求低迷，导致我国经济发展的外部环境不利；从国内形势看，长期以来建立在人口红利基础上的粗放型发展方式难以延续，传统行业盈利空间收窄，部分产业产能过剩严重，一大批"僵尸企业"严重消耗我国发展动能；从省内形势看，江西省产业结构层次不高，传统产业占主导地位，高新技术产业、先进制造业以及现代服务业发展较为缓慢，导致民间资本投资回报率不高。因此，提振民间投资要坚持推进供给侧结构性改革，优化江西经济结构，提升实体经济发展质量，培育形成经济发展的长期动能，从而激发民营企业家投资信心，带动民间投资持续健康发展。

二、拓宽民间投资领域

鼓励民间资本进入 PPP 领域。全面落实国家和省出台的 PPP 支持政策，禁止排斥、限制或歧视民间资本的行为，除国家法律法规明确禁止准入的行业和领域外，基础设施和公共服务领域的 PPP 项目一律向民间资本开放。优化政府投资方向，通过投资补助、基金注资、担保补贴、贷款贴息等，优先支持民间资本投入重点项目。各级政府推进的基础设施和公用事业项目，优先采用 PPP 模式建设运营，优先支持民间资本股权占比高的社会资本方参与。适时选择回报机制明确、运营收益潜力大、前期工作成熟的 PPP 项目向民营企业推介。对民间资本主导或参与的 PPP 项目，开通前期工作办理等方面的"绿色通道"。鼓励民间资本采取混合所有制、设立基金、组建联合体等多种方式，参与投资规模较大的 PPP 项目。

支持民间资本投资高新技术产业和先进制造业。鼓励民营企业进入轨道交通装备、"互联网+"、大数据、航空制造、特种船舶、新能源汽车、智能制造（机器人）等产业链长、带动效应显著的行业领域，吸引民营企业参与筹建制造业创新中心、工业技术研究基地，参与培育专业化、开放型的工业设计中心和工业设计产业园。充分发挥江西省发展升级引导基金、江西省科技成果转化引导基金、"中国制造 2025"省级专项资金及省级其他各类产业扶持资金的引导带动作用，通过投资补助、资本金注入、股权投资等多种方式，广泛吸纳各类社会资本参与产业转型升级，支持民营企业加大技术改造力度，加大对集成电路、数字化车间建设、智能制造、智能装备等关键领域和薄弱环节重点项目的投入。发挥国家级双创示范基地平台作用，加快建设一批省级"双创"示范基地，打造和完善一批产业园区公共服务平台，提高为民营企业投资新兴产业服务的能力和水平。促进创新技术市场交易，缩短科技成果转化周期，提高科技型企业的投资回报水平。

促进服务业民间投资"再平衡"。加快组建民营银行的步伐，为民企融资提供更加便捷的服务，促进民间投资的增长，增强民营经济的活力。鼓励有条件的民营企业加大对科技创新的投入力度，为企业创新活动提供政策及人才支持，提高民间投资在科技领域的投资比重。加大教育、文化、体育、居民服务业的改革力度，制定民间投资进入实施细则，引导民间投资有规可循，避免"玻璃门""弹簧门"的阻挠，从而增大民间投资在生活性服务业中的比重。

鼓励民间资本参与乡村振兴建设。实施乡村振兴战略，是我国当前和今后一段时期"三农"工作的总抓手。乡村振兴的首要任务是产业振兴，即发展现代农业，构建现代农业产业体系、生产体系、经营体系，促进农村第一、第二、第三产业融合发展，推动农业农村现代化。江西是传统的农业大省，乡村振兴任务重，所需投资巨大，乡村振兴战略的实施为民间投资提供了广阔的发展空间，为此，推动江西民间投资持续健康发展，要进一步放宽民间投资在农产品生产、流通、销售、贸易等环节的准入范围，推动民间投资参与农业农村产业化进程，将江西的农业资源优势转换成农业产业发展优势；积极培育农民合作社、农业企业、家庭农场等新型经营主体，充分利用各种社会资本，提高农业组织化、市场化和产业化水平。同时，创新合作方式，鼓励民间投资加大对农业基础设施的投入，开展农业机械租赁服务等。

三、营造高效务实的政务环境

深入推进"放、管、服"改革。进一步精简合并投资项目报建审批事项，加快投资项目并联审批，最大限度为市场主体松绑，为民间投资破除各种关卡，激发创业创新活力。依托全省投资项目在线审批监管平台和政务服务平台，推行投资项目审批"一站式"网上运行和并联审批，除涉密项目外，投资项目审批、核准、备案以及所涉及的各类审批事项全部通过投资项目在线审批监管平台办理，实现"网上受理、并联办理、限时办结、全程监管"。推进企业投资项目承诺制改革，在省级以上开发园区、产业集聚区先行试点，实行无审批管理，推动更多项目事项管理由事前审批向事中事后监管服务转变。

加强政务诚信建设。规范地方政府招商引资行为，认真履行依法做出的政策承诺和签订的各类合同、协议，对地方政府过去承诺而没有兑现的优惠政策，只要符合国家和江西省的政策法规，就必须予以兑现，不得以政府换届、相关责任人更替等理由毁约。因国家利益、公共利益或其他法定事由需要改变政府承诺和合同约定的，要主动与投资者协商，严格依照法定权限和程序变更，并对企业和投资人因此而受到的财产损失依法予以补偿。

规范行政收费行为。全面清理所有不公正的企业收费项目。实行涉企收费项目登记手册制度，详细列举收费项目和标准，凡手册没有登记的收费项目，企业有权拒交。全面清理涉企中介机构收费项目，能取消的一律取消，能减少费用的尽量减少。

强化监督问责机制。以各级监察委员会为依托，整合各方监督力量，设立自上而下统一的民营企业投诉中心，地方监察委员会领导兼任中心主任，彻底改变企业投诉中心政出多门、企业投诉督办无力的局面。企业投诉中心统一受理各类企业投诉,协调组织人员对投诉问题进行核实、定性,对于损害投资者利益、影响营商环境的单位和相关人员,应采取诫勉谈话、通报批评、责令辞职等方式予以问责,做到有责必问、有错必纠、失职必查、渎职必究。

四、继续降低企业经营成本

持续降低企业用工成本。落实阶段性降低社会保险费率、缓缴基本养老保险费、稳岗补贴等政策。适当降低企业"五险一金"缴费占工资总额的比例,放开现行的"五险一金"捆绑式购买,允许企业对试用期员工单独购买工伤保险,对超过生育年龄的员工免除生育保险的购买。

合力降低企业用能用地成本。坚决落实国家直购电交易、综合电价扶持、峰谷电价、降低普通工商业电价等电价扶持政策,协调电力部门降低或取消不合理的"基本电费"。加强天然气输配价格监管,针对"煤改气"带来的企业用气成本上升现象,完善燃气门站价格联动机制,降低中间环节费用,切实降低企业用气价格。积极推行产业用地弹性年期制、长期租赁、先租后让、租让联合的供应制度。用好用足标准厂房、科技孵化器用地支持政策,降低企业用地成本。

努力降低企业财务成本。进一步完善市、县两级企业还贷周转金制度,加大对重点企业资金周转的支持力度,防范企业资金链断裂风险传导。鼓励实体企业用土地、厂房等资产,依规进行证券化或利用金融租赁、融资租赁进行售后回租,盘活存量资源。开展"互联网+便捷退税"创新试点,尝试地方财政成立出口退税专项资金,加快出口退税进度。

着力降低企业物流成本。针对江西工业重点产业推行"绿色通道"车辆免费通行政策。降低高速公路收费标准和联网维管费征收标准,取消省内各级到期公路收费、统一和降低物流企业的过路过桥费。借助第三方物流公司降低企业物流成本,鼓励企业物流外包。充分运用大数据系统优化运输体系,以"互联网+物流"的形式,降低因运输体系不良而产生的迂回成本,提高物流效率。

五、努力破解融资难题

积极搭建政银企对接有效平台。推广"无间贷款""连连贷"等续贷模式，支持扩大无还本续贷政策适用主体范围，支持银行业金融机构合理提高无还本续贷业务在小微企业贷款中的比重，对市场前景好、暂时遇到困难的企业不断贷、不抽贷；积极试行"税源贷"，对日常经营活动中资信良好、按时诚信纳税、税务机关纳税信用评价结果在 B 级以上的小微企业，可申请 200 万元以内的无抵押贷款。鼓励开发"信易贷""信易债""税易贷"等新型信用类金融产品，引导金融市场和金融机构加大对民营企业融资支持力度。严格落实存货、应收账款、知识产权（专利商标）、著作权等质押业务，提高固定资产抵押贷款折扣比例。在风险可控的情况下，适当扩大"财园信贷通""财政惠农通"规模，加大对中小微企业的金融支持力度。

完善信用担保体系。借鉴学习兄弟省份先进经验，建议由江西省信用担保公司牵头，推出"4321"新型政银担合作模式，改变由融资担保公司承担全额代偿风险、政府补贴融资担保公司的传统模式，对单户 2000 万元以下的贷款担保业务，由融资担保公司、江西省信用担保公司、银行、当地政府按 4∶3∶2∶1 的比例共担风险责任。

六、进一步营造公平公正的法治环境

规范行政执法行为。任何单位不得下达罚没指标，杜绝执法创收现象发生。健全涉企投诉快速受理和查处机制，对企业反映的发展软环境方面问题快受理、快调查、快处理、快反馈。加大执纪问责力度，对基层"三乱"、效率低下、工作不力、行政不作为、乱作为、政策不落实和向企业"吃拿卡要报"等破坏发展软环境的行为，要一查到底，严格问责，公开通报曝光。

依法平等保护民营企业家合法权益。严格区分企业家违法所得和合法财产，没有充分证据证明为违法所得的，不得判决追缴或者责令退赔。严格依法采取财产保全、行为保全等强制措施，防止当事人恶意利用保全手段，侵害企业正常生产经营。对资金暂时周转困难、尚有经营发展前景的负债企业，慎用冻结、划拨流动资金等手段。

强化监督问责机制。以各级监察委员会为依托，整合各方监督力量，设立自上而下统一的企业投诉中心。对于损害投资者利益，影响营商环境的单位和相关人员，应采取诚勉谈话、通报批评、责令辞职等方式予以问责，做到有责必问、有错必纠、失职必查、渎职必究。

第三章 南昌市激发民间投资
活力的实践与探索

　　民营经济和民间投资是推动地区经济发展、繁荣城乡经济、解决社会就业的重要力量，因此，进一步鼓励和引导民间投资健康发展意义重大。近年来，南昌市民营经济发展呈现出持续快速发展的良好局面，发展速度不断加快，但是与中部其他省会城市相比，无论是经济总量、发展速度、科技含量还是发展环境等方面，都存在比较大的差距。因此，进一步激活民间投资，促进民营经济发展，对于加快促进南昌市经济可持续发展具有重要意义。

第一节 南昌市投资环境的基本情况

　　投资环境是指投资的一定区域内对投资所要达到的目标产生有利或不利影响的外部条件的总和。中共十八大以来，南昌的社会政治、经济、科技、生态、社会、服务等各方面投资环境得到明显改善，具体表现在如下几个方面：

一、不断升级的产业环境

　　一是现代制造业稳中提质。南昌市 2018 年新增规模工业企业 328 户，净增 290 户左右。规模以上工业增加值增幅连续 18 个月排名全省第一。战略性新兴产业增加值增长 11% 左右，占规模以上工业增加值比重达 28% 左右。汽车和新能源汽车、绿色食品、电子信息产业主营业务收入分别突破

1300 亿元、1100 亿元和 1000 亿元。江铃集团挺进"千亿俱乐部"。新增 1 个百亿企业、3 个五十亿企业。航空城建设加速推进，国产 C919 大型客机在瑶湖机场转场试飞成功，全国首个省局共建的江西适航审定中心、北航江西研究院、中国商飞 ARJ21 生产完工交付中心纷纷落户。

二是现代服务业稳中趋优。全国服务业综合改革试点、全国物流标准化试点取得新进展。新建区新城吾悦广场、青山湖区万达广场、经开区儒乐湖健康文旅产业小镇、安义县安南文旅小镇、青云谱梦想小镇、红谷滩新区红星美凯龙全球家居生活广场等一批商业综合体相继建成。2018 年旅游产业接待旅游总人数 1.51 亿人次、旅游综合收入 1520 亿元。汉代海昏侯国遗址公园、京台民俗文化大院、泊园茶村旅游综合体等重大旅游项目快速推进。滕王阁景区创 5A 成功，实现南昌市 5A 级景区零的突破；李渡烧酒作坊遗址景区获评国家 4A 级旅游景区；湾里区获评省级全域旅游示范区，梅岭风景区获评中国体育旅游精品景区；黄马乡、文港镇获评省级旅游风情小镇。会展业呈井喷发展态势，全国性展会数量和面积实现翻番。

三是现代农业稳中向好。2018 年共实现农林牧渔业总产值 321.01 亿元，比上年增长 3.4%。其中，农业产值 141.74 亿元，增长 4.5%；林业产值 4.96 亿元，增长 5.1%；牧业产值 87.22 亿元，增长 0.7%；渔业产值 73.08 亿元，增长 3.2%；农林牧渔服务业产值 14.00 亿元，增长 10.6%。中国云厨南昌全域产业园、铭宸智慧农业科技园等重大项目相继落户并开工建设；农文旅结合、镇村园联动的 25 个田园综合体全面启动，太平九龙溪、石鼻千年古村等田园综合体基本建成，黄马凤凰沟入选全国首批田园综合体建设项目；赣鄱珍奇植物园 PPP 项目入选全国第四批 PPP 示范项目。农业产业化稳步推进，新型农业经营主体蓬勃发展，国家级农业产业化龙头企业、农民专业合作社、家庭农场数量继续走在全省前列，9 家企业位列中国农业产业化龙头企业 500 强。

二、充满活力的创新环境

南昌市成立科技创新领导小组，设立科技发展引导母基金，吸引社会资本组建子基金，采取股权投资方式支持创新发展。2018 年南昌市 R&D 经费占 GDP 的比重为 1.7%；工业技改投资增长 17% 左右；国家高新技术企业数量突破 1000 家，增长 70% 以上，创历史新高；全市专利授权量达 13000 件、发明专利申请量 6370 件、每万人有效发明专利拥有量 9.5 件，技术合同交易额达 48.31 亿元，增长 12.9%。国家级重点实验室、企业技术中心各新增 1 家。省级工程技术研究中心，重点全省第 1 家。中部省份第 2 家国家级知识产权保护中心在南昌市挂牌运行。南昌科技广场、红谷滩科创小镇、航空科创城、南昌国家大学科技城以及中科院苏州纳米所南昌研究院、天津大学南昌微技术研究院、哈工大机器人（南昌）智能制造研究院、中山大学（南昌）产业研究院、直接质谱与精准诊断国际转化研究中心、工业过程智能化研究院、江西省经典名方研发中心等研发平台不断加快建设。

三、积极稳健的金融环境

2018 年南昌市金融机构本外币存款余额 10733.08 亿元，同比增长 5.9%；金融机构本外币贷款余额 12124.64 亿元，增长 17.0%。金融业快速发展，红谷滩全省金融商务区落户各类金融企业超 1000 家，江西银行成为"江西金融第一股"，江西高速财务公司落户红谷滩新区，恒邦保险新增 3 家省级分公司，全省首家民营银行裕民银行获批成立，浙商银行南昌分行正式落户，南昌金融控股有限公司启动运作，全省首家区级金控公司获批组建，基金、担保、转贷、租赁、供应链金融等金融组织日益健全。企业上市"映山红"行动实现"新增 2 家、控股 1 家、申报 2 家、备案 2 家"良好开局。继续推进"重资本轻资产"招商模式，综合运用多种金融工具，有力保障一批重点项目落地投产。投融资体制改革不断深入。按照"整合资源、分类实施、优化路径、分级负责"的原则，进一步深化全市产业投融资体制改革。全面开展市属国有资产清产核资、资产重组，投融资主体在市场化转型中做强做大，市政公用集团资产突破 1000 亿元，市政控股率先获得 AAA 信用评级。科技金融试点初见成效，产融合作试点纵深推进。

四、廉洁高效的政务环境

市县机构改革顺利启动、平稳推进，退役军人事务局、大数据发展管理局等新机构加快组建。"放、管、服"改革持续深化，相对集中行政许可权改革试点深入推进，探索推行了"六多合一"集成审批模式，"一枚印章管审批"初显成效，审批证明材料压缩 37%，审批环节压缩 45%，审批时间压缩 33%，行政审批事项网上可办率达 80%，政务服务事项标准化"南昌模式"在全省推广；在全省率先试行政务办事大厅错时延时工作制，打造了"365 天不打烊"的政务服务。企业事中事后监管改革持续推进，南昌市公共信用信息共享系统上线运行。全国首个人才服务"港网窗"一体化服务平台正式启动。建设用地使用权转让、出租、抵押二级市场试点工作通过国家自然资源部验收。加快推进开发区改革创新发展，工业园区先行开展租售并举住房制度改革工作，昌南工业园在全省率先转型为新经济产业聚集区。按照权力下放、资金下沉、重心下移、监管跟上、考核精细的思路，推进了财税管理、城市管理等体制改革。公立医院改革成效显著，公立医院药占比（不含中药饮片）同比下降 4.41 个百分点、医疗服务收入占比同比提高 6.02 个百分点。积极推进养老服务综合改革，进一步完善"互联网+大养老"服务体系，全市新建居家养老服务中心公建民营比重达 62%。稳步推进殡葬综合改革，大力开展绿色殡葬专项行动，打造了文明祭扫"南昌模式"。军民融合改革、林业体制改革、粮食收储制度改革、供销合作社综合改革、户籍制度改革等各领域改革扎实推进。

五、不断优化的生态环境

打好"蓝天保卫战"。"四尘三烟三气两禁"专项整治持续开展，打造了"禁燃禁放"南昌模式，"南昌蓝"成为城市亮丽名片。在城区人口多、汽车多、工地多、企业多、污染物排放总量大"四多一大"的情况下，全市 PM2.5 年均浓度为每立方米 30 微克，比 2017 年下降 26.8%，浓度值在全省最低，下降幅度排全省第一；PM10 年均浓度为每立方米 64 微克，下降 15.8%，下降幅度排全省第一；空气质量优良率为 89.6%，比 2017 年上升 7.6%，上升幅度排全省第一，连续五年在中部六个省会城市中排名第一。空气质量在中部六个省会城市和全省各设区市中率先达到二级标准。

打好"碧水攻坚战"。严格落实河湖长制，全面消灭 6 个劣 V 类水质断面，完成 6 个黑臭水体整治。启动全域治水战略，九龙湖污水处理厂、南昌县污水处理厂、进贤县污水处理厂的一级 A 提标改造项目投入运行，启动了青山湖等 5 座污水处理厂一级 A 提标改造工作。全市地表水国考、省考断面水质状况总体稳定，集中式饮用水水源地水质水量达标率为100%。东湖区贤士湖、幸福渠流域水系治理经验获得各界称赞。

打好"净土防御战"。在全省率先开展重点行业企业用地污染状况调查前期工作，扎实推进全市重点行业企业、工业园及重点区域周边土壤监测，深入开展"绿盾 2018"、工业固体废弃物排查整治、全市机动车维修和拆解企业危险废物规范化管理等专项行动，全市土壤环境质量总体良好。

打好"环保督察整改歼灭战"。中央环保督察、省环保督察、鄱阳湖水环境问题专项督察反馈问题整改落实有序推进。破解了麦园垃圾处理厂整改、黑臭水体整治、蓑衣荚排污口整治等一批历史遗留问题。积极参与长江经济带"共抓大保护"攻坚行动，持续深入推进河湖长制，全面推行林长制，编制自然资源资产负债表，全市生态文明试验区建设持续加强。

六、日益和谐的社会环境

2018 年南昌市城镇居民人均可支配收入 40844 元，增长 8.4%；农村居民人均可支配收入 17866 元，增长 9.2%，民生相关领域支出中，科学技术、城乡社区事务、公共安全、社会保障和就业、医疗卫生与计划生育、节能环保支出分别增长 26.0%、21.3%、20.1%、18.3%、14.6% 和12.2%。"七五"普法宣传教育全面开展，"五区"平安创建活动持续深化，"兴家风、淳民风、正社风"活动成效明显。大力开展扫黑除恶专项斗争，加大治安防控力度，依法严厉打击传销、网络电信诈骗、非法吸收公众存款等涉众型经济犯罪；全力推进信访矛盾化解攻坚战，妥善处置了一批信访维稳突出问题；安全生产工作力度加大，交通运输、建筑工程施工、消防、食品药品等领域安全生产形势稳中向好；统筹做好了村（居）委会换届选举、河道采砂管理、农民工工资"治欠保支"等工作，社会大局保持和谐稳定。南昌市荣获全国地市级防震减灾工作先进市。南昌县、青山湖区荣获全国法治创建活动先进单位。全国基层社会治理创新的优秀民警代表邱娥国被党中央、国务院授予"改革先锋"称号。

七、美丽宜居的乡村环境

2018 年南昌市 2334 个新农村村点"七改三网"整治任务基本完成；开展了新农村"五拆五清"工作，共拆除各类有碍观瞻建筑 160 万平方米。21 个特色小镇、109 个"五位一体"示范村、30 个新户型推广示范村建设持续推进；启动了 10 条新农村"四精"示范线路建设。南昌县八一乡钱溪村和向塘镇剑霞村、安义县新民乡珠珞村被评为第五届"全国文明村"，安义县石鼻镇、南昌县幽兰镇被列为第二批省级特色小镇创建名单，安义县罗田村被授予"中国美丽休闲乡村"称号。铁路公路沿线环境综合整治、公路货运车辆超限超载治理成效明显。农村生活垃圾处理率达100%，圆满完成国家农村生活垃圾治理考核验收工作。15 处供水工程加快建设，87 个农村村点水环境治理加快推进。

第二节 南昌市民营经济发展和投资现状

近年来，南昌市民营经济发展状况良好，市场份额不断扩大，在企业数量、吸纳就业、经济贡献等方面都具备了一定优势，为推动地方经济发展做出了重要贡献。

一、民营投资总量稳步增长

2018 年南昌市民营经济增加值 3039.90 亿元，占全市 GDP 的比重为57.6%，比上年同期提高 0.8 个百分点。从民营经济产业发展看：第一产业民营增加值为 50.64 亿元，增长 1.7%，占民营经济增加值的比重为1.7%；第二产业民营增加值为 1726.33 亿元，增长 10.2%，占民营经济增加值的比重为 56.8%；第三产业民营增加值为 1726.33 亿元，增长 8.6%，占民营经济增加值的比重为 41.5%（见图 3-1）。从目标任务完成情况看：民营经济固定资产投资增长 15.8%，较上年增长 5%，占全市固定资产投资的比重为 76.6%；民营经济上缴税金为 798.35 亿元，增长 32.3%，占

全市税收总额的比重达 70.3%；规模以上民营经济工业主营业务收入
3908.48 亿元，较上年增长 16.2%。

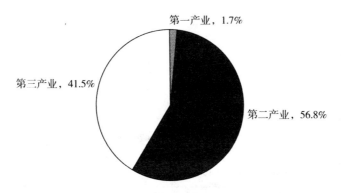

图 3-1　2018 年南昌市民营经济增加值构成

二、投资主体不断扩大

2018 年南昌市共有私营企业、个体工商户 364812 户，较 2017 年同期
增加 33832 户，增长 10.2%，其中有个体工商户 226012 户，私营企业
138800 户，比上年增长 5.9% 和 18.0%；私营企业、个体工商户注册资金
10831.56 亿元，较 2017 年同期增长 23.7%，其中有个体工商户注册资金
229.86 亿元，私营企业注册资金 10601.70 亿元，比上年增长 14.2% 和
23.9%。全市出口创汇 68.6308 亿美元，其中非公有制经济出口创汇
60.8727 亿美元，同比增长 5.2%，占出口总额 88.7%；前三季度，全市税
金总额 327.33 亿元，非公有经济上缴税金 237.97 亿元，占税金总额
72.7%，比上年同期增长 22.4%。

三、企业投资经营信心指数上升

调查问卷显示，企业投资信心指数最小值 2、最大值 10，当地企业继
续投资的信息指数算术平均数为 8.38（满分 10）、其中 8 分、9 分、10 分
的企业数占比为 26.37%、16.48%、35.16%，合计 78.01%（见图 3-2）。
调查还发现，29.29% 的企业有投资计划，52.53% 的企业正在考虑，
18.18% 的企业暂时没有新增投资计划（见图 3-3）。其中，有投资计划的

29 家企业预计投资额度平均为 2993 万元。

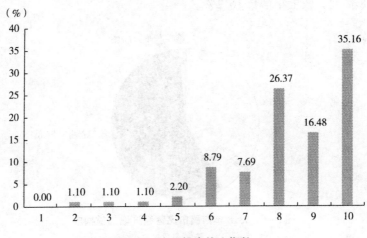

（%）

图 3-2　企业投资信心指数

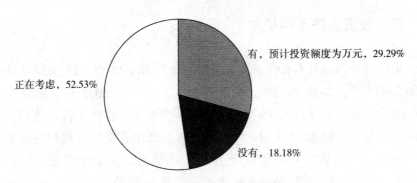

有，预计投资额度为万元，29.29%

正在考虑，52.53%

没有，18.18%

图 3-3　企业是否有新增投资计划

四、民营投资政策落实得较好

整体上看，在对要素环境、法制环境、政务环境、市场环境、社会配套等各项调查中，"很满意"占比较高。认为"较满意"的选项有推进"放、管、服"改革精简、整合项目报建审批事项、提高审批效率实现网上申报、鼓励民营投资新兴产业服务、开展民营项目报建审批情况清理核查等。认为"一般"的选项有规范相关部门和中介机构收费行为、进一步降低企业税费负担、为民营提供多样化的融资服务，占比分别为 28.28%、26.26% 和 26.26%；认为对"不满意"及"很不满意"的选项主要集中在

"进一步降低企业税费负担""进一步降低贷款中间环节费用，清理金融机构服务收费项目及价格"，占比分别为 8.08%、5.05%。

五、投资领域渐现多元化

民营投资是民营经济中最具活力的要素，被视为民营经济发展的"晴雨表"和判断宏观经济走势的重要"风向标"。近年来，随着社会主义市场经济体制的不断完善，越来越多的领域支持民营资本投资，鼓励民营资本进入基础设施、生态环保、脱贫攻坚、文化旅游、民生康养等领域，这些领域均为近年来南昌重点发展、大力支持的领域，新兴业态不断涌现，有效保护了民营资本的利益，使其得到合理的投资回报。调查发现，2018年南昌市非国有经济投资增长 15.6%，其中民营投资增长 13.2%，高于全市固定资产投资 0.2 个百分点。其中，基础设施、脱贫攻坚、民生领域成为民营投资增长点，制造业、批发零售业、房地产业三大行业投资比重超七成。

第三节　南昌市激活民间投资活力的做法和成效

2017 年南昌市完成非公经济增加值 2843.39 亿元，同比增长 8.9%，绝对值位列全省第一，非公经济增加值占全市 GDP 的比重为 56.8%。非公经济实现税收 444.63 亿元，占全市税收的 59.13%。全市民间投资呈现良好的发展势头，非公固定资产投资 4093.17 亿元，同比增长 10.8%，占全市投资的 80.02%，对投资增长贡献率高达 77.3%，拉动投资增长 10.7 个百分点。民间投资本年到位资金 2399.55 亿元，同比增长 8.4%，其中自筹资金 2032.82 亿元，同比增长 5.8%，比重高达 84.7%。

一、"放、管、服"改革有效推进

"放"的方面，南昌市行政审批局于 2017 年 12 月 6 日挂牌成立，与行政服务中心实行"一套人马、两块牌子"管理，承担行政审批、政务服务和优化投资环境三项工作。市发展改革委等33个职能部门的188项行政许可权及相关联的审批事项划转至行政审批局，全部集中到8个专业审批处集中审批。实现"一枚印章管审批"后，市民只需找到对应窗口，就能办结所有手续。办事效率平均提高20%~30%。

"管"的方面，依托大数据加强监管，突出了对重点领域、重点产品的监管执法，把该管的坚决管到位。以电梯、游乐设施、压力容器等为重点，全力确保全市在用的5万多台（套）特种设备安全，加大了日常巡查和重要时期的安全检查力度，推动安全责任和防范措施落实到位，消除特种设备安全隐患；着力加强农资、建材、日用消费品等重点商品质量监管，抽查合格率达96.2%。

"服"的方面，建立了政企互动机制，运用"互联网+"，构筑企业直通政府快速通道，通过建立行业龙头企业微信群（QQ群），创建企业精准帮扶APP等形式，对重点企业和重大项目进行跟踪服务，全方位搭建政企交流互动平台。南昌市还启动了"三单一网"工作，实行"行政权力进清单、清单之外无权力"，并在南昌政务服务网公布权责清单。截至2017年底，市政务服务网已公布权力清单4866条，责任清单4472条，行政事业性收费清单270条，市场准入清单11条，行政审批中介服务清单54条，公共服务清单349条，随机抽查事项清单367条。

二、民间资本参与 PPP 项目有所增加

南昌市积极创造民间资本参与PPP项目的良好环境，不断加大基础设施领域开放力度。除国家法律法规明确禁止准入的行业和领域外，一律向民间资本开放，不得以任何名义、任何形式限制民间资本参与PPP项目。依托国家重大项目库、全国投资项目在线审批监管平台等建立了PPP项目库，并对入库项目定期进行梳理，对于经审核进入推介库的项目，均在省、市网站上予以公示，保障公平公开向民间资本推介。在PPP项目入库环节，鼓励项目主管部门和项目业主单位采取PPP模式建设运营，在项目出库环节，只要符合"政策不禁止，部门不反对"的原则，一律放行。截至2017年底，南昌市共向社会资本推出87个PPP项目，其中市本级33个，各县区54个，涉及生态环保、市政、交通、社会事业等各个领域。

其中，有 29 个项目列入了江西省及国家推广目录。

三、民营企业融资环境有较大改善

一是建立金融类企业审批绿色通道。在红谷滩金融商务区推动金融企业审批改革，争取到省金融办公室将"金融""投资"字样的金融企业审批权限下放到红谷滩新区，开辟金融类企业"绿色通道"，对入驻金融企业实行全流程免费代理注册"五证合一"。建立"1+10"联审机制（红谷滩新区管委会和 10 家市直相关部门联动审批），为企业落户提供全方位优质服务。目前，红谷滩全省金融商务区已聚集各类金融监管机构、金融机构和金融服务企业 770 余家。

二是对金融机构和企业上市进行奖补。出台《关于稳增长促发展的若干政策措施》和《关于大力促进实体经济发展的若干措施》，对各类金融机构在南昌市扩大信贷规模的给予奖励，已累计兑现奖励 2110 万元。制定《关于加快推进全省金融商务区建设的优惠政策》，明确对金融项目入驻、财税、项目建设和高管人员在内的 5 个方面 25 条优惠政策和措施，已累计兑现各类优惠政策奖励 1.6 亿元。出台《南昌市人民政府关于促进企业上市工作的意见》《关于进一步推动企业利用资本市场加快发展若干政策措施的通知》，对企业进入资本市场进行全方位扶持，并对企业挂牌、上市、融资、发债给予奖补，已累计发放奖补资金 1.71 亿元。

三是为企业提供更多金融服务。组织驻昌银行开展"百家银行进千企"行动，从各驻昌金融机构抽调骨干人员组成"金融专家服务团"，收集解决企业融资需求信息 3000 余条。鼓励各驻昌金融机构聚焦南昌市"一核两重"产业发展，为企业提供精准金融服务，2016 年、2017 年全市新增信贷规模连创历史新高，分别达到 1150.32 亿元和 1657.34 亿元。组建规模为 1200 亿元的南昌市滕王阁产业发展基金，已实现对上海龙旗、兆驰光电、欧菲光、乾兆光电等大型工业企业投资近 50 亿元。以南昌工控担保公司为主体，通过对工控担保增资扩股，逐步建立市、县两级财政出资全覆盖的国有出资融资性担保体系，为企业融资提供更多保障。

四是降低小微企业融资成本。发挥财政资金引导、杠杆和兜底作用，通过"财园信贷通"和"惠农信贷通"模式，累计为 4621 户次中小微企业发放贷款 224.11 亿元，为 7545 户新兴农业主体发放贷款 26.14 亿元。

鼓励符合条件的各类资本发起设立中小企业转贷公司，并严格限定收费标准，使中小企业转贷成本控制在每天 1.2‰ 以内，全市转贷公司累计为中小微企业提供转贷资金 251.96 亿元。支持设立南昌市金融服务中心和南昌市民间融资登记服务中心，实现企业的综合融资成本控制在 14% 左右，手续简便且利率适中，远低于民间借贷融资成本。

四、企业要素成本有所降低

2017 年南昌市扎实推进降成本优环境专项行动，取消 12 项、停征 23 项涉企行政事业性收费，在用地、用能、税收、融资、物流、降低社保有关费率等方面共为企业减负 300 多亿元。从问卷调查来看，认为降成本优环境政策的落实得"非常好""比较好"的企业有 65 家，占比 65.65%。

五、"亲""清"新型政商关系逐步建立

南昌市各部门认真落实省、市关于构建新型政商关系的意见要求，主动作为、靠前服务、正面倡导、强化监督。市委办公厅、市政府办公厅出台了《关于构建新型政商关系的实施意见》（洪办字〔2017〕59 号），通过持续优化政务服务、畅通政商沟通渠道、保护企业合法权益、规范政商交往行为和加强廉洁体系建设 5 个方面 20 条具体举措进一步优化发展环境，增强民营企业发展的信心。通过政企"茶叙会""万名干部进万企""新工业创新升级帮扶活动"和"企业评部门"等活动，切实解决企业在发展中遇到的困难和问题，形成有利于非公有制经济发展的政策、法治、市场、社会环境。

第四节　进一步激活南昌市民间投资
活力的对策建议

扩大民间投资不仅是促进经济较快增长的重要举措，也是确保今后经济持续快速增长的一项长期政策。充分挖掘民间投资的巨大潜力，有效激

活民间资本，真正实现民间投资的有效增长，提出如下建议。

一、继续推动"放、管、服"改革，大力提升服务水平

全面落实国家和省里关于"放、管、服"改革的政策文件，大幅减少投资项目前置审批，梳理审批链条，削减审批环节，压缩承诺时限、规范中介服务，努力打造"流程最佳、环节最少、时间最短、服务最优"的企业投资建设项目办理流程。推广使用投资项目在线审批监管平台，实现网上受理、办理、监督"一条龙"服务。鼓励基层在"网上办、联合审、区域评、代办制、不见面"等方面因地制宜开展改革探索，通过网上共享平台等方式，实现"一次不跑"。

二、打破准入门槛，建立公平公正的市场环境

随着民营经济的不断发展，其已经具备进入知识和资本密集型产业的标准和能力。因此，应对民营经济不合理的相关规定予以废除，放开民营经济进入各行业的一些政策限制，并提供如产业、信息、融资等相关的服务平台。全力推动民营企业转型升级，引导民营企业优化投资方案，促进民营企业提升自主创新能力。降低投资门槛，不断拓宽民间投资领域。细化改革配套制度安排，推动具体职能部门制定配套文件和可操作性强的执行细则，为民间投资进入社会事业、金融服务、电力、文化、体育等领域创造条件，切实打破"玻璃门""弹簧门""旋转门"等体制障碍。进一步优化PPP投资模式，从具体细节入手，制定具体可执行的标准，为民营资本创造参与的条件。通过完善细化的配套措施，建立有效的投资回报机制，发挥好PPP投资基金作用，向有实力的民营企业倾斜，吸引民间投资广泛参与社会公共产品、公共服务等基础设施领域的建设运营。

三、多措并举，切实降低民营企业成本

落实新增工业用地弹性出让年期制，积极推进工业用地长期租赁、先租后让、租让结合供应，工业用地的使用者可在规定期内按合同约定分期

缴纳土地出让价款。合理降低企业用电成本，根据国家和省有关规定，全面落实电价下调政策和延长错峰用电时间。组织符合条件的企业参加全省电力直接交易试点，不断扩大电力直接交易试点范围。学习借鉴发达地区经验，阶段性降低企业养老保险、失业保险及工伤保险缴费率。根据住房城乡建设部等部门的相关规定，允许企业合理选择调整公积金缴纳比例。对新设立的企业，住房公积金缴存比例可在 5%~12% 的范围内自主选择。

四、做好 PPP 项目对接，确保项目落地

一是加大与投资人的对接力度，根据不同的 PPP 建设项目分别与不同的投资人，包括大型央企、民企和企业联合体等进行对接。二是加大与 PPP 项目中介咨询机构的对接力度，建议各区县通过调查了解、面对面交流、谈判等方式，结合本地实际情况，选定主要 PPP 项目中介咨询机构并保持密切联系。三是加大与相关金融机构的对接力度。建议各区县从自身优势出发，根据"政策性、开发性金融机构可以给予特许经营项目差异化信贷支持，对符合条件的项目，贷款期限最长可达 30 年"等政策，积极寻求有意愿合作的国家政策性、开发性金融机构。

五、努力破解融资难题，拓宽民间投资融资渠道

建立中小企业融资支持增信体系，创造多样化的增信方式，满足不同信用条件下中小企业的融资需求，诸如可建立专属民间投资的财政专项资金支持的担保机构、风险补偿基金等，提高民间投资的积极性，降低投资风险和成本。为民间投资提供专属贷款贴息支持政策，设立民间投资项目指导目录，为民间投资主体提供专项贷款贴息支持。加大"洪城科贷通"的额度，为民营企业新产品开发、工艺开发和新技术商业化等方面的研发活动提供长期、低息贷款支持。

六、加强政策统筹协调，提振民营企业家投资信心

政策制定方面，要充分征求企业意见，为企业"量身定做"，提高措

施针对性和实效性；政策落实方面，要制定具体细化的执行方案，明确责任主体和职责分工，严格督办考核。推动建立民营企业政策联络员制度，强化工作协调，打通政策落地"最后一公里"，落实投资合同承诺事项和相关惠企政策。加大对优惠政策落实情况的巡查、督察，建立激活民间投资活力的联席会议制度，定期组织相关职能部门与民营企业互通情况、协调关系、解决问题。

学习借鉴浙江等发达省市支持中小微民营企业先进方式和做法，由政府搭建统一的公共服务平台，聘请省内律师、会计等专业人士组成咨询服务团，并出资设置创新创业券，发放给园区的各类创新创业企业（2万~3万元），企业不能用券换钱，但可以购买政府平台公共服务或抵交工本费、手续费；或由政府牵头，将中小微企业抱团，统一挂靠律师服务行或成立法律援助中心，每家企业每年出一定费用，这样企业就有了法律支持，成本支出也小。建议税务部门每月开展一次免费培训，讲解税务新变化。

七、引进高素质综合人才，培养民营企业创新能力

完善相关政策法规，提高企业自主创新意识。政府应进一步完善支持民营企业创新的相关政策，加大财政资金对企业进行创新活动的支持力度，对创新研发初期进行资金补助、贴息。在税收上提供相应的减免政策，以提高民营企业和整个社会的创新积极性。加大产权保护力度，完善相关法律体系建设和评估制度，明确成果价值和利益分配，为保护企业创新提供坚实的基础，营造良好的保护知识产权的社会氛围。

建立以人才为核心的创新基础。高素质人才是技术创新的决定性因素，民营企业应建立物质与精神兼顾的创新人才激励机制，全面激发全体员工的创新热情。加大高素质创新人才的引进力度，加强与高等院校、科研院所的人才交流，搭建相应的协同平台和实习平台，并通过科技创新培训，培养大批综合能力强、创新素养高的人才队伍和研发团队。建立并实施企业内部经验交流平台，由企业内具有高新技术和创新研发经验的员工进行引领性探讨和经验交流。

加强民营企业战略管理与制度管理的创新。民营企业在实施创新发展中，要与市场需求紧密结合，提前做好市场调研，结合市场需求开发出具

有较好效益的创新技术。另外要注重企业的管理制度，管理制度创新是企业发展的基础和必要保证，民营企业想要实现跨越式的发展，就必须大胆实施管理体制创新，进行正确的管理体制改革，明确员工的权、责、利，合理整合内外部创新资源，为企业提升创新能力奠定基础。

第四章　九江市激发民间投资活力的实践与探索

　　为贯彻落实国务院《关于进一步激发民间有效投资活力促进经济持续健康发展的指导意见》，推动各项民间投资政策的落地生效，促进江西省民间投资健康发展，江西省委、省政府出台了《关于进一步激发民间有效投资活力促进经济持续健康发展的实施意见》，就放宽民间资本市场准入，改善民营企业发展环境，聚焦重点领域和关键环节，不断推进政府审批制度改革、商事制度改革与投融资体制改革，主动服务民间投资，营造公平竞争的投资环境提出具体落实的举措，这对于促进民营经济发展具有重要作用。九江在激发民间投资活力方面也有自己的实践和探索经验。

第一节　九江市投资环境的基本情况

　　近年来，九江市全面落实省委、省政府部署，贯彻新发展理念，真抓实干，攻坚克难，为经济社会发展奠定了良好基础，主要表现在以下几个方面：

一、优质高效的政务环境

　　扎实开展"五型"政府建设。"放、管、服"改革成效明显，开展"减证便民"行动，在全省率先实现"三十证合一"，办事时限平均压缩一半，审批环节减少 1/3 以上，企业注册登记时间由 15~20 个工作日压缩至 5 个工作日。规模以上工业企业每百元主营业务收入成本降至 83.8 元，降幅全省第三。认真开展"七五"普法，全面落实政府法律顾问制度，进一步健全规范性文件备案审查，《烟花爆竹燃放管理条例》有效施行，《城市市容管理条例》全面实施，《城市湖泊保护条例》正式颁布。自觉接受人大法律监督、政协民主监督和社会舆论监督。办理省市人大代表建议 245 件、政协提案 478 件。市政府《民生直通车》和市长热线受理民生诉求 1.6 万件，办结率 96%。大力整治政府系统"怕、慢、假、庸、散"作风顽疾，政风持续好转，反腐败斗争取得压倒性胜利。

全力做到永葆本色的清廉政府，推动全面从严治党不断向纵深发展。更加注重开源节流，严控"三公"经费和一般性支出，全力保运转、保民生、保重点。加强对政府投资项目、重大工程建设、民生专项资金等重点领域的监督监管，实现公共资金、国有资产、国有资源等审计全覆盖。严格落实"一岗双责"，严守中央"八项规定"及其实施细则。

二、绿色和谐的生态环境

全面打造最美岸线。围绕水美、岸美、产业美目标，严格执行"三个一律不许"，即"长江岸线 1 公里范围内一律不许新上任何化工类项目，5 公里范围内一律不许新建任何重化工园区，非化工园区内一律不许新上任何化工项目"。深入开展沿江小化工企业清理整顿退出工作，坚决打击非法采砂、非法捕捞、非法捕猎、非法采矿、侵占湿地等危及长江和鄱阳湖生态环境的行为，深入开展长江入河口整治行动，持续巩固非法码头整治成果，推进"最美鄱湖岸线、最美西海岸线、最美修河岸线"等建设，致力让绿色成为九江高质量跨越式发展的底色。

坚决打赢污染防治攻坚战。深入实施大气污染防治行动计划，加大城市"四尘、三烟、三气"整治力度，完成乡镇空气自动监测站建设。进一步完善河长制、湖长制责任体系，大力实施生态环保约谈和领导包企制度。大力推进国家黑臭水体治理示范城市建设，着力改善南门湖、甘棠湖水体水质，加快白水湖、琵琶湖、濂溪河、十里河、龙开故道等内湖内河整治。推进绿色矿山建设。严格落实林长制。坚决抓好中央环保督察"回头看"、长江经济带生态环境保护审计和省环保督察反馈等。积极推进固体废物处理与综合利用，提高生活垃圾处理水平。

着力打通生态价值转化渠道。牢固树立"绿色+"产业发展理念，积极构建环境友好的绿色工业、生态有机的绿色农业和集约高效的绿色服务业体系。严控项目准入门槛，强化规划环评指导控制作用，实行环境影响"一票否决"，提高综合考评中的绿色权重。深入推进园区智慧化和循环化改造，进一步提高园区绿色发展水平。健全自然资源资产确权登记、离任审计、责任追究等制度，建立健全自然资源资产化、价值化转化机制。

三、敢为人先的改革环境

改革成果更加丰硕。九江市改革呈现全面发力、密集实施、多点突破、亮点纷呈的良好态势。161项改革任务已完成95%；累计出台了58个改革方案；推进国家级、省级改革试点81个。全市共承办省级改革现场会12个，在国家级改革现场会上作典型发言9次，在省级改革现场会作典型发言32次，向全国全省推广了一大批具有九江特色的改革经验。

改革推进更加务实。九江市委全年召开6次深改组会议，共研究21项具体改革事项；市委常委会共研究24项具体改革事项；市政府常务会共研究46项具体改革事项。各县（市、区）每季度至少召开1次深改组会议。七个改革专项小组组长立足各自牵头领域，亲自调研、亲自部署、亲自推进，种好自己的"责任田"。161项改革工作台账涉及市直责任单位77个，均按照制定的时间表、路线图，既各负其责，又协同作战，稳步推进。市委改革办公室（以下简称"改革办"）加强与各专项小组、改革责任单位和县（市、区）改革办的联络和协调，及时对全市各项改革进行调度。

改革氛围更加浓厚。为加深广大干部群众对大型政论专题片《将改革进行到底》的认识和领会，九江市委改革办组织力量及时撰写系列观后感理论文章，在《九江日报》头版刊载共计9期。十九届中央全面深化改革领导小组第一次会议后，市委改革办联合市委宣传部、九江日报社在《九江日报》头版开辟"学习贯彻十九大——九江改革进行时"专栏，集中报道全市贯彻落实十九大做出的新部署、推出的新举措、形成的新成效，在全社会营造了改革接力探索、接续奋斗的浓厚氛围。全年编发《九江改革》18期，发布"九江改革微信公众号"1000多条；编发《九江》"改革视界"25篇。向省委改革办报送改革案例37个，《江西改革动态》采用

14 个, 用稿量居全省前列; 中央及省级媒体宣传推介全市改革经验做法 262 条。

改革机制更加健全。建立了中央和省委改革部署动态管理机制。对十八届三中全会以来中央和省委做出的改革部署进行全面大梳理, 共梳理出需要市县级贯彻落实的改革事项 494 项, 其中国家级 430 项、省级 64 项。及时把中央和省委最新出台的改革事项添加进来, 做到上级部署的改革任务心中有数。建立了"交办、催办、督办"三环相扣的改革过程管理机制。全年发放 62 份催办函, 开展 3 次全面督察, 6 次重点督察, 确保了各项改革任务按时推进。持续完善改革考评机制, 增加改革年终考评分值, 激发了各地各部门抓好改革工作的积极性和主动性。

四、各尽所能的人才环境

创新完善人才集聚模式。深入实施"双百·双千"人才工程引进计划, 引进一批高端人才、急需紧缺高层次人才、高层次人才团队、高校毕业生、留学人员等来九江创新创业。如对新引进全职诺贝尔奖获得者、院士等国内外顶尖人才, 分三年给予 1000 万元的项目资金支持, 给予 300 万元安家费, 配备工作助手和工作用车, 每月给予 1 万元生活补贴; 对企业新引进全职国家"千人计划"顶尖人才与创新团队项目中的顶尖人才和团队带头人、国家"万人计划"杰出人才入选人员等国家级顶尖人才, 分三年给予 500 万~1000 万元的项目资金支持, 给予 150 万元安家费, 三年内每月给予 8000 元生活补贴; 对企业新引进全职急需紧缺高层次人才, 分三年给予 50 万~100 万元的项目资金支持, 给予 20 万~60 万元安家费。

健全完善人才培育机制。深入实施"双百·双千"人才工程培育计划, 三年为一个培养周期, 在石油化工、现代纺织、电子电器、新材料、新能源、新动能、金融、管理、教育卫生、现代农业、电子商务、文化艺术等行业中, 培养和造就一批尖端产业人才和创新人才。如对新入选国家"千人计划"等国家级人才工程的人才, 给予 50 万~200 万元的项目资金支持, 给予所在企业 5 万~15 万元育才奖励。对新入选江西省"双千计划"人才, 给予 10 万~100 万元的项目资金支持; 对新入选江西省"双千计划"创新创业团队的, 给予 100 万~200 万元的项目资金支持, 给予所在企业 5 万~10 万元育才奖励。对入选"双百·双千"人才工程高精尖人才引领培育计划的，在培养周期内给予 30 万元的项目资金支持。

发挥创新创业平台集聚作用。加快推进产业研究平台建设，鼓励和支持"5+1"千亿产业集群骨干企业依托园区等创建或联合创建承担产业前沿及技术研究任务的高端产业研究院，鼓励和支持各地高等院校和科研院所来九江创办或联合创办产业研究院。如对新认定的国家级工程（企业）重点实验室、企业技术中心等平台，给予 400 万元的项目资金支持；对新认定的省级、市级创新中心、工程（重点）实验室、工程技术研究中心、企业技术中心、工业设计中心等平台，分别给予 50 万元和 10 万元的项目资金支持；对新认定的国家级、省级、市级双创示范基地、科技企业孵化器、众创空间、星创天地建设等平台，分别给予 50 万元、20 万元和 5 万元的项目资金支持。

健全人才服务工作机制。进一步加强党委联系服务专家制度建设，加强对高层次人才的政治引领和政治吸纳，及时掌握各类高层次人才工作、学习和生活情况，主动帮助其解决实际困难。建立"人才绿卡"制度，向高层次人才发放"人才绿卡"，并授予"荣誉市民称号"。"人才绿卡"获得者，可享受每年一次的免费体检和免费参观九江市公办旅游景点、人才休假疗养、优先就医、优先预约专家会诊等政策。提供"店小二"式人才服务。按照"谁引聘，谁负责；谁审批，谁协办"的原则，由各职能部门全程协助人才办理项目申报、资金申拨、选拔推荐、配偶随调、子女就学等事宜。创新人才服务方式，建立九江市人才库，通过网络为人才提供便捷的线上服务。

五、和谐稳定的社会环境

努力办好民生实事。加快城市棚户区和农村危房改造，推进公租房租售并举，加快构建多元供给的住房保障体系，2018 年改造棚户区 3.6 万户。加大职业技能培训力度，力争新增城镇就业 6.4 万人，新增转移农村劳动力 6.2 万人。推进九江三中（高中部）搬迁，着力解决大班额等问题；加快乡镇公办幼儿园建设，新改扩建农村中小学 430 所，重视发展特殊教育，加快发展现代职业教育，支持发展高等教育，鼓励社会力量兴办教育；支持九江职业大学创建全国一流高职名校、九江职业技术学院创建中国特色高水平高职院校；全面启动九江学院新校区建设，加大教育资源整合力度，加快升格为九江大学。深化医药卫生体制改革，加强公立医院服务能力建设，提升基层医疗卫生服务水平；推进医疗、医保、医药"三医联动"改革，更好地保障人民群众就医需求。巩固国家公共文化服务体系示范区创建成果，打造"一镇一品"特色文化品牌。加快公共体育设施建设。大兴孝老、敬老、爱老之风，完善养老服务体系。深化殡葬改革，促进殡葬事业发展。深入开展农民工工资实名制监管信息化工作，构建和谐劳动关系。

全力维护和谐稳定。创新信访工作机制，落实信访工作责任，充分发挥行政复议监督职能，加大政府内部层级监督力度，依法及时就地解决群众合理诉求。严格落实安全生产责任制，加强安全生产隐患排查整治，坚决遏制重特大安全事故发生。加强食品药品安全监管，保障人民群众饮食用药安全。完善应急管理体系，加强救援队伍建设。深入推进平安九江、法治九江建设。全面纵深推进扫黑除恶专项斗争，持续推进"雪亮工程"和智能安防小区建设，实施"封江控湖"智慧工程。

第二节　九江市民营经济发展和投资现状

九江市明确提出了激发民营经济活力的战略，通过细化政策措施、改善发展环境、扶持中小企业，民营经济已成为九江市经济发展中最具活力的经济增长点。

一、民营投资总量稳步增长

2018 年，九江市民营经济增加值 1648.53 亿元，占全市 GDP 的比重为 61.1 %，比上年同期提高 0.2 个百分点。从民营经济产业发展看：第一产业民营增加值为 39.10 亿元，增长 2.9%，占民营经济增加值的比重为 2.4%；第二产业民营增加值为 1726.33 亿元，增长 8.8%，占民营经济增加值的比重为 63.9%；第三产业民营增加值为 1726.33 亿元，增长 7.6%，占民营经济增加值的比重为 33.7%（见图 4-1）。从目标任务完成情况看：一是民营经济固定资产投资增长 10.8%，较上年增长 4.1%，占全市固定资产投资的比重为 75.7%；二是民营经济上缴税金为 2940.86 亿元，增长 22.7%，占全市税收总额的比重达 64.6%；三是规模以上民营经济工业主营业务收入 4774.85 亿元，较上年增长 11%。

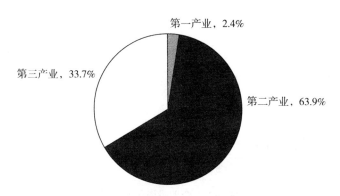

图 4-1　2018 年九江市民营经济增加值构成

二、投资主体不断增强

目前，全市共有私营企业、个体工商户 260638 户，较 2017 年同期增加 23193 户，增长 9.8%，其中有个体工商户 186340 户，私营企业 74298 户，比上年增长 6.7% 和 18.2%；私营企业、个体工商户注册资金 5183.78 亿元，较 2017 年同期增长 26.5%，其中有个体工商户注册资金 283.39 亿元，私营企业注册资金 4900.39 亿元，比上年增长 13.8% 和 27.3%。全市出口创汇 44.96 亿美元，其中非公有制经济出口创汇 44.04 亿美元，同比增长 5.8%，占出口总额 98%。涌现出联盛集团、美庐乳业、信华集团、民生集团等一大批优秀的民营企业，非公经济呈现出蓬勃发展的良好势头，在九江市国民经济总量中扮演着越来越重要的角色。

三、企业投资经营信心指数上升

调查问卷显示，九江市当地企业继续投资的信息指数算术平均数为 8.90（满分 10）、众数为 10，其中 8 分、9 分、10 分的企业数占比为 13.91%、14.78%、57.39%（见图 4-2），合计 86.08%。调查还发现，41.32% 的企业有投资计划，44.63% 的企业正在考虑，14.05% 的企业暂时没有新增投资计划（见图4-3）。其中，有投资计划的50家企业预计投资额度平均为18657万元。

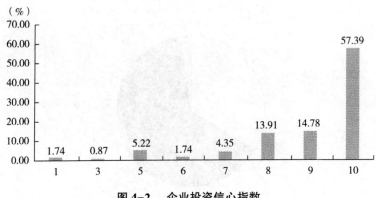

图4-2　企业投资信心指数

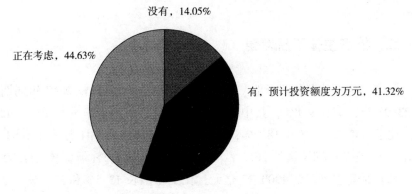

图4-3　企业是否有新增投资计划

四、民营投资政策的落实情况较好

九江市各级政府出台民间投资细化配套措施，使行政支持政策、财税鼓励政策等能够更好地落实，能解析到执行层面。九江市出台了《关于进一步激发民间有效投资活力促进经济持续健康发展的实施意见》《关于加快推进政府与社会资本（PPP）项目落地的意见》《关于深化投融资体制改革的实施意见》等一系列支持和促进民间投资的具体举措，为政策落实提供了制度保障。

　　九江市民间投资政策落实情况调查方面，认为当地促进民间投资落实非常好的企业数为 53 家，占比 43.8%；认为比较好的有 29 家，占比 23.97%；认为比较好和非常好的有 82 家，占比 67.77%；不了解/未申请/企业不符合优惠条件的 14 家，占比 11.57%；仅 1.66% 明确表示了对政策落实不满意（见图 4-4）。在总共 15 项民间投资政策落实情况评价中，明确给予不满意和非常不满意评价的比例非常低，基本处于 3%~5%。可见，企业对九江市落实民间投资政策的总体印象较好。

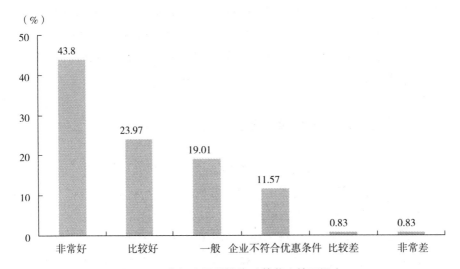

图 4-4　九江市民间投资政策落实情况调查

五、民营经济创新创优发展环境提升

　　在优化营商环境方面，九江市制定出台了《加强政务诚信建设实施意见》和《进一步优化营商环境的实施意见》，专门开展了招商引资合同兑现专项行动，以政府诚信示范引领全社会诚信建设，积极营造尊重企业家、支持企业家的浓厚氛围。2018 年在全省非公经济发展表彰大会上，九江市有 16 家非公企业获评为"发展升级示范企业"，占全省总数的 16.3%。同时，为打造公平的法治环境，坚决扫除影响市场秩序的"行霸""市霸"等黑恶势力，维护民营企业的合法权益，九江市进一步强担当、转作风、优服务，大力整治"怕、慢、假、庸、散"等作风突出问题，为民营经济发展提供坚实的保障。

第三节 九江市民间投资政策
落实情况的做法和成效

近年来，九江市民营经济整体运行状况良好，截至 2017 年底，九江市民营企业（不含个体工商户）达 66234 户，较上年增长 21.8%；民营企业注册资金 4148.3 亿元，较上年增长 41.19%。非国有投资 2454.11 亿元，较上年增长了 14.6%，高出全市固定资产投资增速 2.1 个百分点；在固定资产投资增长中，民间投资的贡献率达到了 103.3%。

一、"放、管、服"改革不断深化

一是坚持深化简政放权。九江市各级政府以"放、管、服"改革为契机，以行政审批制度改革为抓手，取消审批项目，简化办理流程。2017 年 10 月 9 日，"多证合一"改革顺利实施，实现了"让企业少跑腿，信息多跑路"的目标。各种行政审批事项得到简化。办理事项便捷化、渠道多元化、效率逐步提升，2017 年 10 月网上申请渠道已经实现涵盖所有注册登记业务，各类型企业在设立、变更、注销、备案等各个环节均可通过互联网办理。

二是优化了行政审批流程。九江市近年来出台了《九江市人民政府关于加快推进"放、管、服"改革切实优化发展环境的通知》（九府字〔2017〕48 号）、《九江市推进"一次办"工作意见》（九办发〔2017〕11 号）、《九江市推行政务服务事项"一次不跑"改革实施方案》、《推进涉企"多证合一"登记制度改革实施方案》、《九江市"放、管、服"改革涉及的规范性文件清理工作方案》，如：工商登记前置审批事项由原来的226 项精减到 33 项；地税局只保留了 3 个行政审批事项，其他事项均改为备案事项。着力实施行政审批投资负面清单、行政审批准许清单和权力监管清单"三单制度"，逐步实现"一枚印章管审批、一个大厅管服务、一套机制管长效、一个标准管规范"。

三是加大小微企业服务力度。九江市已在"创业咨询一点通"平台发布地方政府扶持小微企业发展政策 20 条。不断优化登记方式，落实各项优惠政策，加大对高校毕业生、登记失业人员等创业群体的扶持力度。继续做好支持个体工商户转型升级企业工作，促进市场主体结构转变。2017年，全市共为 88 户个体工商户办理了转型升级登记。

四是推动社会信用体系建设。九江市各级政府及部门通过多种途径加大社会信用体系建设力度，多措并举加大对失信企业的处罚力度，逐渐形成了"一处失信、处处受限"信用监管格局；开展"星级文明诚信个体工商户"创评，暨"诚商信贷通"工作试点活动，推进个体工商户信用体系建设，将信用监管成果与破解个体工商户、小微企业经营中的难题和困难有效结合起来，助力企业融资"造血"。该工作试点活动的推动成效初步显现，如庐山市在 2017 年度通过评定星级文明诚信个体户 122 户，实现累计发放信用贷款 5200 万余元。

二、民间资本参与 PPP 项目有所提高

2018 年一季度，九江市纳入省发展改革委 PPP 项目库项目共计 22 个，总投资 177.16 亿元，拟引进社会资本 90.8 亿元。其中，庐山西海九江市柘林湖湖泊生态环境保护（PPP）示范项目、永修县有机硅产业孵化基地建设项目、九江市八里湖新区地下综合管廊建设项目、九江市八里湖新区市政基础设施项目等均已开工建设，截至 2018 年 3 月底，累计完成投资3.98 亿元。另外，为进一步推进 PPP 项目建设，充分利用 PPP 项目建设模式，近两年九江市建立了市、县两级 PPP 项目储备库，纳入 PPP 项目共计 57 个，总投资 997.5 亿，拟引进社会资本 844.9 亿元。截至 2018 年 3月底，已开工项目 6 个，累计完成投资 4.15 亿元，启动前期工作项目 16个，都昌、彭泽县、德安县等地还争取到中央预算内投资 PPP 项目前期工作经费 481 万元。

三、企业融资环境有所改善

一是通过"财园信贷通"帮助解决企业融资难、融资贵的问题；通过调剂、整合安排商贸流通发展专项、中小企业发展、全民创业、外贸发展等专项资金 2000 余万元，年初预算安排服务业发展专项资金 300 万元，统

筹安排用于金融机构信贷投放考核激励，引导各金融机构加大对战略性新型产业及传统产业转型升级、中小微企业等领域的信贷支持。

二是成立产业引导基金，九江市政府设立了产业引导基金（母基金）。按照"1+N"的思路，母基金下设7只子基金，分别是沿江产业发展基金、工业产业发展基金、绿色产业发展基金、农业发展投资基金、文化旅游产业发展基金、科技创新发展基金和城市发展基金。

四、企业纳税负担有所减轻

一是压缩办税时间。实现全市办税服务厅国地税联合办税全覆盖，实现"进一家门、办两家事"，全面推行办税"最多跑一次"改革，发布了办税事项"最多跑一次""一次不跑"清单。进一步优化办税服务，为新办纳税人提供"套餐式"服务，积极推进网络办税，通过广泛宣传、培训、现场辅导，引导纳税人通过网络办税平台办理涉税事项。

二是简化发票领用程序。推行增值税发票网上申领，取消纸质发票验旧，对票种核定实行网上预申请，申领增值税普通发票限时办结，增值税专用发票最高开票限额申请即时办结。

三是规范税收执法。落实行政审批改革，以电子和纸质两种形式向纳税人公布《行政许可事项目录》和《江西省国税系统税务行政许可事项服务指南》，明确了各项行政审批的"实施依据、实施机关、所需条件、申请材料目录"等具体事项，做好日常督察和专项督察，对发现的税收执法问题及时整改并严肃问责。

第四节　进一步激发九江市民间投资活力的政策建议

激发民间投资是一个长期过程，需要立足当前、着眼长远，提高政策的稳定性和精准性，充分激发民间投资潜力和创新活力，让民间投资既有量的增长，更有质的提升，现提出如下对策建议。

一、深化推进"放、管、服"改革

大力推进简政放权改革。进一步厘清市、县（区）事权，取消不适应经济社会发展的行政权力事项，市级行政权力事项适合县（区）、经济功能区实施的原则上要下放。继续深入清理规范行政审批中介服务，调整市级中介服务事项清单和收费标准。进一步优化投资项目审批流程，落实进一步优化工程项目审批流程，依法实施工程项目"大容缺、大并联"等改革创新，推动工程项目审批再提速。做好核准权限的承接、取消、下放工作，最大限度缩小核准范围，向沿海发达地区如浙江省学习，行政审批服务中心由各部门副职坐镇，把关备用章的使用权限。全面推广运用投资项目在线监管平台，实现企业投资项目核准网上受理，备案项目全程网办，即报即办。全面推进"多证合一"改革，持续推进登记制度改革，落实推进涉企"多证合一"登记制度，进一步深化部门间信息共享和业务协同，完善行政审批信息互联共享平台建设，实现信息共享。全面推进企业登记全程电子化和电子营业执照应用。加快推进"互联网+政务服务"平台建设，打造互联互通、业务协同、信息共享的"一站式"网上办理平台。

二、大幅放宽民间投资市场准入

国家应积极转变社会各界对民营企业存在的传统思想观念。作为扮演领导角色的政府机关，应该从根本上正视民营企业对社会经济的重大作用，积极主动地深入民营企业中进行信息引导和协调服务，并加大人民群众对民营企业重要地位的教育宣传，使人们从根本上消除顾虑与偏见。同时，民营企业本身应遵守市场法则，建立诚信重誉形象，提高企业公信力，营造良好的发展环境。

鼓励引导民间资本积极参与政府和社会资本合作（PPP）项目。加大基础设施和公用事业领域开放力度，禁止排斥、限制或歧视民间资本的行为，支持民间资本股权占比高的社会资本方参与 PPP 项目。对商业运营潜力大、投资规模适度、适合民间资本参与的 PPP 项目，应积极支持民间资本控股，提高项目运营效率。对投资规模大、合作期限长、工程技术复杂的项目，鼓励民营企业相互合作，或与国有企业、外商投资企业等合作，通过组建投标联合体、成立混合所有制公司等方式参与，充分发挥不同企业比较优势。鼓励民间资本成立或参与投资基金，将分散的资金集中起来，由专业机构管理并投资 PPP 项目，获取长期稳定收益。做到国企、民企一视同仁，在符合条件的情况下，优先考虑当地民营企业参与 PPP 项目的招投标，并在政策上给予一定程度的倾斜。

三、进一步拓宽民间投融资渠道

建立完善行业融资对接制度。面对中小企业贷款难问题，由行业主管部门分别对中小企业、"三农"企业、外资及商贸企业、科技型企业等融资需求列出清单，市金融办公室等有关部门督促指导驻地银行机构开展银企对接，积极为企业设计融资方案、优化融资条件。深入推进"双惠"银行工作机制，鼓励辖区内银行机构争当小微企业"双惠"银行，通过贷款利率、贷款额度等方面的优惠，引导小微企业将其存款、贷款、结算、理财、咨询等各项业务相对集中于一家银行办理，构建"风险共担、利益共享、平等互利"稳定的银企合作关系，减少压贷、抽贷、断贷行为。金融主管部门要采取切实有力的措施，按照国家和省里有关降成本、优环境政策的要求，优惠银行对民营企业的放贷利率，不得随意提高贷款利率；对于正常经营的民营企业，在续贷时实行无缝对接，避免企业因一时资金紧张而产生成本负担。

发挥政府投资的引导带动作用。根据发展需要，政府引导基金积极参与设立各类投资产业基金，发挥财政资金的引导和放大效应和国有资本的示范带动作用，促进投资机构和社会资本进入。完善股权投资引导基金激励机制，引导产业基金参股子基金，将符合引导产业基金投资领域的外地优质项目引入九江市注册经营，市财政按参股子基金对该项目股权投资额的一定比例给予一次性奖励。鼓励企业充分利用多层次资本市场和债券市场融资发展，逐步提高直接融资比重。对符合发债条件的企业列出清单、制订计划，推动企业进行境内外债券市场融资。

四、切实降低企业成本负担

有效降低企业用地用能成本。落实新增工业用地弹性出让年期制，积极推进工业用地长期租赁、先租后让、租让结合，工业用地的使用者可在规定期内按合同约定分期缴纳土地出让价款。在不改变用途的前提下，现有工业项目提高利用率和新建工业项目建筑容积率超过国家、省、市规定容积率部分的，不再增收土地价款。合理降低企业用电成本，根据国家和省有关规定，全面落实电价下调政策和延长错峰用电时间。组织符合条件的企业参加全省电力直接交易试点，不断扩大电力直接交易试点范围。进一步减轻企业税费负担，严格执行国家政府性基金收费减免政策；取消或停征部分涉企行政事业性收费，包括停征药品检验费、计量收费等项收费项目，取消环境检测服务费等收费项目。

继续清理和规范一批涉企经营服务性收费，采取、取消或降低收费标准等方式，对技术咨询服务费等由九江市定价的涉企经营服务性收费进行清理规范。落实好研发费用税前加计扣除、企业固定资产加速折旧、小微企业和高新技术企业减征企业所得税等优惠政策。合理降低企业人工成本，阶段性降低社保缴交和失业保险费率，力争达到周边省份平均值费率。适当降低企业住房公积金缴存比例，严格执行缴存控高保低政策，生产经营困难企业也可依法申请缓缴住房公积金。出台相关政策减轻企业用工成本，吸引省内外人才留下来创业或参与当地企业技术创新和研发。

五、构建新型政商关系

建立健全政府与民营企业常态化沟通机制，进一步发挥工商联和相关协会、商会在企业与政府沟通中的桥梁、纽带作用，倾听民营企业呼声，帮助民营企业解决实际困难。健全完善民营大企业服务直通车制度，对本地、外地企业一视同仁，在税收、招投标和融资等方面都享受同等待遇。制订民营企业人才引进和培养工作推进方案，组织开展民营企业家专业化、精准化培训，提升民企经营管理水平。建立和完善民营企业服务平台，集成网上办公端口、集中惠企扶持政策、集聚文化品牌信息，开通民企网上服务热线和"专家门诊"，为民营企业提供多角度、全方位、立体化的服务，实现普惠性宣传和个性化定制服务相结合的政策宣传服务新模式。建立企业投诉举报中心，由当地政府常委兼任中心主要负责人，提高企业投诉处理的效率。

六、加强政策的统筹协调

九江市县区各级政府在出台相关政策时要进行充分的调研，邀请省内外专家进行反复论证，各相关部门统一步调，制定出科学合理的政策法规，能够在社会上获得大多企业家的认可，正确引导中小企业的投资方向和战略决策。各部门在传达中央或省里有关政策时，应该加大宣传力度，认真解读上级政策的积极因素，对相关疑惑和模糊问题，积极主动地为企业释疑解惑，及时帮助企业正确理解上级政策的真实意图，为稳定市场预期、提高企业投资信心做好舆情收集和沟通工作。

七、发挥企业管理人员主观能动性

针对思想观念陈旧，小富即安，制度规则意识、竞争意识、合作意识等欠缺的现实困境，应重视企业管理人员的主观能动性调动，通过试点先行，鼓励有条件的民营企业建立现代企业制度和职业经理人制度，强化企业内部管理制度建设，打破家庭式的管理模式，完善法人治理结构，探索多元产权化，激发民营企业的活力和创造力。通过举办"私企建制""转型升级""精益管理提升"等富有实效性、针对性的培训班，培养和造就一批具有开拓精神、创新能力和适应国际竞争需要的高层次、复合型企业家队伍。积极发挥企业家协会作用，搭建企业家高层对话平台，加强相互交流，分享管理经验，实现信息共享，促进企业间相互联系和合作，提升企业整体管理水平。重视对新生代企业家的培养，为他们的发展创造良好环境，使他们肩负起引领企业持续创新发展的重任。并鼓励发展猎头公司等中介服务机构，通过这些中介渠道，实现企业家资源的有效配置，为企业的发展奠定坚实的基础。

八、营造公平公正的法治环境

各级政府要牢固树立风清气正的社会环境，不断改善安商、亲商的营商环境，给当地企业和企业家努力营造公平公正的法治环境，以吸引更多的企业前来投资办厂。建设法治化的市场营商环境，保证市场的公平竞争，在市场准入、要素配置等方面创造条件，使中小微企业更好地参与市场公平竞争。各级政府和有关部门要在市场准入、政府采购、知识产权保护、企业融资渠道、投资权益保护、政策扶持等方面依法合规提供支持和帮助，坚决杜绝行政权力乱伸手、乱作为，减少对经济运行的干预。努力营造鼓励、支持、引导非公有制经济发展的良好政策环境和社会氛围，促进各类市场蓬勃发展，让中小微企业真正从政策中增强获得感。

第五章 赣州市激发民间投资活力的实践与探索

民营经济是赣州经济的重要组成部分。随着赣州经济社会的不断发展，民间投资已成为促进经济发展、调整产业结构的重要力量。进一步激发民间投资活力，有利于扩大社会就业、增加居民收入、拉动省内消费，有利于促进经济平稳快速发展。

第一节 赣州市投资环境分析

赣州，也称"赣南"，是江西省的南大门，江西省面积最大、人口最多的设区市，总面积 39379.64 平方公里，下辖章贡区、南康区、赣县区 3 个市辖区，大余、信丰、兴国、宁都、于都、会昌、寻乌等 14 个县，瑞金 1 个县级市，赣州经济技术开发区、蓉江新区 2 个功能区，2018 年户籍人口为 981.46 万人。赣州是著名的革命老区，原中央苏区振兴发展示范区、红色文化传承创新区，被称作"红色故都""共和国摇篮"。近年来，赣州市以国务院支持赣南等原中央苏区振兴发展为契机，全面贯彻省委"创新引领、改革攻坚、开放提升、绿色崛起、担当实干、兴赣富民"工作方针，坚持解放思想、内外兼修、北上南下，突出打好"六大攻坚战"，经济运行保持总体平稳、稳中向好的发展态势，经济社会各项事业取得积极进展，赣南苏区振兴发展取得新成效，为民营经济发展提供了良好的外部环境。

一、经济发展总体情况

2018 年赣州市地区生产总值（GDP）2807.24 亿元，比上年增长

9.3%（见图 5-1）。其中，第一产业增加值 340.30 亿元，增长 3.7%；第二产业增加值 1194.24 亿元，增长 8.9%；第三产业增加值 1272.70 亿元，增长 11.5%。三次产业结构由 2017 年的 13.3∶42.6∶44.1 调整至 2018 年的 12.1∶42.6∶45.3。人均地区生产总值 32429 元，比上年增长 8.7%。财政总收入 459.51 亿元，比上年增长 12.5%，其中，一般公共预算收入 265.21 亿元，增长 8.1%（见图 5-2）。财政总收入占 GDP 的比重达 16.4%，比上年提高 0.2 个百分点。各项税收收入 400 亿元，增长 16.0%。一般公共预算支出 857.58 亿元，增长 10.5%。固定资产投资增长 11.3%，其中工业投资增长 19.8%。社会消费品零售总额 901.71 亿元，增长 11.1%。货物进出口总额 53.33 亿美元，比上年增长 12.65%。其中，货物出口 43.58 亿美元，增长 9.89%；货物进口 9.75 亿美元，增长 26.92%。实际使用外资 18.44 亿美元，增长 10.6%；实际利用省外项目资金 878.75 亿元，增长 16.4%。

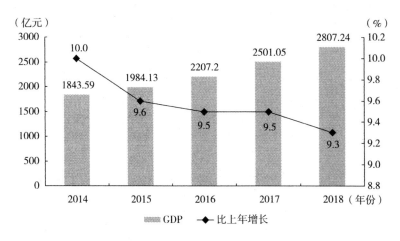

图 5-1　2014~2018 年赣州市生产总值及其增长率

资料来源：赣州市统计局。

二、产业发展

赣州市产业结构呈现"三、二、一"特征，但这种特征是建立在工业化进程尚未完成的基础上的，农业在经济中的比重仍然较高（2018 年为 12.1%，比全省高 3.6 个百分点），工业和现代服务业是经济发展的主要推动力量。近年来，赣州市以新型工业化为核心，重点围绕稀土和钨新材

图 5-2   2014~2018 年赣州市财政收入

资料来源：赣州市统计局。

料、电子信息、生物制药等战略性新兴产业，以及家具等传统优势产业，实施工业强市战略，同时大力推动现代农业和现代服务业发展，加快构建现代产业体系，不断提升产业发展水平。

1. 新型工业体系加速构建

赣州市以优势产业为基础、战略性新兴产业为先导，加快推进工业化与信息化、制造技术与新一代信息技术、制造业与生产性服务业深度融合，促进工业经济高端化、智能化、聚集化、品牌化，构建特色鲜明、集约高效、环境友好、市场竞争力强的新型工业体系。2018 年全部工业增加值 998.14亿元，比上年增长 9.3%，规模以上工业增加值增长 9.5%（见图 5-3）。

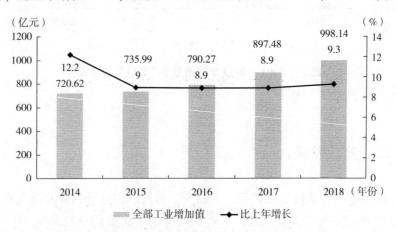

图 5-3   2014~2018 年赣州市工业增加值及其增长率

资料来源：赣州市统计局。

稀土钨新材料及应用产业。以赣州高新区、赣州经开区和相关工业园区为主平台，建设中国赣州"稀金谷"。推进稀土产业与新能源汽车用永磁电机、风力发电、无人机伺服系统电机、轨道交通、绿色家电、新一代电子产品用电机等新兴应用产业深度融合，着力打造产业链条完整、技术水平一流、具备国际竞争力的全国重要的稀土新材料及应用产业基地。推动钨产业向精深加工转型发展，全力打造具有国际竞争力的全国硬质合金及刀钻具生产基地。

新能源汽车及配套产业。以赣州经开区、南康区、章贡区为主平台，引进新能源整车制造项目，加快建设赣州新能源汽车科技城、新能源汽车赣州产业基地，实现新能源汽车整车规模生产。力争到2020年建成新能源汽车整车生产规模30万辆、实现主营业务收入1300亿元。

电子信息产业。加快章贡区、龙南、信丰电子信息产业基地等建设，以整机制造为重点，积极发展数字视听和移动通信终端、新型显示、绿色电子机电等产品，着力发展新型电子元器件、电子信息材料，积极向高端延伸。瞄准大数据、物联网、互联网、云计算、智能终端、北斗产业等，加快产品研发和制造，培育以新一代信息技术为核心的产品制造企业。

生物制药产业。依托中药资源和生态环境优势，做大做强中成药、化学原料药及制剂产业，培植发展生物制品、医疗器械、保健品、药用辅料等，打造中成药、化学药、生物药及保健品、医疗器械等产业基地。

家具产业。以南康家具产业基地为主平台，走规模化、品牌化、工艺化发展之路，鼓励龙头企业并购重组，形成专业化、协同化发展格局，打造南方最大的家具生产制造和出口基地。

2. 现代服务业提质增效

一是加快生产性服务业创新发展。以金融、现代物流、电子商务产业等为重点，推动生产性服务业创新发展，实现与先进制造业、现代农业在更高水平上有机融合。

金融业。围绕打造全省次金融中心，完善金融机构、中介服务和要素市场体系，增强金融服务实体经济的能力。2018年末金融机构人民币各项存款余额5062.57亿元，比年初增加309.00亿元。各项贷款余额4047.19亿元，比年初增加631.22亿元。存贷比79.9%，提高8.0个百分点。

现代物流业。积极创建国家现代物流创新发展示范城市、现代物流技术应用和共同配送综合试点城市，推进国家物流服务业标准化项目试点建设。加快综合物流中心、专业物流中心、快递中心、配送中心、甩挂中心、冷链中心、大型物流（仓储）配送中心等项目建设，构建大物流发展格局。

电子商务。扎实推进国家电子商务示范城市创建，促进电子商务与实体、产业、扶贫融合发展。着力打造稀有金属、华南家具、赣南脐橙电子商务交易平台，建设一批国家、省级电子商务示范基地和电子商务产业聚集区，培育一批有全国影响力的电子商务龙头企业。大力发展跨境电子商务，积极争创跨境电子商务综合试验区。深入推进电子商务进农村综合示范试点。

二是提升发展生活性服务业。以文化旅游、健康养老、商贸流通、居民和家庭服务等产业为重点，促进生活性服务业向规范化、连锁化、便利化、品牌化、特色化方向发展。

文化旅游业。构建"一核三区"旅游发展格局，建设涵盖章贡区、南康区、赣县的宋城文化旅游核心区，涵盖瑞金、宁都、石城、会昌、于都、兴国的红色旅游区，涵盖上犹、崇义、大余的生态休闲度假区，涵盖安远、龙南、信丰、寻乌、全南、定南的客家文化旅游区，做强"红色故都""江南宋城""客家摇篮""绿色家园"等旅游品牌，促进旅游业蓬勃发展。2018 年，赣州市共接待旅游总人数 10803.44 万人次，比上年增长30.1%，旅游总收入 1120.26 亿元，增长 40.9%。其中，共接待入境旅游者 45.93 万人次，增长 10.9%；旅游外汇收入 15154.55 万美元，增长8.4%；接待国内游客 10758 万人次，增长 30.2%；国内旅游收入 1109.54亿元，增长 41.2%。

健康养老业。促进健康养老与旅游、休闲农业、医疗、健康管理、中医药等产业融合发展，加快发展以养生、养老为主的健康养老产业，加快建设一批高端健康养老与休闲旅游相结合的综合产业体，打造国内知名的养生养老示范基地、中部地区健康服务业中心。

商贸流通业。推进城乡流通网络体系建设，建设一批现代化城市综合体、商贸综合服务中心、特色商业街区，加快形成商贸流通集聚区。大力发展批发零售业，建设一批有地方特色的专业市场、农产品批发市场、集贸市场。

居民和家庭服务业。加快发展婴幼儿看护、护理、美容美发、洗染、家用电器及其他日用品修理等服务业，规范发展房地产中介、房屋租赁经营、物业管理、搬家保洁、家用车辆保养维修等服务业。

3. 农业现代化建设快速推进

赣州市以农业供给侧结构性改革为抓手，在稳定粮食生产能力的同时，做大做强做优脐橙、蔬菜、油茶等重点产业，加快发展区域特色产业，大力构建现代农业产业体系、生产体系、经营体系。

脐橙产业。实施脐橙产业发展升级行动计划，建设标准果园，组建赣南脐橙产业联盟，实现脐橙产业升级发展，打造国际影响力和市场话语权的优质脐橙产业基地。

蔬菜产业。扩大蔬菜种植面积，调整优化品种结构，提高质量安全水平，打造105国道、323国道沿线蔬菜产业带，建设面向东南沿海和港澳地区蔬菜供应基地。

油茶产业。建设油茶"三个中心、三个基地"（三个中心指油茶国家地方联合研究中心、油茶产品检测中心、油茶产品电子商务交易中心；三个基地指油茶良种繁育基地、油茶高产种植基地、油茶产业加工基地），推进国家油茶产业发展示范市、国家油茶产业发展重点县建设，建成产值超百亿元油茶产业集群。

三、开放平台

目前，赣州市共有赣州经济技术开发区、龙南经济技术开发区和瑞金经济技术开发区3个国家级经济技术开发区以及1个国家级综合保税区、3个省级经济技术开发区、1个省级高新技术产业园区和12个省级工业园区，园区数量居江西省首位，实际开发面积90平方公里。赣州市工业园区基本情况见表5-1。

赣州综合保税区于2015年10月20日封关运行，保税区规划面积4平方公里，分两期建设，一期建设面积2.229平方公里，规划建设保税物流区、保税服务区、保税加工区和口岸作业区四大功能区。赣州综合保税区与赣州黄金机场互为依托，海关可通过开展"区港互动"监管模式，实现赣州综合保税区和机场口岸的无缝对接、深度合作，使货物在两个区域间快速、高效流转，发挥综保区保税物流和口岸功能，推动航空口岸物流跨越发展，共同打造中部乃至全国的空运物流中心枢纽，构筑赣州对外开放大平台。

表5-1 2017年赣州市工业园区基本情况

序号	园区名称	特色产业	投产工业企业数（个）	招商实际到位资金（万元）	工业固定资产投资额（万元）	省外资金（万元）	境外资金（万美元）	亿元以上项目资金（万元）
1	赣州经济技术开发区	新能源及新能源汽车产业、电子信息产业、现代服务业	257	1501750	1346336	1352950	24000	3366450
2	赣州高新技术产业开发区	钨和稀土新材料应用产业	121	479747	590363	458235	0	749673
3	龙南经济技术开发区	电子信息产业	147	666786	763841	568296	11831	2003000
4	瑞金经济技术开发区	电气机械及器材制造业	95	178551	357458	125469	0	324310
5	章贡经济开发区	生物制药产业	103	735799	1000687	347310	896	1218813
6	信丰工业园区	电子信息产业	106	790233	701120	370499	3122	2536698
7	大余工业园区	钨及有色金属深加工产业	66	116508	152044	25500	0	127000
8	上犹工业园区	玻纤新型复合材料产业	4	74275	182082	4044	0	258000
9	安远工业园区	电子信息产业	30	55688	44459	45796	1460	512000
10	定南工业园区	稀土永磁材料及其应用产业	51	246777	253774	140261	576	364500
11	全南工业园区	氟新材料产业	57	148644	160360	90945	1209	335000
12	宁都工业园区	轻纺服装产业	93	323871	323871	167038	404	516635
13	于都工业园区	服装服饰产业	83	197277	325000	185277	1715	304710

续表

序号	园区名称	特色产业	投产工业企业数（个）	招商实际到位资金（万元）	工业固定资产投资额（万元）	省外资金（万元）	境外资金（万美元）	亿元以上项目资金（万元）
14	兴国经济开发区	机电制造产业	91	260987	283177	120604	1288	169300
15	会昌工业园区	氟盐化工产业	48	208654	216103	39910	0	94198
16	南康经济开发区	家具产业	116	783007	618897	138218	0	1119994
17	崇义工业园区	硬质合金应用材料产业	18	51424	57392	21210	0	43600
18	石城工业园区	轻纺鞋服产业	88	50120	141300	23510	0	60000
19	寻乌工业园区	新型建材产业	24	35988	151636	34052	0	901800
	合计		1885	6906086	7669900	4259124	46501	15005681

数据来源：江西省工信委。

四、区位交通

区位条件优越。赣州市位于江西南部，东接福建省三明市和龙岩市，南至广东省梅州市、河源市、韶关市，西靠湖南省郴州市，北连江西省吉安市和抚州市，处于东南沿海地区向中部内地延伸的过渡地带，是内地通向东南沿海的重要通道，与粤港澳大湾区、海峡西岸经济区有着天然的地缘关系，是江西对接粤港澳大湾区的"桥头堡"，江西承接东部沿海产业转移的重要基地，区位优势明显。

交通条件日益改善。赣州作为全国性综合交通枢纽和"一带一路"重要节点城市，正在加速构建立体化交通体系。

铁路。境内有京九铁路、赣龙铁路，2018年铁路货物运输量528.7万吨，旅客运输量190.8万人次。目前正在推进铁路"三大通道"建设。2019年建成通车昌赣深客运专线，打通赣州"贯南通北"的快捷客运通道。正在建设吉永泉铁路、鹰瑞梅铁路，打通连接福建泉州港、广东潮汕地区的出海通道。同时，推进渝长厦快速铁路长赣段、赣郴铁路建设，打通对接成渝经济区、"一带一路"西南桥头堡的西南通道。到2020年，全市铁路建设及运营里程有望达到1300千米以上，形成"一纵一横"十字形快速铁路和"两纵两横"普通铁路网，打造赣州至周边重要经济区中心城市"2小时高铁圈"。

公路。全市公路通车里程31054.92千米。其中，高速公路（赣州境内）通车里程1490.26千米。2018年全年公路货物运输量11935万吨，货物运输周转量270.36亿吨千米；旅客运输量8129万人；旅客运输周转量55.62亿人千米。到2020年，全市高速公路通车里程突破1600千米，构建"三纵三横六联"为主骨架的高速公路网，实现赣州市域范围2小时、外联周边中心城市4小时交通圈。

机场。境内有黄金机场，2018年机场旅客吞吐量162.52万人次，运输起降1.36万架次。赣州市正在积极推动赣州黄金机场设立航空口岸，开通国际航线。

水运。正在加快赣江航道建设，结合梯级开发实现赣州—吉安—峡江三级通航，已建成赣州港。赣州港是中国第八个内陆开放口岸、首个内陆监管试验区，"一带一路"重要物流节点和国家铁路物流重要节点枢纽。

截至 2018 年 6 月，赣州港已开通 18 条内贸和铁海联运班列、18 条中欧（亚）班列线路，通达中亚五国和欧洲经济腹地，成为盐田港、厦门港、广州港的内陆港，实现了家具、木材、煤炭、蔬菜和电子产品的多品种运营，全面对接融入"一带一路"建设。

五、资源环境

资源丰富。赣州市土地总面积 3936295.53 公顷，其中耕地面积 438136.5 公顷，园地 130888.70 公顷，林地 2921302.46，草地 61467.05 公顷。赣州矿产资源丰富，是中国重点有色金属基地之一，至 2012 年底发现矿产 60 多种，经勘查探明有工业储量的为钨、锡、稀土、铌、钽、铍、钼、铋、锂、铷、锆、铪、钪、铜、锌、铁、钛、煤、岩盐、萤石、硫、白云岩、石灰岩等 20 余种，保有矿产储量的潜在经济价值达 3000 多亿元。其中尤以稀土和钨闻名，离子型稀土资源储量居世界同类矿种第一，赣州市被称作"稀土王国"；钨矿保有含量居全国第二位，约占全国的 39%，其中黑钨矿保有量约占全国同类矿的 70%，位居第一，赣州市有"世界钨都"之美誉。赣州市旅游资源丰富，拥有国家级风景名胜区 4 处，国家级自然保护区 3 处，国家级森林公园 9 个，国家 5A 级旅游景区 1 处，国家 4A 级旅游景区 16 处，国家级 3A 旅游景区 8 处，被誉为"红色故都""客家摇篮""江南宋城""生态家园"以及"堪舆圣地、世界橙乡"。

生态良好。赣州市有森林公园 31 个，面积为 14.91 万公顷。其中，国家森林公园 10 个，面积为 12.10 万公顷；省级森林公园 21 个，面积 2.81 万公顷。自然保护区 51 处，总面积 23.69 万公顷，占全市国土面积的 6.0%；其中国家级自然保护区 3 处，面积 4.66 万公顷；省级 5.75 万公顷。全市森林覆盖率 76.2%。2018 年环境空气质量优 101 天、良 218 天，优良率为 87.4%。全市地表水 Ⅰ～Ⅲ 类水质断面比例为 92.8%。

六、社会环境

科技发展情况。赣州市紧紧围绕"两城、两谷、一带"主导产业和各地首位产业发展需求，布局建设一批创新平台载体。获批建设国家离子型稀土资源高效开发利用工程技术研究中心、国家脐橙工程技术研究中心、中科院海西研究院等 17 个国家级创新平台载体，以及赣州（龙南）国家发光材料及稀土应用高新技术产业化基地、赣州国家钨和稀土新材料高新技术产业化基地、赣州国家农业科技园区等一批产业科技创新基地。建设省级以上企业技术中心 36 个、省级以上工程（技术）研究中心 34 个、"智力工作站" 59 家。2018 年专利申请 15601 项（见表 5-2），授权专利 8982 项；PCT 专利申请受理量为 6 件。截至 2018 年底，境内有效发明专利 1340 件，每万人口有效发明专利拥有量 1.56 件。全年共签订技术合同 364 项，技术合同成交金额 7.93 亿元，比上年增长 33.73%。

表 5-2　2018 年赣州市专利申请、授权和有效专利情况

指标	专利数（件）
专利申请数	
境内专利申请	15601
发明专利申请	1981
境内发明专利	1977
专利授权数	
境内专利授权	8982
境内发明专利	397
境内有效发明专利	1340

资料来源：赣州市统计局。

创新创业环境。为推动"大众创业、万众创新"，赣州市大力推动"双创"平台建设，鼓励支持园区、企业、科研机构、高等院校及其他投资主体创办专业企业孵化器、众创空间，加速创新资源向园区集聚。累计建成省级以上众创空间 18 家、科技企业孵化器 14 个，赣州国际企业中心孵化器、市小微企业创业孵化基地入选国家级科技企业孵化器。同时，赣州市搭建一批创新服务平台。充分运用现代网络信息技术，探索线上线下科技创新服务新模式，搭建运行"赣州科创吧""科协进园区——科技创新一站式 O2O 服务平台""企服城"等"互联网+"服务平台，并引入 30 余家法律援助、创业咨询培训、知识产权服务、创投机构等第三方服务机构进驻。

教育发展情况。赣州市有普通高等学校 5 所（含独立学院 2 所），高职、大专院校 5 所。2018 年全年研究生教育招生 1488 人，在校研究生 5029 人，毕业生 1053 人。普通高等教育招生 3.34 万人，在校学生 9.74 万人，毕业生 3.07 万人。各类中等职业教育（包括中等专业和中等职业学校）招生 2.86 万人，在校学生 8.07 万人，毕业生 2.32 万人。普通高中招生 7.41 万人，在校学生 21.98 万人，毕业生 6.51 万人。普通初中招生 16.23 万人，在校学生 45.68 万人，毕业生 13.07 万人。普通小学招生 14.45 万人，在校学生 88.46 万人，毕业生 16.78 万人。

人民生活情况和社会保障情况。2018 年赣州市农村居民人均可支配收入 10782 元，比上年增长 11.0%；城镇居民人均可支配收入 32163 元，增长 8.8%。农村居民人均消费支出 9127 元，增长 11.1%；城镇居民人均消费支出 20247 元，增长 9.2%。农村居民家庭恩格尔系数为 34.0%，城镇居民家庭恩格尔系数为 31.9%（见表 5-3）。

表 5-3　2014~2018 年城乡居民生活改善情况

指标 \ 年份	2014	2015	2016	2017	2018
农村居民人均可支配收入（元）	6946	7786	8729	9717	10782
城镇居民人均可支配收入（元）	22935	25001	27086	29567	32163
农村居民家庭恩格尔系数（%）	38.6	38.1	37.5	36.1	34.0
城镇居民家庭恩格尔系数（%）	35.1	34.5	34.3	33.6	31.9

2018 年社会保险基金筹集总额 220.14 亿元，增加 23.82 亿元。参加城镇职工基本养老保险人数为 125.46 万人，比上年末增加 6.29 万人。参加城乡居民社会养老保险人数为 412 万人，减少 2.19 万人。参加基本医疗保险人数为 942.33 万人，增加 11.53 万人。参加失业保险人数为 37.51 万人，增加 0.51 万人。参加工伤保险人数为 59.20 万人，增加 4.80 万人。参加生育保险人数为 40.83 万人，增加 3.57 万人。5.28 万城镇居民和 39.17 万农村居民得到政府最低生活保障。全市有综合福利院 19 个、敬老院 270 个、民办养老服务机构 49 个。

第二节　赣州市民间投资的基本情况

赣州是江西省面积最大、人口最多的设区市,是江西省省域副中心城市、中国百强城市、国家区域中心城市。2018 年全年实现地区生产总值(GDP)2807.24 亿元,比上年增长 9.3%。近年来,赣州市扎实开展促进全市民营经济发展的各项工作,民营经济运行良好,企业负担有所减轻,民企投资信心不断增强。2018 年全市非公有制经济实现增加值 1713.71 亿元,同比增长 9.4%,占 GDP 的比重为 61.0%。

一、民间投资总量稳步增长

近年来,赣州市民间投资增速呈现由慢到快的发展态势。2013~2018年,该市民间投资分别为 872 亿元、952 亿元、1012 亿元、1077 亿元、1263 亿元、1494 亿元,年增长率分别为 14.8%、9.2%、6.7%、6.5%、17.2%、18.3%,出现了增速由低于全省平均水平到高出全省平均水平的喜人变化(见图 5-4)。但民间投资占总投资的比重明显低于全省平均水平,2015~2018 年,民间投资在全市总投资中的比重分别为 53.5%、48.9%、50.3%、59.55%,而全省民间投资占比分别为 74.1%、71.4%、71.8%、76.6%。

2018 年,赣州民间投资增长 18.3%,增速同比提高 1.1 个百分点,快于同期固定资产投资增速 4.5 个百分点,分别高于全国、全省民间投资增速 14.1 个、13.0 个百分点,增速位居江西省设区市第二位(仅次于吉安)。民间投资占全部投资比重达 59.55%,对全部投资增长的贡献率达 89.8%。

二、民间投资的贡献显著提高

目前,全市共有私营企业、个体工商户 50.21 万户,较 2017 年同期增加 4.52 万户,增长 9.9%,其中有个体工商户 40.54 万户,私营企业 9.67

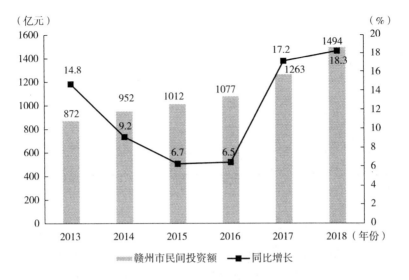

图 5-4　2013~2018 年赣州市民间投资额和年均增长情况

资料来源：2018 年非公有制经济统计快讯等。

万户，分别比上年增长 7.7% 和 20.4%（见表 5-4）；全市出口创汇 43.58 亿美元，其中非公有制经济出口创汇 43.46 亿美元，同比增长 9.8%，占出口总额 99.7%；全市税金总额 404.86 亿元，非公有经济上缴税金 304.53 亿元，占税金总额 75.2%，比上年同期增长 16.4%。

表 5-4　2018 年江西私营企业和个体工商户户数和注册资金

企业类型	户数（万户）	同比增长（%）	注册资金（亿元）	同比增长（%）
私营企业	9.67	20.4	4627.52	27.1
个体工商户	40.54	7.7	593.73	18.3
合计	50.21	9.9	5221.25	26.0

资料来源：江西省统计局。

三、民间投资后劲足

2017 年，民间投资新开工项目和施工项目个数分别增长了 6.8% 和 24.3%（见表 5-5）。这说明民营企业预期向好，依靠促进民间投资实现稳增长的发展目标将更加具有可持续性。

表 5-5　2017 年赣州市民间投资项目和行业增速　　　　单位：%

	民间投资项目增速		民间投资行业增速					
	新开工项目数	施工项目数	民间投资行业平均增速	制造业	信息软件业	水利、环境和公共设施	计算机、通信和电子设备	房地产
年增长（％）	6.8	24.3	17.2	25	229.5	54.2	73	3.1

资料来源：赣州市工商联。

2018 年以来，赣州市级共举行重大招商推介活动 14 次，签约合同项目 96 个，总投资 770 亿元，其中 10 亿元以上项目 32 个、20 亿元以上项目 9 个，康华医养综合体及康华小镇建设项目总投资额达 120 亿元。截至 2018 年 9 月，当年重大招商推介活动签约项目的注册率、开工率已分别达 71.9%、55.2%。

四、工业成为民间投资的发力点

2017 年，赣州市制造业民间投资增长了 25%（全省平均增长 20%），高于全市所有行业平均增长率 7.8 个百分点。制造业民间投资占全部民间投资的比重达 57.7%，对民间投资增长的贡献率达 78.7%。民间投资已从单纯扩大生产规模粗放式投资方式向以技术升级、产业转型为特点的内涵效益型投资转变。

从重点行业看，软件和信息技术服务业民间投资增长 229.5%（全省平均增长 34.9%），计算机、通信和其他电子设备制造业民间投资增长 73%，均远高于全市民间投资的平均增速（17.2%）。

2018 年上半年[①]，工业民间投资增长 29.5%，对全部民间投资增长的贡献率达 76%，对全部民间投资增长的贡献率分别达到 2.3% 和 5.7%。新能源汽车、电子信息产业、钨和稀土新材料产业成为民间投资的"火力集中点"和增长发力点。

---

① 由于数据的获取情况，只能收集到 2018 年上半年数据。

五、民间投资向民生和公共服务领域扩展

2017 年，赣州市水利、环境和公共设施管理民间投资增长 54.2%（全省平均增长 17.2%）。2018 年上半年，服务业民间投资增长 34.1%，民间投资向民生和公共服务领域扩展的趋势较为明显。

一是民间医疗卫生投资活跃。全市社会办医疗卫生机构床位总数达 6570 张，占医疗机构床位数的 14.61 %，社会办医疗卫生机构（非公医疗机构）门诊量占全市门诊总量的 33.99 %（见图 5-5）。

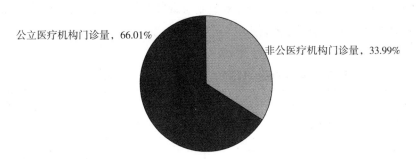

图 5-5　赣州非公医疗和公立医疗机构情况

二是民间教育投资向好。全市各类民办学校计 2549 所，在校生 36.1 万人，占全市各级各类学校数量的 34%和在校生总数的 18.2%。其中民办幼儿园 2387 所，在园幼儿 26.4 万人，分别占幼儿园总量的 71.7%和在园幼儿的 72.1 %（见图 5-6）。

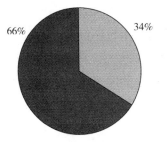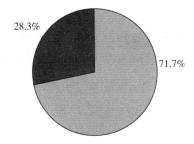

图 5-6　2017 年赣州市民办学校和幼儿园占全市教育资源比重

资料来源：赣州市工商联。

三是市政环保服务投资拓展。目前，全市各（区）县都已不同程度地开展了环卫保洁、垃圾清运、市政道路养护等领域的政府购买服务工作。全市所有区县的环卫保洁采取了政府购买服务或者市场化。

六、民间投资信心充足

在赣州企业家继续投资经营的信心指数问卷调查中（最小值 0 分、最大值 10 分），全部企业家信心指数的平均值为 8.09 分。其中，评价 10 分占比 29.17%，9 分占比 11.46%，8 分占比 27.08%，这三项合计占比达 67.71%（见表 5-6）。这说明赣州企业对继续加大投资经营有底气，对党和国家促进民营经济发展有信心。

表 5-6 赣州市民营企业继续投资经营的信心指数

赣州市企业家信心指数	没信心						一般		有信心			平均分
	0 分	1 分	2 分	3 分	4 分	5 分	6 分	7 分	8 分	9 分	10 分	
企业家数	0	0	0	0	1	6	9	14	26	11	28	8.09
占比（%）	0	0	0	0	2.08	6.25	9.38	14.58	27.08	11.46	29.17	
合计占比（%）	8.33						23.96		67.71			

资料来源：本书课题组赣州统计调查问卷。

七、民间投资政策落实程度较好

赣州问卷调查表明，只有少数企业对政策落实情况不满意。超过半数的企业比较满意投资政策的落实情况（"非常好"和"比较好"的占比合计 54.16%），4.16% 的企业则认为政策落实差，34.38% 企业认为政策落实一般（见图 5-7）。这说明赣州民营企业总体比较认可投资政策的落实情况。

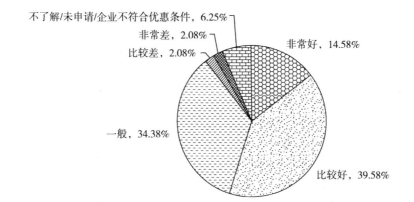

不了解/未申请/企业不符合优惠条件，6.25%

非常差，2.08%

比较差，2.08%

非常好，14.58%

一般，34.38%

比较好，39.58%

图 5-7　赣州民企对民间投资政策落实的满意程度

资料来源：本书课题组赣州统计调查问卷。

第三节　赣州市激发民间投资的做法与成效

近年来，赣州市民营经济整体运行良好，2018 年实现增加值 1713.71 亿元，同比增长 9.4%，占 GDP 的比重为 61.0%。全年完成民间投资 1494.63 亿元，同比增长 18.3%。全市出口创汇 43.58 亿美元，其中非公有制经济出口创汇 43.46 亿美元，同比增长 9.8%，占出口总额 99.7%；全市税金总额 404.86 亿元，非公有经济上缴税金 304.53 亿元，占税金总额 75.2%，同比增长 16.4%。数据表明，赣州激发民间投资政策措施到位、效果明显。

一、贯彻落实中央精神，为政策落地提供制度保障

为贯彻落实上级进一步激发民间有效投资活力精神，促进江西省委、省政府降成本"130 条"等相关政策落地，赣州市政府在短时间内形成了"市级政策+部门举措+县（区）措施"的具体框架和落地方案。市委、市政府出台了《赣州市激发民间有效投资活力若干政策建议》《赣州市相对集中行政许可改革试点方案》等 80 余条配套措施，县（区）也制定落实

这些政策措施的具体办法和步骤。通过对民营企业的走访和座谈，本书课题组发现上述政策措施及方案公开透明，责任清晰到位，职权可核查。

二、扎实推进"放、管、服"改革，全面优化投资环境

一是继续深化简政放权。2017 年，赣州市精简和取消行政审批类权力163 项，精简涉企行政事业性收费项目至 31 项，稳步推进"多证合一"改革，实现全市"24 证合一"，全面推行"网上办事"，实现企业注册"一次不跑"或"最多跑一次"，全市将企业登记注册时间从原来平均 10 多个工作日缩短为 2 个工作日等。二是放权不放手，监管不缺位。全市坚持持续开展信用信息"双公示"等制度，截至 2017 年底，全市共公示行政许可 150460 条、行政处罚 2565 条，归集企业信用信息数据 121336 条，新增数据总量居全省第一，系统日访问量居全省第二。市政府坚持维护良好市场秩序。2017 年全市侦破招投标案件 41 起，刑拘 65 人，逮捕 21 人，捣毁传销窝点 322 个，被江苏省打击传销工作领导小组认定为创建"无传销城市"达标城市。三是持续优化政府服务。市委、市政府连续出台《赣州市激发民间有效投资活力若干政策建议》《关于进一步激发社会领域投资活力的实施意见》等文件，大力激活民间投资潜力。赣州着力抓好民间投资项目的协调调度，有效促进投资计划高质量完成。2017 年全市 45 个省大中型民间投资项目完成投资额 157.6 亿元，完成年度计划的 107.8%。政府有效支持民营企业、争取资金和项目，2017 年全市 27 个民营投资项目获得上级资金补助 1.8 亿元，同比大幅增长了 300%。

三、切实提供金融保障支持，多举措破解融资难题

一是市政府每月定期对各银行金融机构停贷、抽贷情况进行跟踪和通报。2017 年全市各银行业金融机构未发生停贷、抽贷情况。二是有力发挥地方新型金融的融资补充作用。2017 年全市小额贷款公司发放贷款 272.08亿元，同比增长 797.1%。全市倒贷基金总规模达 14.6 亿元，排名全省第一，发放还贷周转金 193.66 亿元。三是实施上市企业倍增计划，对每新增一家市内非公有制企业在境外资本上市，按照实际融资金额的 2% 给予企业一次性奖励。四是组建金融专家服务团，开展"百家银行进千企"活

动。五是建立金融诉讼案件快速处置机制，全市各级法院通过集中审批、优化立案、简化授信等举措，审理期限缩短至法定期限的 1/3。

四、着力构建"亲""清"政商关系，助力民企快速发展

赣州因地制宜明确政商交往"正面清单"和"负面清单"，要求各级公务员既严守政商交往底线，又深入走访企业，了解民企新需求和新问题。例如，全市开展"千名干部入千企"活动，700 多位市县领导走访调研挂点联系民营企业 2000 多家，进行政策宣讲近 300 场（次）。赣州坚持政务公开，全市以"以公开为常态，不公开为例外"为原则，加大对各级政府和公务员失信行为的惩处和曝光。同时，市政府又主动制定"普惠性"政策，先后出台"普惠性"政策 90 多条，政策上做到能减则减，能降则降，能低则低。

五、引导企业用活政策，增强民企竞争能力

一是引导主攻"六大领域"。分别从新制造经济、新服务经济、绿色经济、智慧经济、分享经济、区域经济入手，市政府出台政策、推出项目，有序引导企业高质量发展。二是成立引导类基金，引进社会资本，助力企业高质量发展。赣州城投集团参股设立赣南苏区振兴发展产业投资基金，截至 2017 年共为民营企业提供资金 8.55 亿元，国投集团参与发起设立规模 100 亿元的重大工业引导基金，有力地为赣州重大工业项目发展提供了新融资渠道。市政府鼓励企业设立工业类基金，截至 2017 年，共成立 4 家基金公司，累计投入项目资金 51.63 亿元，支持民营企业项目发展。三是鼓励非公企业"走出去"。鼓励有色冶金、装备制造、农产品加工等传统优势企业在外投资设厂，带动一批产能和设备"走出去"。支持宏达矿业、章源钨业等重点龙头企业参与境外矿产资源勘探开发，开展钨和稀土新材料研发应用国际交流合作。鼓励和动员更多企业参加国际展会争取订单。

六、积极培育经济发展新动能，引导企业创新发展

赣州市扎实推进"双创"政策。制定出台《关于进一步做好新形势下创业工作的实施意见》《关于大力推进创业孵化基地建设鼓励创新创业的实施意见》等政策文件，开展了市级"双创"示范基地的创建，争取多家单位获批国家级众创空间、国家级企业孵化器和省级工程研究中心等。赣州市政府组建专家团精准帮扶，组织专家赴园区开展现场咨询答疑等服务，组织"百家院校科技成果走基层"活动，建立线上专家人才与科技成果数据库免费共享的长效机制。

第四节　进一步促进赣州市民间投资的对策建议

随着民间资本参与国民经济发展的地位越来越重要，作用越来越大，当前形势下各级政府只有不断深化改革，推动政策落地见效，稳定市场预期，才能进一步调动民间投资积极性，激发民间投资潜力和创新活力，促进民间投资提质增效、健康发展。

一、一以贯之，坚决落实上级政策文件

积极落实相关政策。对于《关于进一步激发民间有效投资活力，促进经济持续健康发展指导意见》（国办发〔2017〕79号）和江西印发的《关于进一步激发民间有效投资活力促进经济持续健康发展的实施意见》（赣府厅发〔2017〕96号）等文件加大宣传和宣讲广度，在深入研读文件的基础上，结合当地实际，制定实施细则和配套文件，贯彻落实中央和江西省委省政府的优惠政策。通过积极落实各项政策，进一步激发民间投资活力，扩大民间投资，增强民营经济实力，实现各地经济平稳、健康、可持续发展。

支持本土企业发展壮大。鼓励市场公平竞争。在质量、价格同等的条

件下，鼓励政府机关和企事业单位优先采购本土企业产品，在新建住宅供电配套工程建设领域，投标人在本地设有固定服务机构的可相应加分。积极帮助本土优秀企业赴境外参展，调整省级著名商标申请标准，以利于江西企业申报国家驰名商标；借鉴外省经验，下放一些特殊行业的资质评定，以利于优秀人才的资格评审通过。鼓励本土企业实施技术改造和创新，对技术改造项目、技改固定资产投入当年见效的企业，优先推荐申报国家、省重点技改项目，促进本土企业实现企业转型、产业升级，加快培育本土企业的自主创新能力，提升本土企业的核心竞争力，促进本土企业发展壮大。鼓励本土中小企业加大高层次创业和创新人才的培养力度，将本土企业家纳入各地人才培养计划进行培训。

二、有的放矢，完善以市场主体为导向的投融资体系

遵循公平开放透明的市场规则。打破行业垄断和市场壁垒，依法放开重点领域相关项目的建设和运营市场，推出一批前期工作扎实、实施条件成熟、投资回报渠道明确、运营公开透明的项目，选择投资人时公平择优，为各类资本，尤其是民营资本创造权利平等、机会平等、规则公平的投资环境。定期组织开展知识产权执法维权"雷霆"专项行动，积极争取赣州设立中国知识产权保护中心。

进一步优化企业融资环境。督促银行等行业和金融部门对降成本意见的落实。在贷款额度、期限、融资门槛向中小民营企业倾斜。继续推行"财园信贷通""财政惠农通"等广受中小企业好评的产品，并提升食品等特定行业的额度、延长农业等行业的贷款期限。由各地政府牵头或行业协会抱团，成立企业过桥倒贷基金，一来可以进一步降低企业的融资成本，二来可以避免企业陷入窘境甚至破产的境地。同时减少贷款中间环节，规范金融中介机构收费，多措施降低中间服务费用。

推进多元化投融资模式创新。坚持市场化运作、多元化投资、专业化建设方向，主推增量、盘活存量，完善价格形成机制和社会资本退出机制，拓展项目融资渠道，以各领域典型项目的带动效应推进多元化投融资模式创新。严格落实存货、应收账款、知识产权（专利商标）、著作权等质押业务，提高固定资产抵押贷款折扣比例。充分利用贫困地区企业上市绿色通道，推动一批企业上市融资，实现低成本扩张。

三、破除"篱笆"，继续解决企业的后顾之忧

加大对失信行为的惩戒力度。加大对商业欺诈等市场交易失信行为的惩戒力度，对典型案件、重大案件予以曝光，增加企业失信成本，促进诚信交易和公平竞争。强化商务领域失信法人信息共享。建立严重失信被执行人"黑名单"制度。对具有履行能力而不履行生效法律文书确定义务的被执行人，通过报纸、广播、电视、网络、电子显示屏、法院公告栏等方式予以公布，并向政府相关部门、金融监管机构、金融机构、承担行政职能的事业单位及行业协会等通报，供相关单位依照法律、法规和有关规定，在政府采购、招标投标、行政审批、政府扶持、融资信贷、市场准入、资质认定等方面，对失信被执行人予以信用惩戒。

营造诚信经营的社会氛围。"市场经济是信用经济"，诚实和信用是整个市场机制正常运转的基础。在发达的市场经济中，各种经济实体以信用为中介进行形形色色的交易，信用交易超过整个交易量的80%。在企业间诚信中，对于由于客观条件变化或其他法定事由需要改变企业间承诺和合同约定的，要严格依照法定权限和程序进行，并对相关企业和投资人的财产损失依法予以补偿。在企业内部诚信中，需要打造员工的职业化，全体员工只有具有职业精神，才能去除各种形式主义，兢兢业业做好本职工作。

提高企业服务的针对性和灵活性。为了促进赣南特色产业钨业和家具产业发展，建议省级和市级相关部门尽快出台相应的钨渣处理措施和家具行业环保标准（或暂行办法），使行业内企业有规可依。督促企业整改到位，在坚持原则性的前提下，把握好灵活性，按照"解决一个，解封一个"的原则，使查封企业可以整改后尽快开业。

四、疏通梗阻，切实解决企业经营中的困难

继续降低企业制度性交易成本。减少涉企的经营服务性收费，如中介服务、行业协会商会收费、金融服务等。清理规范涉企收费，包括加大审计、督察力度，取消事业单位不合理收费，杜绝中介机构利用政府影响违规收费，行业协会商会不得强制企业入会或违规收费。对中介服务进行规

范，关系公共安全、生态环境和产品质量的予以保留，除此之外的各类评估予以取消。对于保留的中介服务项目，要进一步分类。能交由市场的，完全交由市场，让企业自主选择中介服务机构，引导中介服务自主进行服务质量和价格竞争。确实不能交由市场的，由政府机构组织提供服务，探索服务方式，明确收费标准。

继续降低企业物流成本。降低物流成本的关键在于建立统一开放的物流市场，切实解决由于行政分割导致的物流成本上升问题。加强工业园区，尤其是物流园区的基础设施建设，整合资源形成规模效应。借鉴湖南省的经验，对使用"赣通储值卡"结算的合法装载货运车辆，享受车辆通行费九折优惠。鼓励企业将物流外包给专业企业或团队，借助第三方物流公司降低企业物流成本。

持续降低企业用能用地成本。坚决落实江西省对峰谷用电的规定，保证低谷时间段不低于 8 小时。借鉴广东佛山的经验，补贴资金降低企业用能成本，对于全市规模以上工业企业，如果企业用电量实现正增长，对企业用电量增加的部分给予电费补贴。允许制造业企业的工业物业产权按幢、层等固定界限，以能独立使用的不动产为基本单元分割，用于引进相关产业链合作项目。鼓励各地建设多层标准厂房，在满足相关条件且不改变工业用途的前提下，园区内工业标准厂房可以分割办理不动产登记。

五、放水养鱼，构建新型"鱼水情"政商关系

建立"亲""清"政商关系。一条高线坚持亲和，一条底线坚持清白。借鉴浙商总会的新商规精神——非公企业及其负责人在与领导干部交往中，应坚持不行贿、不欠薪、不逃税、不侵权、不踩红线五项"不为"，让双方交往有章可循。要建立市、县各级党政领导与企业经常性沟通联系机制，规定各级党政主要领导每年举行企业家座谈会，听取意见建议不少于两次，认真研究解决非公经济发展中的突出问题。鼓励基层干部大胆探索、改革创新、干事创业，宽容改革失误，着力解决当前一些干部不担当、不敢为等问题。

继续深化"放、管、服"改革。明确民间投资"负面清单"和"正面清单"，进一步推动放宽民间资本市场准入，加快让民间投资在竞争性领域具有与国有资本投资同等的国民待遇，切实打破阻碍民间投资进入的

各种隐性壁垒。深入推进行政审批制度改革，进一步优化审批程序，充分发挥平台作用，推行"多评合一""联审联验"和容缺审批、并联审批工作制度，不断提高审批效率和服务质量。建好用活"中介超市"，为市场主体提供信息查询、公告发布、竞价交易、监督评价、信用公示等服务。落实市级行政审批前置中介服务政府购买政策，加快招商引资和重点项目落地。

第六章 上饶市激发民间投资活力的实践与探索

改革开放40多年来，上饶市在经济和社会发展取得前所未有的成就，市场经济体制成为经济发展最为重要的推动力，民营经济是上饶市经济发展的中坚力量。贯彻落实国务院《关于进一步激发民间有效投资活力促进经济持续健康发展的指导意见》和省政府《关于进一步激发民间有效投资活力促进经济持续健康发展的实施意见》，进一步激发民间投资活力，改善营商环境，对于进一步深化改革、促进民营经济发展具有重要的意义。

第一节 经济发展和投资环境的基本情况

近年来，上饶市深化"放、管、服"改革，坚持创新驱动、内生推动，推动大众创业、万众创新，大力扶持民营经济市场主体发展，激发市场活力，有效地促进了经济社会持续健康发展。

一、经济稳步发展

2018年实现地区生产总值2212.8亿元，较上年增长9%（见图6-1），增速较上年增加0.2个百分点，同比增速重新返回"9"时代；其中，第一产业增加值253.1亿元，增长3.4%；第二产业增加值1018.8亿元，增长8.8%；第三产业增加值940.9亿元，增长11.0%。三次产业结构调整为11.4∶46.1∶42.5，第三产业占比较上年提高2.1个百分点。三次产业对经济增长的贡献率分别为 4.6%、47.3% 和 48.1%。财政总收入 351.6 亿元，比上年增长 10.3%，其中一般公共预算收入 222.8 亿元，增长 4.1%。税收收入 275.2 亿元，增长 12.8%，占财政总收入的比重为 78.3%。

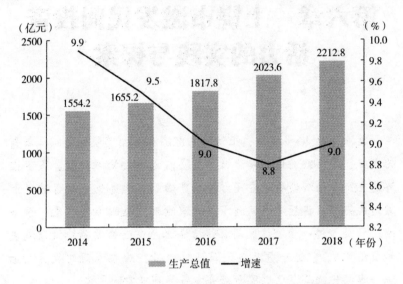

图 6-1　2014~2018 年上饶市生产总值规模和增速

资料来源：上饶市统计年鉴、上饶市 2018 年统计公报。

二、居民生活稳步增长

（1）居民消费能力逐年上升。2018 年城镇居民人均可支配收入 34656 元，较上年增长 8.8%；农村居民人均可支配收入 13346 元，较上年同期增长 9.6%，高出经济总量增速 0.6 个百分点。城镇居民人均生活消费支出 18913 元，增长 8.9%；农村居民人均生活消费支出 9479 元，增长 11.8%，农村居民生活水平在近几年发展势头较快。

（2）城乡收入差距缩小。随着经济的稳步发展和各项民生工程的推进，2006~2018 年城乡居民收入水平差距逐步缩小，尤其是进入 2010 年以后，农村居民可支配收入平均增速为 12.32%，高出同期城镇居民可支配收入 1.7 个百分点。从图 6-2 中可以看，在 2006 年城乡可支配收入比为 2.79，该指标在后几年延续上升态势，2009 年达到最高值 2.98 接近于 3，自 2010 年后城乡差距开始逐步下降，至 2018 年下降至 2.60。

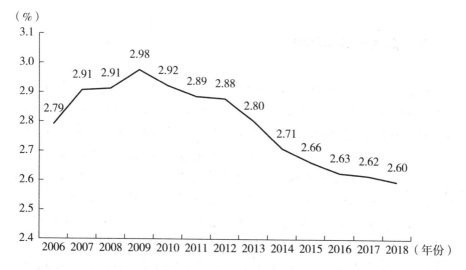

图 6-2　2006~2018 年上饶市城镇居民和农村居民可支配收入之比

资料来源：上饶市统计年鉴、上饶市 2018 年统计公报，本章余同。

（3）居民消费价格稳定。2018 年居民消费价格指数的增长幅度为 2.3%，其中，食品烟酒、衣着、交通和通信、医疗保健和其他用品和服务的增长幅度均在 2% 以内；居住的增长幅度为 5.3%，生活用品及服务的增长幅度为 2.8%，教育文化和娱乐的增长幅度为 2.6%（见表 6-1）。

表 6-1　2018 年居民消费价格指数比上年涨跌幅度　　　单位:%

类别	涨跌幅度
居民消费价格指数	2.3
一、食品烟酒	1.2
二、衣着	1.9
三、居住	5.3
四、生活用品及服务	2.8
五、交通和通信	1.1
六、教育文化和娱乐	2.6
七、医疗保健	0.9
八、其他用品和服务	0.2

资料来源：上饶市 2018 年统计公报。

三、高效的政务环境

（1）"一对一"式的帮扶政策和发展绿色通道。近些年，上饶市当地政府不断强化举措、务实进取，着力改善民营企业发展环境，切实维护民营企业市场平等主体地位，积极营造"清""亲"政商关系，全力促进民营经济"两个健康"，使民营经济保持健康稳步发展态势。早在2017年上饶市就出台了《市级领导和各重点民营有制企业"一对一"联系服务制度》，各县（市、区）参照市级方案同步出台并落实了本地各级领导联系民营企业的制度。市、县两级相关党委部门、政府单位均与3~5家民营企业挂点联系，对口帮扶，并结合"降成本、优环境"的工作部署，开展实地走访，宣讲惠企政策，跟踪了解企业生产经营状况，帮助企业解决在生产经营中遇到的各种困难及诉求，牵头协调编印并免费向企业赠送《惠企政策汇编》。同时，依托工商联搭建片区政企互动交流平台，将12个县（市、区）划分为5个片区，分片区开展活动。每个片区邀请片长单位所在地的县委、县政府主要领导及分管民营经济工作的县领导共同参会，对话民营企业家，现场解决民营企业家提出的问题；依托各地工信部门建立"工业日"制度，每月定期组织职能部门集中协调解决企业在项目建设和生产经营中遇到的问题，还畅通了政府和企业沟通联系渠道，建立市委、市政府主要领导与民营经济人士定期沟通座谈制度，每年召开1~2次政商见面会。

（2）不断深化"放、管、服"改革。将国务院、省政府下放的237项行政审批事项精简为63项；将市级保留的328行政审批事项精简到85项。着力实施行政审批投资负面清单、行政审批准许清单和权力监管清单"三单制度"，逐步实现"一枚印章管审批、一个大厅管服务、一套机制管长效、一个标准管规范"。推进了投资审批改革，精简审批流程，只保留规划选址、用地预审两项作为项目核准的前置审批，全面实行了企业投资项目在线审批监管平台申报，逐步推行并联审批。

四、优质的营商环境

（1）打造公平竞争环境。上饶市放宽民间投资市场准入条件，协调相关部门研究出台了产业类负面清单，通过出台负面清单，明示禁入和限入领域，做到凡是法律法规未明确禁入的行业和领域都鼓励民间资本进入。同时，协调出台了《上饶市众创空间认定管理办法（试行）》，大力推进大众创业、万众创新，实施了"大学生创业引领计划"，推进高校毕业生创业培训和创业担保贷，组建了省级协同创新体建设，市财政设立了每年100万元的协同创新基金，用于支持科技创新平台、项目、团队和成果转化基地建设；出台了《上饶市专利奖励办法》，建立了创新奖励机制，推进品牌质量建设，引导民营有制企业积极实施品牌推进战略，走"质量兴企、质量强企"之路。

（2）造浓民营发展氛围。组建了上饶市民营经济研究会，成立了上饶市民营经济发展研究中心，为进一步推进民营经济发展提供了有效的服务平台，目前正全面推进"民营企业服务维权中心"的组建。同时，以江西省作风建设工作会议召开为契机，着力整顿"怕、慢、假、庸、散"等突出问题，全力推动《上饶市关于构建新型政商关系的实施意见》的深入贯彻落实，以"亲""清"关系为重点，加强政商间规范交往；协调组织部门在起草有关细化容错、纠错办法中，将民营经济发展的试错、容错、纠错作为重要篇幅，为干事者营造好氛围。

五、物流规模发展迅猛

2018年上饶市货物运输量29231万吨，比上年增长13.3%，高出经济总量增速4.3个百分点。从结构上看，货物运输量主要是公路货物运输带动，公路货运量27795万吨，增长14.2%；铁路货运量和水运货运量微幅下降。2018年货物周转量365.82亿吨千米，增长9.0%，与经济总量增速持平。其中，公路周转量345.94亿吨千米，增长9.6%。2018年上饶市旅客运输量8793万人，受高铁便利的带动，铁路客运量1226万人，增长8.9%。

六、培养民营人才力度加大

加大民营人才培育、加强理想信念教育，组织召开了全市民营经济代表人士学习贯彻党的十九大精神专题辅导报告会，对党的十九大报告和中央"25 号文件"精神进行了全面解读；每年召开一次全市民营经济人士理想信念教育实践活动动员大会，对相关活动进行动员部署并全力推进。近年来，协调推动或牵头组织举办了上饶民营企业投融资总裁班、上饶市民营经济代表人士（北京大学）高级研修班、上饶市民营经济代表人士（复旦大学）培训班、上饶市民营经济代表人士（厦门大学）培训班、上饶创业大学"千名企业家走进浙大"等系列培训班。

第二节　民营经济发展和投资的基本情况

近年来，上饶市政府在扶持民营经济市场主体发展、激发市场活力等方面持续发力，使民营经济无论在规模上还是增速上都呈现稳中向好的局面，其中个别民营经济指标走在全省前列。民营经济发展质量也有所提升，表现在民营经济投入结构上也逐步完善，由低端向中高端流入；营商环境得到实质性的改善，促进了外地资金的流入，同时，上饶地方政府充分抓住沿海产业转移、高铁便利性、"一带一路"建设等战略机遇，使经济活力更强、动力更足、发展前景更美好。

一、民营经济稳步壮大

2018 年，上饶市民营经济实现增加值 1410.13 亿元，比上年增长 9%，占 GDP 的比重为 63.72%，较上年提高 0.3 个百分点，高出全省平均 3.92 个百分点，三产构成 4.4∶56.4∶39.2；分产业看，第一产业民营经济增加值 61.77 亿元，同比增长 4.2%；第二产业民营经济增加值 796.06 亿元，同比增长 8.6%；第三产业民营经济增加值 552.3 亿元，同比增长 10.4%（见图 6-3）。

二、投资主体数量不断增加

2018 年，全市共有私营企业、个体工商户 288932 户，较 2017 年同期增加 25946 户，增长 9.9%，其中有个体工商户 214006 户，私营企业

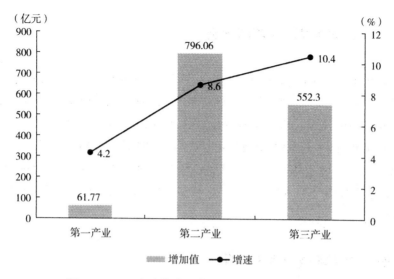

图 6-3 2018 年上饶市民营经济增加值结构和增速

74926 户（见图 6-4），比上年增长 5.6% 和 24.3%；私营企业、个体工商户注册资金 3973.23 亿元，较 2017 年同期增长 17.2%，其中有个体工商户注册资金 316.89 亿元，私营企业注册资金 3656.34 亿元，比上年增长 14.8% 和 17.5%。全市出口创汇 39.15 亿美元，其中民营经济出口创汇 39 亿美元，占出口总额 99.6%；全市税金总额 177.18 亿元，民营有经济上缴税金 149.43 亿元，占税金总额的 84.3%，比上年同期增长 15.4%。

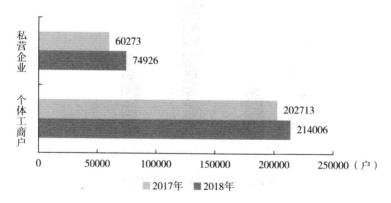

图 6-4 2017~2018 年上饶市私营企业和个体工商户情况

三、工业领域投入不断加大

2018 年全市固定资产投资中，民营经济的固定资产投资增速为 13.1%，高出全省平均水平 0.1 个百分点，较 2017 年增速高出 3.7 个百分点，相比 GDP 增速而言，民营固定资产增速高出 4.1 个百分点。民营经济实现工业增加值 615.36 亿元，较上年同期增加 31.57 亿元，增长 9.7%，高出经济增速 0.7 个百分点；实现工业主营业务收入 2592.48 亿元，较上年同期增加 371.68 亿元，增长 16.7%，高出全省平均水平 4.4 个百分点。

四、投资领域渐现多元化

分行业看，住餐业、建筑业、房地产业民营经济占比位列行业前三甲，明显高于其他行业。住宿和餐饮业民营经济增加值为 57.1 亿元，同比增长 16.8%，民营占比为 92.6%；建筑业民营经济增加值为 159.7 亿元，同比增长 6.4%，民营占比为 90.6%；房地产业民营经济增加值为 98.9 亿元，同比增长 9.9%，民营占比为 88.6%（见图 6-5）。

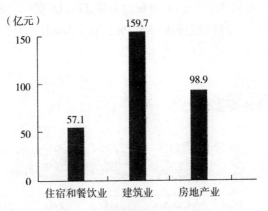

图 6-5 民营投资前三行业规模

五、投资环境得到有效改善

调研期间通过问卷发放和线上填报情况收集数据，最后汇总发现，88.13%的企业家和企业代表对上饶市促进民间政策落实表示满意，其中23.13%表示非常好，37.5%认为比较好，仅3.13%明确表示对政策落实不满意（见图6-6）。在总共15项民间投资政策落实情况评价中，明确给予不满意和非常不满意评价的比例非常低，基本处于3%~5%之间。在总共15项民间投资政策落实情况评价中，明确给予不满意和非常不满意评价的比例非常低，基本处于3%~5%之间。可见，企业对上饶市落实民间投资政策的情况较为满意！

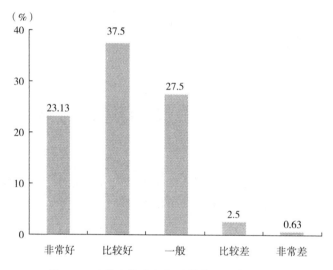

图6-6　上饶市促进民间政策落实满意度情况

六、民间投资信心增强

在受访的160家企业中，继续投资的经营信心指数（最小值1、最大值10）的平均数为8.52（满分10），其中8分、9分、10分的企业数占比为27.27%、11.69%、41.56%，合计80.52%（见图6-7）。这说明民营企业对经济发展有信心。

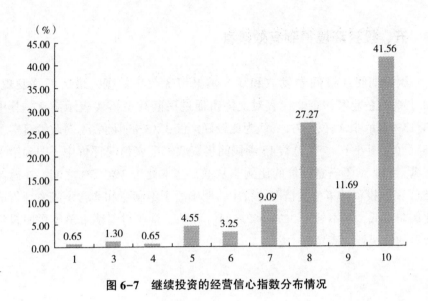

图 6-7　继续投资的经营信心指数分布情况

第三节　上饶市激活民间投资的做法与成效

民营经济的发展和国家的宏观经济发展环境、国家经济战略制定、当地政府政策推动等方面密不可分，上饶市民营经济无论在增速上还是结构上都呈现稳中向好的态势，也充分说明地方政府做出了各方面的努力，激活了民间投资和促进了民营经济的发展。

一、"放、管、服"改革不断深化

一是坚持深化简政放权。全面实施"二十四证合一、一照一码"，通过"一窗受理、部门共享、信息互认、一档管理"简化办事流程。推进企业登记全程电子化，做到"一次不跑"。优化注册登记流程，全面开放企业名称库，加强政银互动，推广银行代办营业执照，推进行政许可事项标准化建设。推进信用监管为主抓手的事中、事后监管，加强信用联合惩戒和联合激励。在全省率先建成"个体工商户信用评价公示系统"。深入开展市场专项整治、网络市场定向监测，有效规范市场秩序。推进"质量强市"战略，在重点企业普及"首席质量官"制度，着力构建"大质量"工作格局。

二是优化了行政审批流程。印发了《2016年推进简政放权放管结合优化服务改革工作方案》，将国务院、省政府下放的237项行政审批事项精简为63项；将市级保留的328行政审批事项精简到85项。着力实施行政审批投资负面清单、行政审批准许清单和权力监管清单"三单制度"，逐步实现"一枚印章管审批、一个大厅管服务、一套机制管长效、一个标准管规范"。

三是推进了投资审批改革。发布了《上饶市政府核准的投资项目目录》（2017年版），出台了《上饶市深化投融资体制改革的实施意见》（饶发2017年17号），制定了《上饶市清理规范投资项目报建审批事项工作方案》，只保留规划选址、用地预审两项作为项目核准的前置审批，全面实行了企业投资项目在线审批监管平台申报，逐步推行并联审批。

二、降成本政策落到实处

一是出台了一系列扶持政策。《关于降低企业成本优化发展环境的实施意见》《关于进一步深化"优环境、降成本"，加大"扩投资、拓市场、增效益"政策措施》等系列支持政策，出台了服务业发展、节能环保产业、工业和信息化发展升级、发展大健康产业等专项规划；并从用地、重资产建设、设备、流动资金等方面加大对企业特惠扶持力度。

二是强力推进了扶持政策落地。不再征收营业税、开展贷款环节收费专项整治，督促涉企收费目录清单内收费，大幅降低涉企收费。2016年为企业减负约40.28亿元，2017年为企业减负约72.03亿元。大力减少了行政性收费。共取消涉企行政事业性收费47项、政府制定价格的经营服务性涉企收费项目9项；对小微企业免征45项，暂停征收8项；降低受理商标注册费等6项收费标准。

三是简化企业纳税流程。纳税人设立、迁移、注销手续，实现纳税人跨区域经营网上报验，实行国地税信息共享。合并简化执法事项，取消29项进户执法项目，对纳税人报送的33种涉税业务表单，实行合并填报。推进便利办税，推动落实"降成本、优环境"专项行动中的30条税收优惠政策。推进"江西电子税务局"APP在上饶试点运行成功，目前使用江西电子税务局的用户共计13万余人，全市网报率超过90%。全面推行办税"最多跑一次"改革，发布了办税事项"最多跑一次""一次不跑"清单。

三、提升企业融资服务

一是规范和畅通了融资机制。先后制定下发了《上饶市金融发展"十三五"规划》《上饶市人民政府关于印发进一步优化中小微企业融资环境的实施意见》《上饶市人民政府关于进一步加快全市金融业改革发展的实施意见》《上饶市人民政府关于印发上饶市鼓励和扶持企业上市若干优惠政策规定的通知》等文件，完善了中小企业融资机制，拓宽了中小企业融资渠道，提升了金融服务实体经济水平，引导民间资金投资进入金融行业，促进民间投融资的规范、平稳和健康可持续发展。

二是加速融资性担保体系建设。目前上饶市辖区内共有9家担保公司，注册资本金共计7.9亿元，在保责任户308户，为小微企业在保108户，在保余额4.49亿元。

三是积极发挥转贷基金作用。开辟了一个过桥通道，引导成立了中小微企业转贷互助帮扶基金。2018年一季度，全市10家倒贷基金规模总计9.8亿元、企业70家，当年累计发放金额7.36亿元。

四是管控融资风险。严格落实"50号文"和"87号文"的要求，加快政府投融资平台市场化转型步伐，划清企业债务与政府债务之间的关系，切实做到政企分开；积极组建各类产业引导基金，帮助重大项目、支柱产业、龙头企业解决融资难问题。

五是创新推出了银税互动的"税易贷"。与建设银行、工商银行、上饶银行等14家银行签订了税银合作战略协议，推出"税易贷""税银贷"等项目。

六是进一步推广了社会资本合作。通过吸引民企参与PPP项目从制度、储备、培训等入手，赋予民营企业同等待遇，提高各地、各部门对PPP的认识和实务操作水平：一是完善了规章制度。出台了《上饶市人民政府关于开展政府和社会资本合作的实施意见（试行）》，下发《关于建立市本级政府和社会资本合作项目联审机制》。二是建立了项目储备发布机制。建立了PPP项目储备库储备入库PPP项目有15个，项目总投资

198.48 亿元。

四、有效促进就业

2017 年，上饶市开展了"就业援助月""春风行动"等大型招聘活动，共举办各类招聘会 202 场，参加招聘会企业 8100 余家次，其中园区企业 1900 余家次。提供就业岗位 24 万余个，其中园区企业提供就业岗位 8 万余个。主动对接，积极帮助推进企业高层次人才队伍建设。2017 年，向省厅推荐 15 家企业为"博士后创新实践基地"建站单位，其中 4 家单位获得建站资格，占全省 13%。组织开展了 2017 年度"百千万工程"省级人选选拔工作，其中 2 人入选。

第四节 促进上饶市民间投资发展的政策建议

面对上饶民营经营发展中存在的问题，通过综合座谈时政府工作人员、企业家代表提出的政策建议，同时采纳了省内、省外其他设区市发展的经验，我们就促进民间投资政策落实提出以下政策建议。

一、进一步深化"放、管、服"改革

"放、管、服"改革在推动政府职能转变上需要迈出更大的步伐，明确政府的职责范围，从理念、体制、方式上实现从传统管制、管理向治理的转变，切实将政府的工作重点转到提供优质公共服务、维护社会公平正义上。重点推进行政审批制度、清单制度、税费制度改革，做好后续的监管和服务。扭转一些地方放虚不放实、明减实留的问题，最大限度地减少行政审批事项、缩短审批时限、提高审批效率。同时，通过完善权力清单、责任清单、负面清单制度，巩固现有成果，加强清单的规范管理，统一规范清单制定，使清单更加科学规范，便于操作。通过税费制度改革清理乱收费问题，打破利益链接，为市场减负。全面推行"双随机、一公开"监管、综合监管、信用监管、智能监管等举措,创新监管方式。建立纵贯各级政府,横向互联互通的综合服务平台,实现统一平台、统一标准、统一管理,"一网通办"。同时,充分利用移动互联网推出政务微博、政务公众号、政务 APP 等使服务更加精准、智能。

二、提振民营企业家投资信心

开展隐性障碍清理专项行动,除法律规定和国家决定保留的审批事项外,严禁以任何形式对民营企业设置门槛,做到对民营企业和国有企业一视同仁,对大中小企业平等对待,有效消除各种隐性壁垒,使民营企业感受到权利平等、机会平等、规则平等。打破各种各样的"卷帘门""玻璃门""旋转门",在市场准入、审批许可、经营运行、招投标、军民融合等方面为民营企业打造公平竞争环境,给民营企业发展创造充足市场空间。同时,推进产业政策由差异化、选择性向普惠化、功能性转变,强化反垄断执法,纠正滥用行政权力排除和限制公平竞争的行为,在制度设计和政策实施上坚决杜绝任何形式的歧视,为企业之间的公平竞争创造有利条件。

三、进一步促进民间投资政策落地

针对各类政策急需加强协调完善等问题,应从宏观上加强民间投资发展的组织领导,进一步健全促进民间投资发展的领导机制,对民间投资发展和政策落实等统一部署,统一推进。要进一步加强信息公开,完善民间投资政策发布和政策解读的信息公开机制,为民营企业提供信息服务的有效渠道。要注重提高咨询服务水平,加快发展涉及民间投资和民营经济发展的中介服务机构,对民企提供深入、系统、专业的政策解读、政企对接、产业指导、风险防控等咨询服务。要注重加强政策汇总,对全市范围内涉及民间投资的相关政策措施进行全面梳理,摸清各部门、各条线政策措施整体情况,做好不同政策措施之间的协调和细化工作。要重点加强督察推进,定期对各地区、各部门落实民间投资政策措施情况组织开展专项督察,组织相关部门单位开展政策落实情况自查,确保各项政策措施落实到位、取得实效。要注重加强政策评估,定期对促进民间投资政策落实情况开展评估，找出存在的问题和矛盾，进一步完善政策，更好地发挥对民间投资健康发展的促进作用。

四、拓展民营企业融资渠道

继续做好健全金融市场信用体系、创新企业融资模式、加大政府贷款贴息等基础工作。建立风险共担新机制，可以探索试验政府保障兜底、银行适度风险管控、企业信誉担保的融资新模式。优化诚信系统，建立更加弹性化和动态化的诚信体系。客观评判民企的市场前景和阶段性困难，帮助渡过难关，优先支持扎根实业、主业突出、管理规范、符合产业结构调整方向、具有核心技术的民营企业，并根据不同生命周期发展阶段的企业金融需求特征，灵活运用不同金融产品组合，提供差异化金融服务。着力将信贷发展理念、信贷结构、产品设计、业务模式、审查审批和风险控制与经济转型升级的步伐、民营企业的金融需求实现协同和匹配。尝试推出针对小微企业的中长期贷款品种，满足小微企业购置设备、购买或新建厂房等扩大再生产需求，避免短贷长用，对已用于长期投资的短期贷款，根据实际情况通过重定期限，或采用续贷、年审制等方式进行合理接续。

五、继续降低企业经营成本

简化统一企业所得税优惠条款，降低企业税负，对于信用良好的中小企业给予一定的税收监管便利。着力解决行业间和地区间的税负不平等现象，建立公平的税负环境。应及时降低、停征或取消涉企行政事业性收费，全面清查收费项目，做到应免尽免、应减尽减。清理不必要的后置审批和许可，降低制度性交易成本。进一步降低企业用地成本、用能成本、物流成本。探索中小企业、民营企业人才扶持与支持的特殊政策。加强县市企业与省市高校、职业技术学校实训和人才培养的定向和常规联系。对民营企业高端人才、专业性技术人才、急需人才纳入省人才库，给予民营企业人才住房、社保、子女入园入学、职称评定、事业编制等激励措施，确保优质企业能"引得进人、留得住人"，解决企业人才问题。

六、加强基础设施的建设

严格按照科技含量高、资源消耗少、环境污染小、经济效益好的要求，完善工业园区基础设施建设规划。一是立足长远，以"产城融合"的理念加快工业园区基础设施建设。要以对历史负责的态度，坚持把新型工业化发展与加快新型城镇化建设结合起来，把工业园区建设规划纳入新型城镇建设规划体系，力求按照高标准、适度超前的原则，对园区的基础设施建设从生产、服务、生活各个方面进行全面系统的规划。二是引导工业园区加强与城区的功能对接。尤其是要注意把城区的道路交通、给排水等基础设施向工业园区延伸，比如公共交通尽量与园区连接，将园区工业供水纳入水厂覆盖范围等。三是着力加强对工业园区电力、供水等基础设施建设工作的综合协调。尤其是电力设施建设，应由政府出面，积极争取电力主管部门落实有关优惠政策。同时要加强项目用地管理工作，严格按照国家规定和程序办理相关手续，并认真做好规划，盘活土地资源，集约节约用地，使园区每一块土地发挥出最大效益。

七、构建新型政商关系

研究出台专门的意见办法，明确党政干部与企业交往的行为准则，划定政商交往界限，促进规范内有利于政府和企业对接的政商交往常态化新机制。建立行政事项办结评估机制，明确"为官不为"惩罚措施，构建公共服务倒逼机制。建立细化公职人员容错纠错制度办法，加强公职人员权益申诉和保障机制，消除党政干部与企业家正常交往的后顾之忧。建立守廉激励和失廉惩戒机制，构建商业贿赂犯罪档案查询系统和不廉洁企业及其负责人"黑名单"制度，对于廉洁记录良好的企业予以表彰、鼓励、扶持，对市场经济活动中有行贿记录的企业和负责人依法依规限制其有关经济活动，情节严重者予以惩处。利用多种媒体手段和平台，树立和宣传优秀民营企业形象，对社会舆论进行正确引导，促进健康、宽容、和谐的民营经济发展社会氛围的形成。

第七章 鹰潭市激发民间投资活力的实践与探索

民营经济是推进供给侧结构性改革、推动高质量发展、建设现代化经济体系的重要组成部分，而民间投资是民营经济的"晴雨表"，对于发展壮大民营经济、加快产业转型升级、推动高质量发展具有重要作用。习近平总书记在民营企业座谈会上指出，要不断为民营经济营造更好发展环境。为增强民间投资动力，支持民营企业发展，激发各类市场主体活力，江西省社会科学院联合江西省工商联组成联合课题小组，于2018年4月通过座谈会和问卷调查等方式，对鹰潭市民间投资政策落实情况进行了全面系统的深度调研。

第一节 鹰潭市投资环境分析

鹰潭市位于江西省东北部、信江中下游，辖贵溪市、余江县、月湖区、龙虎山风景名胜区、鹰潭高新技术产业开发区和信江新区，共44个乡镇和4个街道办事处。2017年末常住人口116.75万人，其中城镇人口为68.98万人，占总人口比重的59.08%。

一、经济发展步入"快车道"

2018年鹰潭市GDP为818.98亿元，比上年增长8.7%，人均生产总值达到69923元，增长8%。全年财政总收入140.87亿元，增长10.3%，其中，一般公共预算收入80.63亿元，增长7.1%；税收收入120.93亿元，增长

10.4%，税收收入占财政总收入的比重为85.8%（见图7-1、图7-2）。

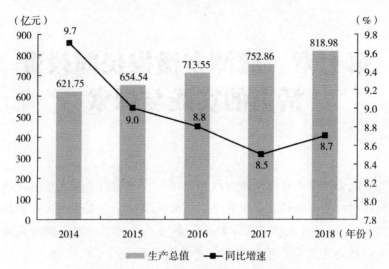

图7-1　2014~2018年鹰潭市GDP及增速

资料来源：2018年鹰潭市国民经济和社会发展统计公报。

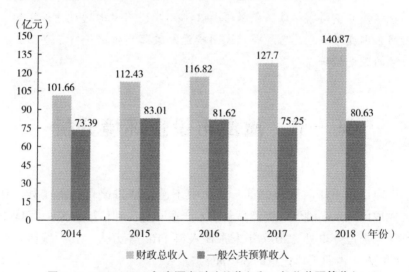

图7-2　2014~2018年鹰潭市财政总收入和一般公共预算收入

资料来源：2018年鹰潭市国民经济和社会发展统计公报。

二、产业结构不断优化

随着供给侧结构性改革的不断推进，鹰潭市三产结构不断优化，第三产业贡献率和比重不断增加（见图 7-3、图 7-4）。2018 年，鹰潭市第一产业增加值为 56.31 亿元，增长 3.5%；第二产业增加值 450.77 亿元，增长 8.4%；第三产业增加值 311.9 亿元，增长 10.3%。三次产业对经济增长的贡献率分别为 2.8%、57.4% 和 39.8%。三次产业结构由上年的 7.2：56.3：36.5 调整为 6.9：55：38.1。

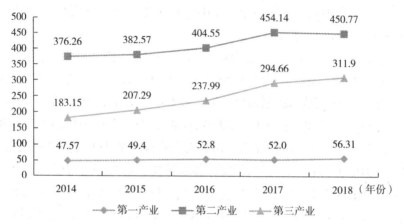

图 7-3　2014~2018 年鹰潭市三次产业增加值

资料来源：根据相关资料整理。

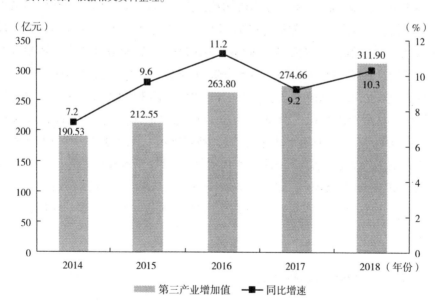

图 7-4　2014~2018 年鹰潭市第三产业增加值及增速

资料来源：2018 年鹰潭市国民经济和社会发展统计公报。

截至 2018 年，鹰潭市粮食总产 73 万吨，建成高标准农田 10.49 万亩，新增农业结构调整面积 13.6 万亩，白鹤湖、杨溪、春涛、锦江现代农业示范园获批省级现代农业示范园，新增各类新型农业经营主体 320 家，市级以上农业产业化龙头企业新增 20 家、达 255 家，产值 110 亿元、增长 8.2%。2018 年，全市规模以上工业增加值按可比价格计算，同比增长 8.7%。全年规模以上工业企业实现主营业务收入 3567.57 亿元，其中铜产业实现收入 3240.33 亿元。

鹰潭市着力产业优化，按照建设自动生产线、智能车间、智慧工厂的"三步走"战略，加快运用移动物联网技术推进铜加工企业智能改造和升级。2018 年，已完成 42 条铜加工生产线改造，力争到 2020 年全市铜企业智能化改造达 80% 以上，中高端铜精深加工产品占比突破 50%。江铜贵冶、三川智慧、广信新材料等企业列入了国家、省级智能制造示范企业。以凯顺科技、百盈高新、智诚科技、渥泰科技、美纳途等为代表的本土企业纷纷应用 NB-IoT 技术，加快转型升级。从 2017~2018 年，全市物联网终端产品出货量由 148.5 万件增加至 546.9 万件；纳入省政府协议供货目录产品由 5 款增加至 21 款；物联网企业由 79 家增加至 198 家，其中制造类企业由 30 家增加至 88 家；物联网核心及关联产业产值由 100 亿元增加至 211 亿元。此外，鹰潭智慧科创城列入江西省"五大科创城"建设，成功举办"创客中国"双创大赛和 5G 应用大赛，截至 2018 年底，物联网终端产品出货量达 546.9 万件，新增物联网企业 102 家、总数达 198 家，产值突破 200 亿元。2019 年以来，共引进 10 亿元及以上项目 23 个，引进浙江惟精新材料有限公司投资 50 亿元建设的新型铜锡、铜锌等合金及铜板带加工项目，广东兴奇金属有限公司投资 20 亿元建设的年产 10 万吨铜杆及铜加工项目，浙江金禾成仓集团有限公司投资 50 亿元建设的年产 4 万吨高精密度铜箔项目，南洋汽摩集团有限公司投资 30 亿元建设的年产 14 万吨铜基新材料智能制造等 20 亿元及以上项目 6 个，其中 50 亿元项目 2 个。

三、金融物流保障增强

2018 年，鹰潭市金融业增加值 42.37 亿元，增长 1.4%，交通运输、仓储和邮政业增加值 40.91 亿元，增长 3.7%。组建交建投、工投、财投等国有融资平台，设立市产业投资引导资金。年末金融机构人民币存款余额776.01亿元，贷款余额678.25亿元。全年通过"财园信贷通"发放贷款企业263户，发放贷款11.81亿元；全年通过"财政惠农信贷通"发放贷款企业615户，发放贷款3.74亿元。年末境内实有证券机构5家。全市共有上市公司10家（含挂牌），其中A股上市1家，创业板上市1家，新三板上市8家。年末实有保险公司18家，其中财险公司9家，寿险公司9家，全年保险公司实现保费收入17.07亿元，增长3.3%。

　　"魅力鹰潭·龙虎山"号高铁开通，青茅境景区入选"中国森林体验基地"，成为江西省唯一一个获评省级全域旅游示范的设区市，获批国家级物流枢纽陆港型承载城市、省级城乡高效配送试点城市，市现代物流园跻身国家级示范物流园区，贵溪市荣获"全国电子商务进农村综合示范县"。市交通局于2018年举行了鹰潭港综合货运码头投资框架协议签约仪式，将建设余江中童和贵溪九牛滩两个综合货运码头，共建设码头泊位19个，占用岸线1906米，总投资将达到44.5亿元。农村公路建设加快推进。全市农村公路项目投资稳步增长，完成投资5.4亿元，目前全市县道三级公路比例达到57.8%，基本形成了县到乡有三级公路、乡到村有四级公路连接。全力推进"互联网+交通运输安全"，其综合监管经验在全国推广。鹰潭市交通运输情况见表7-1。

表7-1　鹰潭市交通运输情况

	名称	等级	到开发区距离（公里）	备注
公路	320国道	二	穿越鹰潭工业园区	上海—云南瑞丽
	206国道	二	穿越鹰潭工业园区	山东烟台—广东汕头
	梨温高速	一	穿越鹰潭市区	上海—昆明
	东九高速	一	穿越鹰潭市区	山东东营—香港九龙
	名称	站名	到开发区距离（公里）	备注
铁路	货运站	鹰潭南	4	浙赣线、皖赣线、鹰厦线
	客运站	鹰潭站	3	

数据来源：鹰潭市人民政府网站。

四、要素成本逐年降低

2018 年，鹰潭市规模以上工业实现主营业务收入 3567.6 亿元，同比增长 6.5%；实现利润总额 88.10 亿元，同比增长 6.2%。从投资成本来看，用地成本根据类别不同有所不同；工业用水成本为 3.58 元/吨；一般工商业及其他用电和大工业用电计价方式有所差异（见表 7-2、表 7-3、表 7-4）。

表 7-2　鹰潭市城区基准地价　　　　　　单位：元/平方米

用地类型和级别	I	II	III	IV	V	VI
商服用地	5334	3574	1922	1113	708	413
住宅用地	2345	1732	1168	722	509	387
工业用地	427	324	235	202	171	—
公共服务设施用地	907	651	405	304	248	—

内涵：估价期日为 2018 年 1 月 1 日，设定的开发程度为：商服、住宅和公共服务设施用地宗地红线外"六通"红线内"场地平整"（"六通"指通路、供水、排水、通电、通信、供气），工业用地宗地红线外"五通"红线内"场地平整"（"五通"指通路、供水、排水、通电、通信）。设定的容积率为：商服用地为 1.5，住宅用地为 2.0，公共服务设施用地为 1.4，工业用地为 1.0。土地使用年限为：商服用地 40 年、住宅用地 70 年、工业用地和公共服务设施用地 50 年。

注：2018 年 1 月 1 日起执行。

资料来源：鹰潭市自然资源局。

表 7-3　鹰潭市供水费用标准　　　　　　单位：元

类别	分级水量	计量周期用水量（吨）	基本水价	污水处理费	水资源费	合计
居民用水	一级用水	0~360	1.40	0.95	0.08	2.43
居民用水	二级用水	361~480	2.10	0.95	0.08	3.13
居民用水	三级用水	480 以上	4.20	0.95	0.08	5.23
居民用水	合表用水		1.42	0.95	0.08	2.45

类别	分级水量	计量周期用水量（吨）	基本水价	污水处理费	水资源费	合计
非居民用水（工业、行政、基建、经营）			2.10	1.40	0.08	3.58
特种行业用水			7.00	1.60	0.08	8.68

注：从 2018 年 7 月抄表，2018 年 8 月 1 日收费起执行。

数据来源：鹰潭市供水集团有限公司。

表 7-4　鹰潭电网销售电价表

用户分类		电度电价（元/千瓦时）					基本电价	
		不满 1 千伏	1~10 千伏	35~110 千伏	110 千伏	220 千伏及以上	最大需量（元/千瓦·月）	变压器（元/千伏安·月）
居民生活用电	年用电 0~2160 千瓦时部分	0.60						
	年用电 2161~4200 千瓦时部分	0.65						
	年用电超过 4200 千瓦时部分	0.90						
	合表用户	0.62	0.62	0.62				
农业生产用电		0.6534	0.6534	0.6534				
贫困县农业排灌用电		0.4534	0.4384	0.4234				
一般工商业及其他用电		0.6997	0.6847	0.6697				
大工业用电			0.6193	0.6043	0.5893	0.5793	39	26

注：2018 年 8 月 31 日起执行。

数据来源：国家电网鹰潭供电公司。

五、生态旅游、文化旅游形成品牌

生态旅游方面，鹰潭气候温暖、雨量充沛、土地肥沃，不仅宜农，而且宜牧、宜渔。农业生产历史悠久，实有耕地面积59.18千公顷，其中水田面积53.65千公顷，占全部耕地面积的90.7%。全市林业用地302.5万亩，占国土面积的56.7%，林业经济增长方式由粗放的原木原竹销售走向现代的加工增值方式。2018年，鹰潭市景观提升、取水口迁移及供水工程、雨污水管网改造、小街小巷改造等项目加速推进，获批省"公交城市"试点城市。扎实推进生态文明试验区建设，全市环境空气质量优良率达88.2%。完成生活垃圾一体化处理，城市、农村生活垃圾无害化处理率分别达100%、95%。深入落实河湖长制、林长制，扎实开展"清河行动"，全市主要河流断面水质和集中式饮用水水源水质达标率均为100%。《鹰潭市信江饮用水水源保护条例》颁布施行。

文化旅游发展方面，鹰潭市道教文化影响全球，承办中国鹰潭·龙虎山道文化旅游峰会、第十届海峡两岸道文化论坛、第六届中部六省炎黄文化论坛等活动，并按照加快建设文化强省的要求，立足实际，围绕打造"中华道都"的发展定位，一是推动显性化，让道文化"看得见"。通过建设一批彰显道教祖庭地位的标志性建筑，加快推进正一观扩建、道学院提升工程、上清道源古镇提升工程，着手建设道文化主题雕塑公园，启动大上清宫重建论证工作。二是推动大众化，让道文化"说得清"。大力发掘道文化素材，讲好道文化故事，普及道文化知识。三是推动体验化，让道文化"感受得到"。把道文化的体验化作为推动鹰潭旅游业发展的重要举措。基于道文化创作的"寻梦龙虎山"已经成为"明星"旅游产品，带给游客耳目一新的道文化体验。并精心打造道医馆等一批康养产业综合体和文化旅游精品线路，提升游客道文化的体验度。

六、人才红利释放

2018年，261地质大队、渥泰环保院士工作站挂牌成立，铜产业工程技术研究中心获批国家级博士后科研工作站，新增高新技术企业40家、各类科技创新平台21家，专利申请和授权量增幅、全社会研发投入占GDP

比重均居江西省前列。各类教育优质均衡发展，其中余江区义务教育均衡发展通过国家评估验收，全市整体实现县域义务教育发展基本均衡。为大力实施人才优先发展和人才强市战略营造良好环境，最大限度释放人才红利，积极创新举措，出台了《鹰潭市人才强市行动计划（2017—2020 年）》《鹰潭市"鹰才计划"实施方案》等七个政策文件，逐步形成了科学的人才考核评价制度、优越的人才扶持奖励制度、灵活的人才培养引进制度，有效推动了人才工作的顺利开展。如优化财政支出结构，建立政府、企业、社会多元投入机制，市里每年设立 1000 万元人才发展专项资金，上不封顶；建设 500 套人才公寓，优先解决引进人才的过渡性住房问题。加大重大人才工程投入力度，为人才工程实施提供稳定持续的财政资金保障。建立人才资金投入使用的跟踪问效、绩效评价、问责机制，确保专款专用。在市人才发展专项资金中设立市级人才创新创业引导基金，支持和促进科技成果转化。落实有利于人才发展的税收优惠政策。

第二节　鹰潭市民营经济发展和投资的基本情况

鹰潭市按照"三大四聚"发展路径和"六强四动一保障"工作思路，紧扣高质量跨越式发展要求，统筹做好稳增长、促改革、调结构、优生态、惠民生、防风险各项工作，推动民营经济不断发展，激发企业持续创新。

一、民营经济总量不断增加

2018 年鹰潭市非公有制增加值为 428.44 亿元，增长速度为 9.5%，位居全省第一。从非公有制经济产业发展看：第一产业非公有制经济增加值为 17.24 亿元，占比 4%；第二产业非公有制经济增加值为 259.02 亿元，占比 60.5%；第三产业非公有制经济增加值为 152.18 亿元，占比 35.5%。非公有制经济增加值占 GDP 比重为 52.3%，同比增加 0.7%（见图 7-5）。需要注意的是，因民营经济增加值数据无法获得，故用非公有制经济数据近似地代表民营经济的数据。

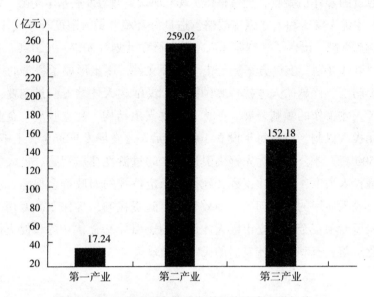

图7-5　2018年鹰潭市非公有制经济分产业增加值

资料来源：根据相关资料整理。

二、民间投资总体保持增长

2014～2017年，鹰潭市民间投资保持稳步增长的态势，从2014年的308.8亿元增加到2017年的497.35亿元，但2018年民间投资额为472.48亿元，与上年相比有所回落，与2013年相比仍然增长了53.0%（见图7-6）。从民间投资增速来看，鹰潭市波动较大，有时高于全省平均水平而有时又低于全省平均水平。2013年，鹰潭市民间投资同比增长33.3%，比全省高7.4个百分点，2018年鹰潭市民间投资同比下降5%，比全省低17.5个百分点（见图7-7）。从民间投资占固定资产投资比重来看，除2017年外，其余年份均低于全省平均水平，2018年鹰潭市民间投资占固定资产投资比重为63.7%，比全省低4.2个百分点（见图7-8）。

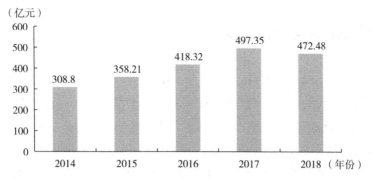

图 7-6　2014～2018 年鹰潭市民间投资额

资料来源：根据相关资料整理。

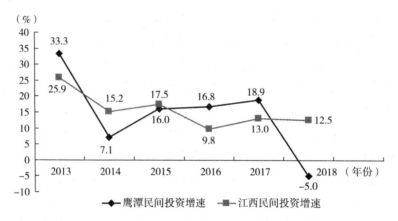

图 7-7　2014～2018 年鹰潭市民间投资增速与江西省的比较

资料来源：根据相关资料整理。

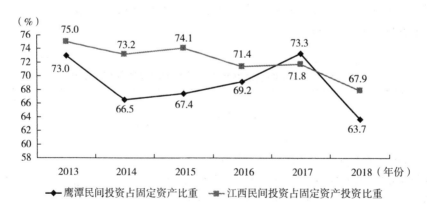

图 7-8　2014～2018 年鹰潭市民间投资占固定资产投资比重与江西省的比较

资料来源：根据相关资料整理。

三、有效投资带动发展

鹰潭市面对经济下行压力，扎实有效推进全市投资和项目建设工作，努力增加合理有效投资，以铜产业、移动物联网产业、旅游业为首位产业，大力支持民间投资参与眼镜、雕刻、医药食品、现代农业、现代物流和文化创意为主的优势特色产业，并超前谋划节能环保、电机、现代金融、高技术服务业和健康养老产业发展，着力构建以"2+3"工业（铜产业、移动物联网产业两大支柱产业，眼镜、医药食品、雕刻产业三大特色产业）为主导，以现代服务业为支撑的产业体系。2018年，鹰潭市规模以上工业增加值按可比价格计算，同比增长8.7%。分企业所有制类型看，国有企业增加值增长5.0%；股份制企业增加值增长11.9%；私营企业增加值增长12.3%；外商及港澳台商投资企业增加值增长7.0%。分产业看，铜产业增加值增长12.6%，非铜产业增加值下降2.3%。分行业大类看，有色金属冶炼和压延加工业增加值增长13.4%；电力、热力生产和供应业增加值增长3.6%；仪器仪表制造业增加值增长14.5%。另外，鹰潭市的物联网发展走在全国前列。获批国家新型工业化产业示范基地，荣获中欧绿色和智慧城市国际大奖。是国内首个实现中、低两种不同速率移动物联网全域覆盖城市，被中国电信、中国联通列为全国5G试点城市。2019年鹰潭市重点招商引资项目共61个，其中9个项目为PPP模式或PPP参与投资模式，涉及生态休闲旅游、健康养老（含卫生、养老和体育）、文化创意、现代物流、教育及人力资源服务、先进装备制造（含汽车零部件）多个领域（见表7-5）。

表7-5　2019年鹰潭市PPP模式参与的重点招商引资项目

项目名称	建设内容及规模	总投资（亿元）	合作（经营）方式	建设地点
鹰潭市月湖区许家垄水库生态观光园	许家垄水库生态观光园开发建设，约400亩，打造集弘扬道教文化、旅游、休闲、文化娱乐为一体的生态观光园	2	独资、合资或PPP	月湖区

项目名称	建设内容及规模	总投资（亿元）	合作（经营）方式	建设地点
鹰潭市月湖区智慧医院、养老服务中心	智慧医院、养老服务中心，集居家养老、医疗康复及综合性或特色专科医院为一体的养老服务中心，占地约300亩。同时利用物联网技术，对现有的社区医疗服务中心提升改造，实现便民服务	3	独资、合资或PPP	月湖区
鹰潭市月湖区道都陶源特色小镇	角山古窑址是迄今所见中国夏商时期最大的窑场，已发现龙窑、马蹄形窑近20座，完整和可复原陶器2000余件，陶瓷片几十万片，占地面积约36.5公顷。可适度建设角山窑址参观区；植入文化、旅游、乡村等元素，重点建设古陶文化体验区、古陶作品展示馆、陶艺创客工作室、陶艺长廊，将角山徐家新农村整体提升改造成角山古陶文化村	5	独资、合资或PPP	月湖区
鹰潭市月湖区物流仓储项目	位于市现代物流园区五纬路以南，七纬路以北，十二经路以西，十一经路以东，占地面积约260亩	4.16	独资、合资或PPP	月湖区
鹰潭市月湖区公铁联运项目	公铁联运项目建设内容包括仓储、报税、生活配套等，占地1300亩	10	PPP	月湖区
鹰潭市月湖区月湖新城教育园开发建设	项目规划面积约206亩，建设集幼儿园至初中于一体的现代化学校，科学规划建设现代化教学大楼、办公大楼、图书馆、体育场等	8	独资、合资或PPP	月湖区
鹰潭市月湖区绿色产业园	以月湖区绿色工业园为平台，规划面积1.23平方公里，致力落户一批医疗器械制造、环保高科技电子信息等高端智能制造、能源汽车及其配件的生产加工、绿色工业项目	以单体项目投资总额为准	独资、合资或PPP	月湖区

项目名称	建设内容及规模	总投资（亿元）	合作（经营）方式	建设地点
鹰潭市贵溪市白鹤湖滨湖生态游憩项目	规划面积约 2 万亩，定位为"生态之源休闲胜地"。规划重点打造田园风光游赏、滨水休闲度假、休闲渔业体验、生态景观游憩和水上观光游览五大板块。建设内容包括游客服务中心、环湖绿道、公厕、生态停车场、游步道、污水处理系统、供水供电等基础设施	30	PPP、合作、独资	贵溪市
鹰潭市贵溪市象山心学文化景区项目	规划面积约为 2 平方公里，建设内容包括游客服务中心、生态停车场、象山书院、华夏心学博览园、本心庄园、象山雅巷等，以及景区内游步道、公厕、游览路线和导览图等标识系统、景观系统、服务设施、供电、供水等基础设施	5	PPP	贵溪市

资料来源：鹰潭市发展和改革委网站。

四、企业投资意愿较强

鹰潭市加快制定具体可行的便民服务举措、持续优化民营企业税收营商环境，努力推动民营企业发展壮大。2018 年，鹰潭市私营企业、个体工商户户数 62787 家，同比增长 1.1%。规模以上非公有制经济工业主营业务收入增长 15.2%。问卷调查显示，当问到在当地继续投资经营的信心时（满分为 10 分），选择 9 分的企业最多，其次是 10 分和 8 分（见图 7-9），说明企业对鹰潭发展比较有信心。从民间投资政策落实情况的评价来看，16.30% 的企业认为当地促进民间投资相关政策的落实情况非常好，21.39% 认为比较好，两者共计 37.69%；另有 10.18% 的企业表示一般，7.13% 的企业或不了解，或未申请或企业不符合优惠条件（见图 7-10）。当然，也有企业认为当地投资环境仍然存在改进之处，如人才缺乏，招工困难；政策难以落实，缺乏实施细则和操作办法；企业税费负担过重等方面（见图7-11）。

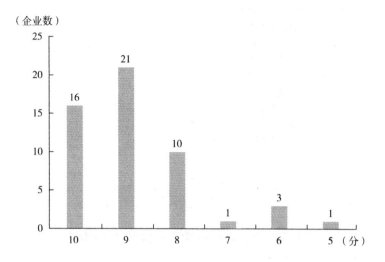

图7-9 企业在当地继续投资经营的信心

资料来源：根据相关资料整理。

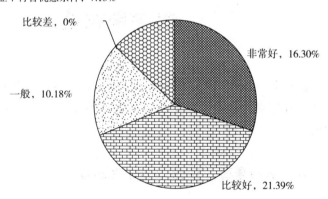

图7-10 企业对当地投资政策落实情况的评价

资料来源：根据相关资料整理。

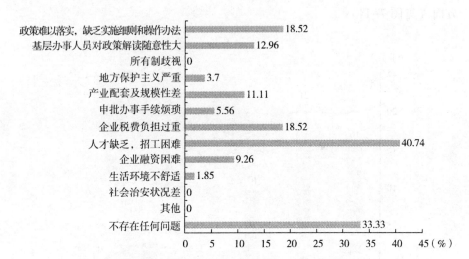

图 7-11　企业认为当地投资环境存在的主要问题

资料来源：根据相关资料整理。

第三节　鹰潭市激发民间投资活力的做法和成效

近年来，鹰潭市紧扣高质量跨越式发展要求，扎实有效推进民营经济发展，努力增加合理有效投资，充分发挥民营企业在经济增长的关键作用。

一、高位推动，多措并举促进落实

近年来，江西省持续开展"降成本、优环境"专项行动，近万名干部走进企业、服务企业。鹰潭市委、市政府出台了《鹰潭市降低企业成本优化发展环境专项行动方案》，同时下发了《关于市领导挂点联系园区、企业安排的通知》，采取分级挂点方式，实现鹰潭市工业园区及所有规模以上工业企业全覆盖。为彰显鹰潭魅力、优化营商环境，鹰潭市出台了《关于深入推进"魅力鹰潭"建设　努力打造一流营商环境工作的意见》，成立深入推进"魅力鹰潭"建设、努力打造一流营商环境工作领导小组，设立了政务环境工作组、法治环境工作组、宜居环境工作组、人文环境工作组四个工作组，进一步明确了全市各系统、各单位的工作职责。为降低重点产业企业融资成本，吸引国内外优质创业资本、项目、技术、人才向重点产业集聚，鹰潭市商务局出台《鹰潭市重点产业投资融资担保管理暂行办法》，以市本级及各区（市）政府、管委会出资重点产业引导资金5亿元，成立鹰潭市工控融资担保有限公司，达到既撬动银行杠杆又符合国家政策导向的效果。此外，针对中小企业融资难问题，开展"财园信贷通""财政惠农信贷通""财政科技信贷通"等工作，撬动金融社会资本投入。截至2018年10月，全市"财园信贷通"发放贷款7.26亿元，"财政惠农信贷通"发放贷款1.86亿元，财政"科技信贷通"发放贷款2060万元。围绕民营企业在证照办理等方面的需求以及在竞争环境、转型发展等方面的期盼，2019年4月3日，鹰潭市市场监管局发布《关于服务民营经济发展的若干措施》，从"大力压缩办事时间"等22个方面精准施策，破解民营企业发展痛点难点问题，打破各种各样的"卷帘门""玻璃门""旋转门"，全力支持民营经济持续健康发展。

二、深化改革，"放、管、服"改革成效明显

2018年，鹰潭市本级388项政务服务事项实现"一次不跑"或"只跑一次"，精简证明材料197项，"互联网+政务服务"全域一体化平台上线，市区两级1480项政务服务事项"一网通办"；实现"41证合一"，企业开办时间压缩至4个工作日，新增各类市场主体1.4万户、增长27%。扎实推进供给侧结构性改革，降成本、优环境专项行动为企业减负51.3亿元[①]。一是加快"互联网+政务服务"改革。推进市、区（市）、乡（镇）三级互联的网上政务服务平台体系和政务数据共享交换平台体系建设，精简办事环节和材料，疏解办事堵点和难点。二是大力压缩工程建设项目审批时限。推行工程建设项目审批服务标准化，确保工程建设项目审批时间压缩至120个工作日以内；进一步减少不必要的行政审批中介服务事项，建立健全中介服务监管体系，探索建立区域统一评估工作制度、联审联批

---

① 数据来源：2019年鹰潭市政府工作报告。

和相对集中行政审批工作机制。三是进一步深化商事制度改革。深化"证照分离",设置新办企业"一窗式"服务;推动工商服务电子化、便利化,对国家鼓励类企业投资项目探索不再审批。鹰潭市工业和信息化委员会在江西省率先设立不动产综合服务大厅,将房产交易、不动产登记、税务统一整合,实行"一窗受理",最多跑一次,部分登记事项立等可取、其他事项提速50%以上。全市首批30个单位的125项审批事项,通过共享数据信息,办事时间平均缩短至3个工作日,提速超过60%;现场勘测阶段平均缩短至1个工作日,提速80%。并根据重大项目及企业的需求,开辟"绿色通道",开通审批"直通车",建立了三级联动的免费代办服务队伍,主动为重大项目、重点工程提供"三特"服务(特别通道、特殊程序、特需服务),各部门承诺时限再提速50%。如浪潮软件集团有限公司在鹰潭市设立子公司,通过"绿色通道",仅用一个小时就完成全部审批工作。①

三、项目带动,PPP投资领域不断扩展

为更多争取中央预算内和省基建投资资金,加快推进基础设施领域项目建设,鹰潭市下发了《关于抓紧报送2019年补短板领域政府支持引导民间投资专项中央预算内投资计划的通知》(鹰发改投资〔2019〕1号),明确对投资规模适度、投资回报机制明确、对民间资本吸引力强的市政、交通、环保、社会事业等基础设施补短板。重点包括:城际铁路、高速公路、物流、园区综合开发、污水垃圾处理、水利、旅游、养老等行业领域进行支持,并重点支持已在江西省在线审批监管平台公开推介的基础设施补短板领域项目,如对民间资本发挥主导作用、项目资本金中民间资本占比超过50%或相对控股的项目,对于吸引民间资本进入相关补短板领域有较强示范作用和影响力的项目。优先支持民间资本参与补短板领域的方式创新性、突破性较强的项目。如鹰潭市城乡生活垃圾一体化处理PPP项目已见成效,已建成深埋桶收集站点360余座,配置垃圾桶5万余只、保洁车1300余辆、机械化作业车辆50余台,通过全力推行城乡环卫服务均等化、生活垃圾处理一体化,努力建设"美丽江西、鹰潭样板"。

---

① 数据来源:鹰潭市工信委运营处。

四、加强保障，投资环境持续优化

一是加强法治保障。为营造良好的经济秩序和公平的市场环境，鹰潭市搭建政法机关服务企业平台，通过设立法律顾问室、组建专业法律服务团队、开辟法律服务"绿色通道"等方式，为企业提供及时、快捷、高效的法律服务。对法律法规无明文禁止的行业和领域，坚持"非禁即准、非禁即入"，同时加大知识产权保护力度，坚决查处制假售假、侵犯知识产权等扰乱市场秩序的违法犯罪行为，促进知识产权成果转化。健全涉企治安保障体系。深入排查整治涉企治安问题，稳妥化解劳资纠纷，严厉打击强买强卖、垄断市场等各种干扰企业正常生产经营和影响公平竞争的违法犯罪行为，依法对各类市场主体实行平等司法保护，加大对经济领域违法犯罪的打击力度，加强涉企审判工作，综合治理执行难问题。

二是加强组织保障。为确保各项任务落到实处，鹰潭市出台了《在打造一流营商环境中加强监督执纪问责工作的实施意见》，着力解决企业反响集中、群众反映强烈的作风顽瘴痼疾，坚决查处侵害企业和群众利益、破坏营商环境的人和事。同时，还专门制定了联系调度工作制度，明确各工作组对本组工作每月至少调度一次，及时协调解决问题，并设立全市统一的投诉电话12345。

三是加强基础设施保障。鹰潭市先后开通了鹰潭至白俄罗斯首都明斯克的中欧班列、鹰潭至乌兹别克斯坦的中亚班列，实现了中欧（亚）班列多线路、多口岸并行发展。截至2018年9月底，班列已开行10趟，货值3918.9万美元。国网鹰潭供电公司发布20条举措，以园区、工业企业、大型公共建筑等为重点，提供能源托管、能效数据分析等多元化服务，构建以电为中心的终端能源消费新体系。同时，进一步压减办电流程、压减接电时间、压减客户办电成本，打造线上线下一体化渠道，实现简单业务"一次都不跑"，复杂业务"最多跑一次"。鹰潭市商务局为民营中小微企业代理报关、报检、出口退税、融资提供全链条服务，实现了"单一窗口"报关100%全覆盖。

第四节　进一步激发民间投资活力的对策建议

一、聚焦产业发展，引导有效投资

一是聚焦首位产业。依托鹰潭现有产业发展基础，以产业聚焦为指导，做大做强以铜产业、移动物联网产业和旅游业为引领的首位产业，加快打造产业集聚发展高地，壮大高质量发展引擎。积极提升"老路子"。以铜冶炼为基础，以铜材精深加工和涉铜终端制造为核心，构建上下游协同的铜基新材料高新技术产业链，推动铜产业与关联产业协同发展，逐步实现由铜材料加工基地向终端应用产品基地转变。全力开辟"新口子"，以"03专项"试点示范基地建设为契机，加强物联网核心技术攻关与关键设备研发，加快智联小镇等重要载体建设，统筹推动物联网感知层、网络层、平台层和应用层发展，努力构建覆盖面广、结构合理、发展迅速的智慧物联产业生态体系。大力拓展"好底子"。围绕"中华道都""龙虎天下绝""闻说仙家眷此城"的旅游形象定位，充分挖掘自然生态资源和道、铜等特色文化资源，以全域旅游发展为主线，以旅游产品提升为突破口，着力推进旅游与相关产业融合发展，加快建成世界知名道文化旅游胜地和国内一流全域旅游目的地城市。

二是锚定优特产业。以工贸旅一体化为主线，以传统眼镜和功能眼镜制造为核心，以眼镜品牌建设和眼镜文化建设为支撑，加强新材料、新技术的应用，打造国内一流眼镜生产基地。支持传统雕刻技艺创新发展，加强现代雕刻工艺和设备的应用，建立现代化雕刻加工生产模式，完善以行业应用为重点的雕刻产品体系，打造国家级雕刻艺术产业化示范基地。把握"健康中国"战略机遇，围绕多层次、多元化的健康市场需求，以五湖健康产业园和烘焙梦想小镇为发展载体，以中医药、绿色食品为发展重点，加快培育一批医药食品优势品牌和拳头产品。依托贵溪市国家现代农业示范区和余江区现代农业示范区，重点发展生态稻蔬果和苗木花卉产业，做强生猪、水产养殖产业，做大农产品加工业和休闲农业，推动第一、第二、第三产业融合发展。以物流业态创新为着力点，加快建立和完善现代物流服务体系，促进物流业与其他产业协调发展。以培育文化龙头企业、搭建文化产业发展平台为着力点，加快完善文化市场体系，丰富文化产业业态。同时统筹考虑鹰潭市现有产业发展基础和未来产业发展趋势，超前谋划节能环保、电机、现代金融、高技术服务业和健康养老产业发展。

二、提升政务能力，破除投资门槛

要加快推进政府系统"五型"政府建设，认真执行《江西省人民政府办公厅关于进一步完善政务服务机制提升政务服务效能的通知》等文件，打造政策最优、成本最低、服务最好、办事最快的"四最"营商环境。一是推进投资审批制度改革。组织开展投资审批事项清单化、标准化工作，规范审批实施方式，统一公布投资项目审批事项清单。以开展工程建设项目审批制度改革为主抓手，科学编制公布工程建设项目审批及有关事项目录清单，统一审批流程，精简审批环节，完善审批体系，推行部门间并行和联合办理，提升审批效能。大力推广并联审批，推行联合勘验、联合测绘、联合审图、联合验收以及区域评估。积极探索企业投资项目承诺制改革试点，编制公开可承诺项目清单。推进投资项目综合性咨询和工程全过程咨询改革，优化整合审批前的评价评估环节，大力推行联合评审。推进全市投资项目在线审批监管平台一体化，加快项目审批管理服务"一网通办"。二是进一步精简权力事项。对直接面向基层、量大面广、由基层管理更方便有效的经济社会管理事项，在征求基层承接意见的基础上，根据差异化放权需求，全链条精准下放，不得明放暗不放，实现"应减必减、能放尽放"，加快推进"证照分离""多证合一"、简易注销等登记制度改革，降低市场准入与退出门槛。三是优化行政审批服务。打造无差别综合服务窗口，由"一事跑多窗"变"一窗办多事"；优化"标准化+、智能化+、人性化+"政务服务，推行"容缺受理"制，设立邮政速递服务专窗，实现更多事项"一次不跑"或"只跑一次"，提升民营企业办事效率。四是结合企业实际主动服务企业。如环保督察要严格按照法定权限和程序履行职责，根据实际情况分类处理。

在破除投资门槛方面，一是规范推广PPP模式。进一步落实金融支持实体经济发展的各项政策措施，以项目推动投资落实落地。切实拓宽投资渠道，积极争取各类资金支持，撬动社会资本参与重大项目建设，抓好基础设施投资、重大产业投资和公共服务投资，着力优化投资结构。创新重点领域投融资机制，充分发挥社会资本特别是民间资本的积极作用。凡法律法规未明确禁止准入的行业和领域，依法平等向民间资本开放。要在公共服务、资源环境、生态建设、基础设施、市政公用、社会事业、金融服务、保障性住房等重点领域，及时向民间资本推出投资项目。二是切实维护民间投资者合法权益。落实财政、金融、物价、税收等方面支持政策，对民营企业在资源配置、市场竞争和市场监管上一视同仁。清理和修改不利于民间投资发展的政府规章和规范性文件，彻底消除各类隐性壁垒，坚决查处不正当垄断行为。对民营企业在技术资格认定和职称评定等方面要同等对待，促进人才在不同所有制企业的自由流动。针对非公有制专业技术人才职称申报机制不完善问题，进一步打破户籍、地域、身份、人事关系等制约，畅通非公专技人才职称申报渠道，进一步完善人才评价制度，全面下放高级职称评审权，鼓励有条件的民营企业自主开展高级职称评审。

三、降低企业成本，加大融资支持

在降低企业经营成本方面，一是降低企业社保缴费负担。认真贯彻《关于印发降低社会保险费率综合实施方案的通知》（赣府厅字〔2019〕27号），明确继续阶段性降低失业保险和工伤保险费率、调整社保缴费基数政策，确保企业社保缴费负担有实质性下降。二是加强天然气产供储销体系建设及供应保障，努力增加鹰潭市长输管道气源。加强供需形势监测分析，制定应急预案，落实储气调峰能力，完善调峰用户清单。三是加强项目服务保障。省级层面在省预留新增建设用地计划中支持一批亟须的省重点重大项目解决用地指标，加快批而未用土地消化利用，着力保障项目用地需求，及时协调、解决重大项目推进中的困难和问题。四是加强涉企经营服务性收费和中介服务收费监管。进一步规范有关部门和中介机构收费行为。进一步降低检验检测收费标准，铜期货交易中心检验检测费降低50%，特种设备中场内机动车辆和电梯定期检验检测费、低温汽车罐车和低温储罐检验费均降低10%。五是支持民营企业品牌培育。对认定为国家地理标识保护产品、国家地理标志商标等品牌的民营企业，给予适当奖励或政策扶持。在"专精特新"工作的基础上，支持培育一批细分领域专业化"小巨人"企业，引导其深耕主营业务，创建产品品牌。发挥工业互联网平台作用，支持民营企业业务系统向云端迁移，加快数字化、智能化转型。

在加大民营经济融资支持方面，深入贯彻《关于金融支持民营经济发展的若干措施》。一是扩大资金投放，加大银行信贷支持，积极运用人民银行定向降准、再贷款、再贴现等货币政策支持银行投放民营企业贷款。二是降低融资成本，合理确定贷款利率，降低转贷成本，发挥好政府转贷基金作用，解决"转贷难、转贷贵"问题；清理贷款中间环节收费，重拳整治强行返点、乱收费等增加民营企业融资成本的行为。三是提高融资效率，优化信贷业务流程，提前主动开展贷款审查和评审，实现企业融资周转"无缝衔接"，完善企业"白名单"制度。四是拓宽融资渠道，支持民营企业通过多层次资本市场进行直接融资。五是完善功能平台，努力破解银企信息不对称，让信息"多跑路"、企业"少跑腿"。六是深入开展产融合作，积极推动出台融资担保降费奖补政策。进一步发挥好国家中小企业发展基金的作用，带动更多社会资本支持民营企业发展。2019 年向合作银行推荐商标质押企业 8 家以上，2020 年商标权年质押融资达到 4000 万元以上，积极帮助小微企业、个体工商户通过"诚商信贷通"缓解融资难问题。

四、优化配套环境，保障企业发展

一是培育和建立一批创新活力的市场中介组织，形成市场竞争，给企业自主选择的空间。支持中介服务组织运用市场化手段扩大经营规模，提升服务质量，加强行业自律。鼓励国内外知名中介服务组织来华发展，加大对中介服务业奖励扶持力度，鼓励规模较大、业绩突出、具有一定知名度的会计评估、金融服务、产权交易、法律服务、专业技术服务和咨询服务等中介组织兼并重组。同时，也要加强对第三方组织自身的监管，杜绝行业垄断和相关"寻租"行为。

二是加快园区必要的生活配套服务设施建设。不断提升和完善公共服务设施建设。加大对工业园区及周边生活配套区、社区服务中心、文化、体育、教育、卫生等民生设施建设的投入，整合园区各企业需求，建设直接为园区企业生产提供服务的配套产业，改造提升传统生活服务业，推动完善园区的三产服务功能，解决企业发展的后顾之忧。

三是强化电力企业风险预控能力，完善电力企业与县区政府或园区的应急协调机制。

四是引进人才留住人才。认真执行《鹰潭市人才强市行动计划（2017—2020年）》《鹰潭市"鹰才计划"实施方案》，充分利用鹰潭移动物联网产业园"省级服务支持人才创新创业示范基地"等契机，围绕鹰潭市铜产业、雕刻产业等特色产业，引进培养急需、紧缺特色人才。建立完善创业扶持、投资融资、成果转化等人才服务体系，在住房保障、医疗保健、社会保险、子女入学、户籍管理等方面满足人才多样化需求，打造拴心留人的服务环境。

五是充分利用鹰潭市非公有制企业维权服务中心，构建政企联系沟通新途径，为非公有制企业和非公有制经济人士提供维权服务、政策法规咨询，承担维权诉求的受理、办理、分办、回复、反馈、督办和政策法规咨询、统计分析等相关工作。

第八章　景德镇市激发民间投资活力的实践与探索

　　景德镇，别名"瓷都"，江西省地级市，位于江西省东北部，西北与安徽省东至县交界，南与万年县为邻，西同鄱阳县接壤，东北倚安徽省祁门县，东南和婺源县毗连，总面积5256平方千米。景德镇市处于黄山、怀玉山余脉及鄱阳湖平原过渡地带，处于皖（安徽）、浙（浙江）、赣（江西）三省交界处，是三省重要的交通枢纽中心城市之一。民国时期曾与广东佛山、湖北汉口、河南朱仙并称全国四大名镇。2018年，景德镇市下辖2个市辖区、1个县级市、1个县，常住总人口为167.3213万人。

　　近年来，景德镇市全市上下以习近平新时代中国特色社会主义思想为指引，高度重视民间投资的健康发展，认真贯彻落实国务院办公厅发布《关于进一步激发民间有效投资活力促进经济持续健康发展的指导意见》（国办发〔2017〕79号）和省政府《关于进一步激发民间有效投资活力促进经济持续健康发展的实施意见》精神，进一步激发了民间有效投资活力，推动了民间投资回稳向好，营造了一视同仁的市场环境，促进了经济持续健康发展。

第一节　景德镇市投资环境分析

一、经济发展总体状况

2018 年，景德镇市实现地区生产总值（GDP）846.60 亿元，比上年增长 8.2%。其中，第一产业增加值 56.45 亿元，增长 3.4%；第二产业增加值 402.32 亿元，增长 7.7%；第三产业增加值 387.83 亿元，增长 9.4%。第一产业增加值占地区生产总值的比重为 6.7%，第二产业增加值比重为 47.5%，第三产业增加值比重为 45.8%。最终消费支出对地区生产总值增长的贡献率为 57.2%，资本形成总额贡献率为 42.6%。人均地区生产总值 50723 元，比上年增长 7.6%（见图 8-1、图 8-2）。

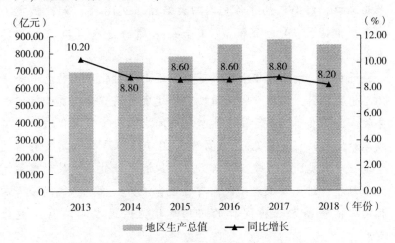

图 8-1　2013~2018 年景德镇市 GDP 及同比增速

资料来源：2013~2018 年各年景德镇市国民经济和社会发展统计公报。

2018 年，景德镇市完成固定资产投资比上年增长 11.2%。其中，民间投资增长 12.3%，占固定资产投资的比重为 65.9%。固定资产投资中，第一产业投资比上年下降 21.0%；第二产业投资下降 0.7%；第三产业投资增长 29.5%。

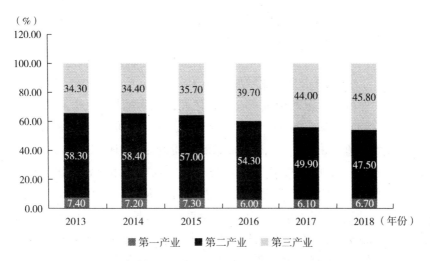

图 8-2　2013~2018 年景德镇市三次产业增加值占地区生产值比重

资料来源：2013~2018 年各年景德镇市国民经济和社会发展统计公报。

　　2018 年，景德镇市财政总收入 132.46 亿元，比上年增长 7.5%；一般公共预算收入 89.86 亿元，增长 3.6%。在财政总收入中：税收收入 100.05 亿元，增长 9.9%，税收收入占比 75.5%。

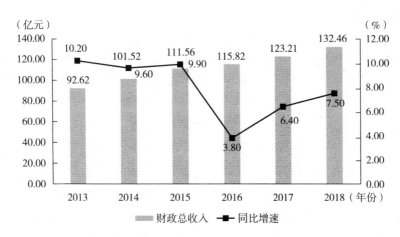

图 8-3　2013~2018 年景德镇市财政总收入及同比增速

资料来源：2013~2018 年各年景德镇市国民经济和社会发展统计公报。

　　2018 年，景德镇市货物进出口总额 68.55 亿元，比上年增长 22.8%。其中，出口 66.97 亿元，增长 21.6%；进口 1.58 亿元，增长 106.2%。进出口差额（出口减进口）65.39 亿元。全年新签合同外资项目 15 个。合同外资金额 1.53 亿美元，比上年下降 63.1%。实际利用外资 2.23 亿美元，增长 9.0%。

2018 年，景德镇市金融业增加值 24.96 亿元，增长 4.2%。2018 年末，金融机构本外币各项存款余额 1152.78 亿元，比年初增加 66.40 亿元；其中，人民币各项存款余额 1140.65 亿元，增加 64.75 亿元。金融机构本外币各项贷款余额 818.02 亿元，增加 128.88 亿元；其中人民币各项贷款余额 817.81 亿元，增加 129.93 亿元。2018 年，景德镇市城镇居民人均可支配收入 37183 元，比上年增长 8.5%；农村居民人均可支配收入 16510 元，增长 9.4%。城镇居民人均消费支出 22857 元，增长 9.8%；农村居民人均消费支出 12098 元，增长 10.5%。居民消费价格总指数（CPI）比上年上涨 1.5%。其中，消费品价格上涨 1.2%，服务价格上涨 2.1%。

二、产业发展状况

强力推进"3+1"特色优势产业。依托项目强力推进陶瓷、航空、汽车及旅游"3+1"特色优势产业发展，进一步凸显主导和龙头地位。

1. 做强陶瓷产业

坚持传统陶瓷传承和现代陶瓷创新融合发展，大力发展手工制瓷和高技术陶瓷，做优日用陶瓷规模、规范艺术陶瓷营销、提高建筑卫生陶瓷质量，促进陶瓷产业"从无序到有序、从低端到高端、从分散到集中"，打造陶瓷产业"升级版"。大力推进陶瓷原料、陶瓷产品的标准化建设，充分发挥陶瓷工程中心优势，提升陶瓷竞争软实力。依托"互联网+""陶瓷+"，整合生产要素，支持各类陶瓷企业联合发展、抱团发展、集聚发展。集中精力、物力和财力培育若干个陶瓷龙头企业，带动提升景德镇陶瓷整体发展水平。进一步推动陶瓷企业创新经营业态，探索发展的新路子。大力推进陶瓷机械、窑炉、原辅材料加工等发展，优化陶瓷产业链。构建现代化市场营销体系，畅通陶瓷销售渠道。力争到 2020 年日用陶瓷产值达到 160 亿元、陈设艺术陶瓷产值达到 180 亿元、高技术陶瓷产值达到 80 亿元、建筑卫生陶瓷产值达到 100 亿元。

2. 做大航空产业

以直升机产业集聚发展试点为引领，紧抓"国家新型工业化直升机产业示范基地（军民结合）""国家高新技术产业化基地""国家战略性新兴产业区域集聚发展试点""国家创新型产业集群试点"等多个国家战略获批实施的重大机遇，以市高新区为全市航空产业发展的主平台，着眼全球产业发展格局，围绕"百亿投资、千亿产业"的目标，全力打造"制造与运营相融合、总装与配套为一体、航空企业集中连片发展"的航空产业高地，力争实现产值 600 亿元、增加值 180 亿元。

3. 做优汽车产业

围绕北汽集团南方重要的汽车产业制造基地建设目标，加快北汽昌河洪源基地和昌河汽车生产线技改扩能项目建设，壮大汽车零部件产业，引导鼓励汽车产业向新能源汽车方向发展，推进汽车产业全产业链发展。实现汽车全产业链营业收入 500 亿元、增加值 100 亿元。全力加快北汽昌河景德镇新基地建设，推进生产线技改扩能，打造集整车与发动机产、供、销、研于一体的汽车产业制造基地，实现产销整车 65 万辆、发动机 30 万台、全产业链营业收入 500 亿元的目标。引进世界著名汽车企业和先进汽车生产技术，形成较为完整的汽车产品系列，提升汽车整车生产实力。

4. 做旺旅游产业

把旅游业作为促进景德镇市经济转型升级、服务业提质增效、城市功能整体提升的重要抓手，提升旅游业整体品质，形成多业融合、全域联动的大旅游发展格局，把景德镇打造成为国际知名、国内一流旅游目的地。深度挖掘地脉、文脉、人脉，加快旅游深度融合发展，形成陶瓷研究、观光旅游、陶瓷会展、休闲度假、乡村旅游五种主打产品为核心的多元化旅游产品体系。重点发展以御窑厂、古窑为主的老城旅游，以市区为主的陶瓷文化旅游、浮梁茶文化旅游，以景瑶公路沿线为主的乡村旅游、乐平农业观光旅游，以浮梁古村落和乐平古戏台为主的古村古建旅游，以宝积寺、冷水尖为主的宗教旅游，以郭璞峰、得雨龙山公园为主的户外旅游，以玉田湖、月亮湖和一江两岸为主的水上休闲旅游。按照乡村旅游片区的布局要求，加快推进小铁路沿线旅游设施筹建。

5. 加快发展现代服务业

充分发挥国家服务业综合改革试点城市创新示范效应，不断推进第三产业规模扩张、结构优化，提升第三产业在生产总值中的比重。一是金融服务。支持金融组织创新、产品和服务模式创新，构建适应经济社会发展的多元化金融体系，加快金融特色街区或金融超市建设，推动聚集发展。二是电子商务。以大数据、云计算、移动互联网等信息技术为依托，建设陶瓷、特色农产品等一批电子商务服务平台，培育一批电子商务特色产业集群，积极拓展农村电子商务、跨境电子商务、移动电子商务等新领域，实施电子商务示范工程，完善电子商务配套支撑体系。三是工业设计。以工业设计成果转化和产业化为抓手，大力发展技术和产品研发，重点培育航空、陶瓷、汽车、模具等工业设计及相关延伸产业。四是现代物流。以降低全社会物流成本为核心，全面完成赣东北物流园、景德镇长运物流园、乐平市蔬菜批发市场、赣东北商贸城、赣东北汽贸园等大型物流园区建设，着力发展第三方、第四方物流，优化城乡配送网络，实现物流业集约发展。五是节能环保。大力推行合同能源管理、环境污染第三方治理等节能环保服务新机制，大力发展生态环保、节能评估等第三方服务，推进节能环保和各行业的深度融合。

6. 生活性服务业

一是商贸流通。深化流通机制、流通模式、流通方式改革创新，着力推进城市商业智能化、农村市场现代化、国内外市场一体化，推动工商、农商、商旅联动，促进传统商贸流通产业线上线下互动、商业模式创新。二是健康养老。统筹区域内健康服务资源配置，依托高端健康体检项目，大力发展健康体检、康复医疗、老年养生、绿色餐饮等健康产业。乐平市依托农产品基地优势，重点开发田园农庄健康养老；浮梁县依托生态资源，重点开发生态旅游健康养老；珠山区依托陶瓷文化艺术氛围，重点开发居家和社区健康养老；昌江区依托山水资源，重点开发山水休闲健康养老。建设城市福利园区，建成一批农村幸福院。三是住宿餐饮。大力推进食宿餐饮业连锁化、品牌化发展，提高住宿餐饮服务的文化品位和绿色安全保障水平，培育一批具有市场竞争力的知名酒店和餐饮品牌。四是家庭服务。重点规范和发展家政服务、养老托幼、母婴护理等服务，整合、升级家庭服务业公共平台，开展家庭服务规范化、标准化建设，创建一批知名家庭服务品牌。

三、区位交通环境

景德镇市位于江西东北部，坐落在黄山、怀玉山余脉与鄱阳湖平原过渡地带。西北与安徽省东至县交界，南与万年县为邻，西同鄱阳县接壤，东北倚安徽祁门县，东南和婺源县毗连。

2018 年，景德镇市拥有皖赣铁路，杭瑞、景鹰、德昌、景婺黄四条高速公路，景德镇机场是中国 100 个重点支线机场之一，已经形成立体交通网络。

公路。G56 杭瑞高速公路东西向横贯全境，向西经九江可达武汉、合肥、南京、南昌，向东可抵上海及浙江省的各大中城市。G35 济广高速公路通车加强了南北交通。景婺黄（常）高速公路作为重要的生态和旅游线路及地方加密高速，让景德镇成为了重要的高速枢纽城市。G206 国道南北向纵贯全市，其运量逐渐被高速公路分流。安景高速公路使景德镇通江达海。

铁路。景德镇是江西的铁路枢纽。将建成的景德镇新客运站沟通新皖赣、九景衢、阜鹰汕多条线路。九景衢、阜鹰汕在新客站交叉。皖赣铁路经复线电气化扩能改造后，时速达到 200~250 千米，北接京沪线可达上海及中国北方，南连新浙赣与鹰厦线通往浙江和福建。九景衢铁路西接九江铁路枢纽，东接浙江衢州和京福高铁，复线电气化改造后，设计时速达到200 千米，使景德镇到上海的时间缩为 4 个小时。安景铁路是一条联络线，复线电气化改造后，时速达到 200~250 千米，其连同安徽的安庆，为江西增加了一个出省的通道，连接了一个新的通往合肥及进京的道路。

水运。景德镇市境内主要通航河流有昌江河和乐安河 2 条。昌江市区至鄱阳县凰岗镇段通航等级为 5 级；乐安河乐平市区至万年县石镇镇段通航等级为 3~5 级不等。

航空。景德镇机场位于市区西北面浮梁县洪源镇罗家村，距市区约 6 千米。为 4C 级民用机场，属全国 100 个重点支线机场之一。由首都机场集团公司投资 1.4 亿元建设的景德镇机场改扩建项目已经竣工，机场年旅客吞吐量能力提高到 50 万人次。

运输。2018 年，景德镇市货物运输总量 4036 万吨，比上年增长14.1%。货物运输周转量 1407043 万吨千米，增长 14.5%。全年旅客运输总量 1663 万人次，比上年下降 6.2%。旅客运输周转量 92971 万人千米，下降 5.9%。年末汽车保有量 21.9 万辆，比上年末增长 12.2%，其中载客汽车保有量 19.5 万辆，增长 11.2%。载货汽车保有量 2.3 万辆，增长21.9%，其他汽车 0.17 万辆，增长 6.6%。

四、资源环境

景德镇市山区特征明显，境内森林资源丰富，森林覆盖率达 70%。植被类型以亚热带常绿阔叶树为主，主要树种有杉木、马尾松、湿地松、苦槠、甜槠、栲树、栎类、枫香、樟树、木荷、毛竹等。分布着许多国家重点保护树种，如南方红豆杉、银杏、闽楠、红楠、三尖杉、七叶一枝花等，现已登记挂牌保护的古树名木有 3.9 万余株，其中古树名木群 80 余个、3 万多株。

景德镇有国家 I、II 级保护动物 20 余种，其中国家 I 级保护动物 4 种，为云豹、金钱豹、黑麂、白颈长尾雉；国家 II 级保护动物有猕猴、短尾猴、穿山甲、黑熊、大灵猫、小灵猫、白鹇、鸳鸯、红腹锦鸡等。

景德镇的主要矿产有瓷石、高岭土、煤矿、钨矿、沙金、铜矿、萤石、硫黄、石灰石、大理石等，特别是瓷石、高岭土和煤炭蕴藏最具特色。景德镇下辖乐平市的煤炭资源也十分丰富，是江西省的三大产煤区之一。瓷石、高岭土是陶瓷工业最重要的原材料，景德镇产的瓷石、高岭土品质特别好，用它生产出来的景德镇瓷器，代表着中国陶瓷制品的高端水平和上等品质，影响着中国甚至世界陶瓷界。

五、投资平台

1. 景德镇高新技术产业开发区

景德镇高新技术产业开发区规划发展面积 30.85 平方千米，建成面积约 10 平方千米。现有投产工业企业 200 余家，规模以上企业 90 余家，2018 年，完成规模以上工业主营业务收入 223.53 亿元，同比增长 7.84%；固定资产投资 78.54 亿元，同比增长 11.1%；财政总收入突破 15 亿元大关，同比增长 38.94%；园区在全国高新区综合排名第 88 位，比上一年前移 5 位，实现连续六年排名前移。园区产业特色鲜明、产业链条完善、聚集效应明显。基本形成形成了以航空、家电、新材料为主的三大主导产业。

航空产业在项目建设、国际合作、研发创新等方面取得了较大进展。先后荣获"国家通用航空产业综合示范区""国家新型工业化直升机军民结合产业示范基地""国家直升机高新技术产业化基地""国家战略性新兴产业区域集聚发展试点单位""国家创新型产业集群试点单位""江西省军民结合基地""江西省特色小镇""江西省战略性新兴产业集聚区"等称号。已有 3 家整机制造企业和 30 余家航空零部件企业在园区落户。2017年直升机产业实现主营业务收入 200 亿元以上。

园区现有国家、省级孵化器 3 个，孵化面积 13.5 万平方米。国家级孵化器——景德镇合盛科技企业孵化器（简称合盛孵化器）拥有土地 250亩、标准厂房 7 万余平方米、宿舍楼约 5000 平方米，并完善了会议、接待、多媒体、培训、餐厅等多种公司经营所需功能。合盛孵化器现已成为有效转化高新技术成果、培育新兴产业的基地。

2. 景德镇陶瓷工业园区

景德镇陶瓷工业园区于 2004 年初由原浮梁工业园区整体划拨组建，是江西省人民政府和科技部共建的景德镇国家陶瓷科技城产业化基地。2004年 10 月，园区正式全面开工建设。2006 年 3 月 8 日，批准成为省级开发区，同年被评为省级特色工业园区和资源节约先进集体。2008 年 5 月，科技部批复同意建立国家火炬计划景德镇陶瓷新材料及制品产业基地。2010年 9 月，江西省政府批准园区陶瓷产业为省特色产业重点扶持项目。2011年 7 月被批准为江西省陶瓷产业基地。

陶瓷工业园区位于景德镇市区西北，辖区面积 27.4 平方千米，总体规划面积 10.4 平方千米。皖赣铁路紧邻园区，杭瑞高速、济广高速横穿园区，景德镇机场坐落在园区腹地，向西与 206 国道相连接，昌江水路可直通九江港，对外联系方便，交通区位条件较好。园区以陶瓷产业功能为主导，规划了高新技术陶瓷产区，高档日用陶瓷、艺术瓷产区，建筑卫生陶瓷生产基地，汽车（航空）产业基地、太阳能光伏产业基地以及相关配套产业加工区。

3. 乐平工业园区

乐平工业园区 2006 年 3 月经省政府批准为省级工业园区，2006 年 7月被省科技厅授予省级民营科技园，2007 年 9 月被江西省工业和信息化委员会授予江西省精细化工产业基地，2012 年 10 月经江西省政府批准为重点省级工业园区，2014 年 6 月被授予江西省工业示范产业集群，2014 年12 月被国家科技部认定为国家级精细化工高新技术产业化基地。园区主导产业定位为精细化工产业。多年来，乐平工业园区被江西省政府评为"先进工业园区"和"六项指标综合先进单位"。精细化工产业已成为园区最主要的载体、最具活力的经济成分。

园区总规划面积10平方千米，已建成面积6.3平方千米，绿化覆盖率达36%。建有日供水3万吨的自来水厂1座、日处理污水2万吨的污水处理厂1座、110千伏的基地专用变电站1座、时供260吨蒸汽热电联产厂2家，铺设通信电缆32.6千米、排水管网20千米、动力排污管网16千米。

2018年，园区实现工业产值360亿元，比上年增长15%；工业增加值80亿元，比上年增长16%；主营业务收入350亿元，比上年增长19%；实现利润27亿元，比上年增长18%；上缴税收15亿元，比上年增长16%；出口交货值2.5亿美元，比上年增长12%。

园区目前有省级高新科技企业4家，有5家企业建立了科技创新中心和产品研发中心，国家级新产品1项，省级新产品35项，荣获省级优秀产品18项，获国家专利产品4项，有世界500强企业1家，国内500强企业4家落户园区。

园区累计完成基础设施投入6亿元，开发土地面积5.59平方千米，完成主干道45.6千米，建成供水管网33千米，蒸汽管道18千米，排污、排水管网40千米，建有110千伏的园区专用变电站1座，架设供电线路45千米，建有日处理2万吨污水处理厂1座，日供3万吨自来水厂1座，电信、移动、联通、有线电视等通信传媒网络设施完善。

园区现有进园企业110家（其中，规模以上企业64家），精细化工企业60家，其他相关配套企业15家，占园区企业总数70%；固定资产投入40亿元，占园区总量的85%；主营业务收入、利润、税收、出口交货值分别占园区总量的86%、95%、93%、97%。园区已形成了化工特色产品产业链，化工产品已达到10大类、130余种，产业链已延伸到第五代、第六代，年生产能力达到200万吨。立足园区资源和工业现状，以资源的高效利用和循环利用为核心，大力发展精细化工、生物医药产业集群，推进循环经济，以氯碱工艺做上下游产品配套延伸加工，以加快做大经济总量为中心，以现有的精细化工平台发展转型为重点，以高新技术创新为动力，以重大项目带动和产业集聚扩张为支撑，加快转变发展方式，调优经济结构，进一步提升产业升级，坚持经济发展与环保生态并重，把乐平工业园区打造为环保、安全、生态的精细化工高新技术产业园区。

六、投资政策

景德镇市为进一步扩大开放，鼓励外来投资，保护外商权益，切实兑现优惠政策，完善激励约束机制，改善投资环境，加快发展开放型经济，根据国家、省有关法律、法规，结合景德镇市实际制定以下投资优惠政策：

（1）外来资本投资规模以上工业项目，首期投资额在 100 万美元或 1000 万人民币以上、经营期在 10 年以上的，企业自投产年度起，5 年内所交的企业所得税地方留成部分（税率 33%×40%）由开发区财政奖励给企业，第 6~10 年，由开发区财政按所征收的企业所得税款的 50%（税率 33%×40%×50%）奖励给企业（即五免五减半）。

（2）经有关部门认定为先进技术型的外来投资企业，首期投资额在 50 万美元或 500 万元以上、经营期在 10 年以上的，企业自投产年度起，5 年内所交的企业所得税地方留成部分（税率 33%×40%）由开发区财政奖励给企业，第 6~10 年，由开发区财政按所征收的企业所得税款的 50%（税率 33%×40%×50%）奖励给企业（即五免五减半）。

（3）外来资本投资工业企业增加注册资本时，增资额在 100 万美元或 1000 万元以上，经营期不少于 5 年的，可由受益财政同级政府在 5 年内，奖还再投资部分已缴企业所得税地方留成部分，若再投资额在 100 万美元或 1000 万元以上，兴办、扩建产品出口企业或先进技术企业，经营期不少于 5 年的，由受益财政同级政府奖还再投资部分所缴纳的企业所得税地方留成部分。

（4）企业发生年度亏损的，可以用下一年度所得弥补，下一年度的所得不足弥补的，可以逐年弥补，但最长不得超过 5 年。

（5）赢利企业研究开发新产品、新技术、新工艺所发生的各项费用，比上年实际发生额增长达到 10% 以上的，其当年实际发生的费用除据实列支外，年终经财税部门审核批准后，可再按实际发生额的 50%，直接抵扣当年应纳税所得额。

（6）经市科技部门认定的科技型企业，以第 1 年的地方税纳税额为基数，3 年内地方税纳税额比上年增长的地方留成部分的 50%，由受益财政同级政府奖励该企业科技创新。

（7）高新技术企业用于高新技术开发和高新技术产品生产的仪器、设备，在企业财力的承受范围内，经财税部门批准可实行快速折旧。

（8）高新技术企业的高新技术产品的增值税，属地方财政收入部分（税率17%×25%），自投产年度起3年内，由园区财政等额列支奖励给企业。

（9）建设项目所发生的市收行政性规费全部免除（上缴国家财政部分需缴纳），事业性和经营性收费按50%收取。

（10）对利用闲置资产和通过收购、控股等方式参与国企改制的项目，一次性投资100万美元、1000万元以上工业项目和200万美元、2000万元以上非工业项目（不含房地产开发项目的用地），在扣除征地成本和偿债准备金后，分别返还100%和50%的地方财政收入部分土地出让金。

（11）对投资100万美元和1000万元以上工业项目用地、省级确认的高新技术项目用地，扣除征地成本和偿债准备金后返还100%的地方财政收入部分土地出让金。

（12）对投资200万美元和2000万元以上的能源、交通、水利等基础设施建设、"三高"农业、文化教育事业项目，扣除征地成本和偿债准备金后返还50%的地方财政收入部分土地出让金。

（13）对成片开发荒地荒山荒滩达200亩以上，并主要用于建设工业项目的，扣除征地成本和偿债准备金后返还20%的地方财政收入部分土地出让金。

（14）外来投资企业用地可以通过出让、转让、租赁等方式取得国有土地使用权。投资科研、教育和社会福利事业，投资农业生产需占有国有荒地的，可通过行政划拨方式取得土地使用权。

（15）外来投资企业用地，凡各地自行补充耕地、保持耕地平衡的，可不缴纳耕地开垦费。外来投资企业的非行政划拨用地在项目设计设定的建设期内不计算租金。

（16）外来投资旅游景区建设，兴办旅游企业，对以出让方式取得旅游景区及附近国有荒山荒地的土地使用权，并用于进行恢复林草植被等生态环境保护建设，可返还地方财政收入部分土地出让金50%，土地使用权40年不变。旅游项目用地，通过招标、拍卖、挂牌出让等方式取得土地使用权，一次性缴纳土地出让金有困难的，可以分期付款，首期付款不低于总额的25%，余款可在3年内缴清。

第二节　景德镇市民营经济发展和投资现状

党的十八大以来，景德镇全市上下认真贯彻落实中央、省、市关于支持非公有制经济发展的方针政策，大力建设"一机制四平台"，扎实开展促进全市非公有制经济发展的各项工作，民营经济整体运行良好。

一、民营投资主体持续壮大

近年来，景德镇市注重政策扶持、优化营商环境、放宽市场准入门槛，非公有制经济经营单位数量显著增加，个体经营向规模化发展。2018年，景德镇市拥有私营企业、个体工商户 84323 户。其中个体工商户 66320 户，是 1992 年（12587 户）的 5.27 倍；私营企业 18003 户，比上年增加 2576 户，增长 16.7%。

2018 年，景德镇市私营企业、个体工商户注册资金 762.54 亿元，比上年增加 145.54 亿元，增长 23.6%，比全省增速高 3.5 个百分点。其中，个体工商户注册资金 68.02 亿元，比上年增加 6.02 亿元，增长 9.7%；私营企业注册资金 694.52 亿元，比上年增加 139.52 亿元，增长 25.1%（见表 8-1）。

表 8-1　2018 年景德镇市私营企业和个体工商户户数和注册资金

企业类型	户数	同比增长（%）	注册资金（亿元）	同比增长（%）
私营企业	18003	16.7	694.52	25.1
个体工商户	66320	-5.7	68.02	9.7
合计	84323	-1.7	762.54	23.6

数据来源：根据相关资料整理。

景德镇市民营企业在数量增加的同时，企业竞争力也不断增强。由江西省人民政府新闻办、江西省工商联发布的 2018 年江西民营企业 100 强，景德镇市有 2 家企业跻身榜单，比 2017 年增加 1 家。其中，江西天新药业有限公司 2017 年实现营业收入 24.95 亿元，排名第 54 位；江西中远现代农业投资开发有限公司营业收入 21.49 亿元，排名第 68 位（见表 8-2）。

表 8-2　2018 年江西民营企业 100 强景德镇市上榜企业情况

序号	企业名称	100 强排名	所属行业	营业收入（亿元）
1	江西天新药业有限公司	54	化学原料和化学制品制造业	24.95
2	江西天新药业有限公司	68	农业	21.49

数据来源：江西省工商联。

二、民营经济总体发展势头良好

2018 年，景德镇市民营经济增加值 476.19 亿元，同比增长 8.5%，仍有较大发展空间；占全市 GDP 的比重为 56.2%，比上年同期提高 0.3 个百分点。

从民营经济产业发展看，第一产业增加值为 11.16 亿元，比上年增长 2.80%，占总量的 2.30%；第二产业增加值为 278.14 亿元，比上年增长 9.40%，占总量的 58.40%，其中，工业增加值 205.92 亿元，比上年增长 10.00%，资质等级以内非公有制经济建筑业增加值 10.21 亿元，增长 15.80%；第三产业增加值为 186.89 亿元，增长 7.50%，占总量的 39.30%（见图 8-4、图 8-5），其中，限额以上非公有制经济批发零售业、住宿餐饮业增加值 10.66 亿元，增长 10.30%。规模以上非公有制经济工业主营业务收入 508.54 亿元。

2018 年，景德镇市民营经济出口创汇 7.05 亿美元，比上年同期增加 0.85 亿美元，增长 13.80%，列全省第二位，比全省高 10.4 个百分点（见图 8-6），占全市出口总额比重 69.20%。

三、民营经济投资稳步增加

从民营经济投资情况来看，在景德镇市一系列政策扶持下，全市民营经济呈现快速增长势头，投资规模不断壮大，投资总量稳步扩大，投资力度明显增强。2014~2018 年五年间，2014 年民间投资完成 503.54 亿元，

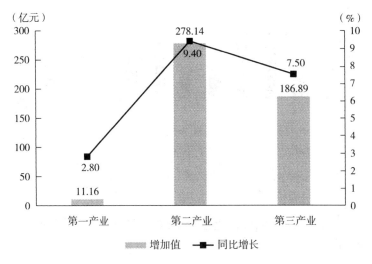

图 8-4 2018 年景德镇市民间投资"三产"增加值及同比增长情况

资料来源：根据相关资料整理。

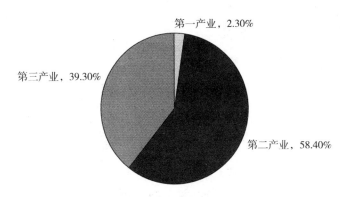

图 8-5 2018 年江西民营经济增加值构成

资料来源：根据相关资料整理。

同比增长 15.80%，占全部投资比重为 80.90%；2015 年民间投完成资 574.65 亿元，增长 14.10%，占全市固定资产投资的比重为 83.20%；2016 年民间投资完成 603.23 亿元，增长 5.00%，占全市固定资产投资的比重为 77.00%；2017 年民间投资完成 599.37 亿元，下降 0.60%，占全市固定资产投资的比重为 67.40%；2018 年民间投资完成 673.09 亿元，增长 12.30%，占全市固定资产投资的比重为 65.90%。

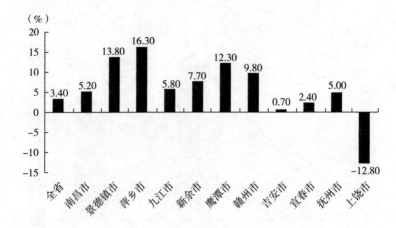

图 8-6 2018 年江西省各设区市民营经济出口创汇同比增长率

资料来源：根据相关资料整理。

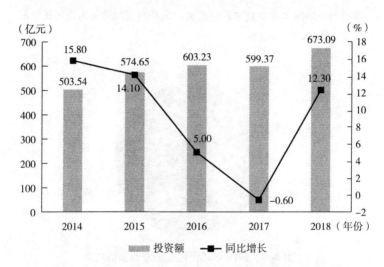

图 8-7 2014~2018 年景德镇市民间投资额和同比增长率

资料来源：根据相关资料整理。

四、民间投资政策落实较好

景德镇市委、市政府高度重视民间投资工作，全面贯彻落实国务院关于进一步激发民间有效投资活力促进经济持续健康发展的指导意见，并在具体执行中予以细化，同时出台了《中共景德镇市委市政府关于大力促进非公有制经济更好更快发展的意见》《景德镇市关于支持民营经济高质量发展的实施意见》《不动产登记暂行条例实施细则》《全力支持景德镇市"三大战役"优惠政策及服务措施 50 条》《关于实施科技奖励与后补助的暂行办法》《景德镇市专利费资助办法》《景德镇市关于贯彻落实开放发展新理念构建全面开放新格局的实施方案》《景德镇市关于加快实施"走出去"战略的若干意见》《景德镇市人民政府招商引资项目准入会商机制实施方案》《景德镇市开放型经济工作考核实施方案》《景德镇市人民政府关于强招商引资工作的实施意见》等一系列配套政策。

在投融资方面，出台了《景德镇市实体经济还贷周转基金管理办法》，以实体经济还贷周转基金为非公有制经济企业节省融资成本。

在优化民间投资营商环境方面，出台了《关于降低企业成本优化发展环境的若干意见》《关于构建新型政商关系的实施意见》《景德镇市关于提升招商引资质量和效益具体实施方案》，构建政府与企业、商会沟通协商的制度化平台，充分激发了促进民间投资的活力。

从民间投资政策的落实情况上来看，在企业参与的调查选项中，"比较好"占比 31.25%，"一般"占比在 50%，"不了解"占比 18.75%。81.25%的企业表示会继续在景德镇市有新增投资的计划，18.75%的企业表示正在考虑新增投资计划。

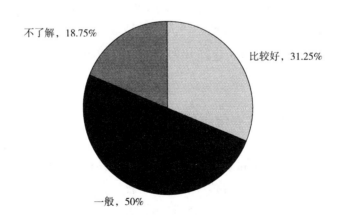

不了解，18.75%

比较好，31.25%

一般，50%

图 8-8　当地企业对民间投资政策满意度

资料来源：根据相关资料整理。

五、投资领域空间不断拓展

随着国家对民间投资准入领域逐步放宽，以及国民经济结构的战略性调整，景德镇市民间投资的行业和领域不断拓展延伸，民间投资领域覆盖了景德镇市国民经济各个行业。景德镇市鼓励民间资本通过独资、参股、联营等多种形式，进入基础设施、公共事业领域、高新技术产业等领域，通过推进政府和社会资本合作（PPP）模式，制定 PPP 项目标准化合同范文和分行业合同，提供更加细化可操作的实施指引，提高民间资本的投资回报水平，增强民间资本的投资热情。调查发现，2018 年景德镇市完成固定资产投资比上年增长 11.2%。其中，民间投资增长 12.3%，占固定资产投资的比重为 65.9%。

第三节　景德镇市激发民间投资活力的做法和成效

经济新常态下，为遏制民间投资增速下滑态势，激发民间投资活力，景德镇贯彻落实国家上级文件精神的同时，结合实际情况推出了一系列地方"组合拳"，为民间投资企稳维升创造了较好的制度环境，政策效应逐渐显现。

一、民间投资政策宣传到位

近年来，景德镇市地税局每年都开展"便民办税春风行动"等税企沟通、联系活动，以宣传册、宣传单和手把手教等方式，实行"一对一"上门送政策、解读政策；各县市区局每年均会组织多期税收优惠等政策业务培训班、学习班，组织召开税企座谈会，系统性、针对性讲解税收优惠政策；市局领导班子成员均落实了挂点企业，定期走访与联系沟通，切实了解企业经营中的困难和税收政策疑问，努力协调解决，对如何切实为企业减负，特别是对民间资本投资企业的减负进行了深入调研分析。

2018 年，景德镇市科技局协同税务部门联合举办了科技型中小企业科技研发及财税政策培训班，宣传讲解国家高新技术企业申报、科技型中小企业评价政策、研发费用加计扣除等政策，鼓励和督促企业做好研发辅助账，以帮助企业更快、更好地享受有关税收优惠政策。数据显示，全市 2018 年共落实高企所得税减免 19 户次，减免企业所得税 20024.91 万元。

开展科技精准帮扶。结合"万名干部进万企"活动，深入企业指导科技工作。市科技局组织"教授专家进企业"产学研合作对接活动，来自全市高校、院所涵盖无机非金属材料、陶瓷热工等专业的十多名专家，深入日用、建筑卫生、陶瓷文创、特种陶瓷等行业的 8 家企业，进行精准对接。召开多场知识产权专题讲座并多次到企业走访宣传，指导帮助企业进行具体的操作实务，帮助解决问题 15 个。深入企业积极动员科技型企业申报高新技术企业，就申报工作中的具体问题与困难及时协调解决，共帮助解决问题 30 余个。

景德镇市检验检疫局围绕市"3+1"发展战略，结合落实出入境货物全申报，深入园区和企业开展"大调研、大宣传"活动。多次组织召开"检企"座谈会，深入江西天新药业、金意陶陶瓷、富祥药业等重点非公有制企业，积极宣贯"降成本、优环境"政策，了解企业诉求、解决企业难题，为企业量身定制有针对性的帮扶措施。为全市各大工业园区重大产业项目提供人员培训、开业指导、政策咨询、进口货物检验等服务。

二、"放、管、服"改革不断深入

景德镇市深入推进"五型"政府建设，深化"放、管、服"改革，立足为企业和居民提供优质高效服务，着力打造"服务最好、办事最快"的政务服务环境，积极建设"一机制四平台"，持续为民间投资释放活力。

深化政务服务审批制度改革，实现"多窗跑"为"一窗跑"。全面推进政务服务事项"一窗受理、集成服务"改革，努力做到"进一家门、到一个窗、办多家事"。一是对全年业务办件量少的市外侨办、粮食局、商务局、教育局、司法局等 16 个非常驻部门进行业务整合，设立综合受理窗口，实行综合代办服务，由综合受理窗口人员统一收件，后台推送至相关部门进行审批，办结后由综合受理窗口统一出件；二是整合市国土、房管、税务三家部门不动产登记交易事项，三家部门共同组建综合受理窗口，由市国土局不动产登记中心牵头负责"一窗受理"，梳理公布统一的办事流程，实现一套材料、一窗受理、一网通办、一并缴费、一站办结"五个一"的目标；三是聚焦投资项目报建、公积金服务、办税服务等业务类板块，实行"平行一窗"办理，办事群众在综合受理窗口可办结同一类全流程业务，实现由"多个窗口跑"到"跑一个综合受理窗口"的转变。在工程建设项目审批领域，按照立项用地规划许可、工程建设许可、施工许可、竣工验收四个阶段，实行每个阶段的"一窗受理"（每个审批阶段由一个牵头部门受理该阶段的审批材料），力争工程建设项目审批时间再砍一半。待新中心各窗口部门条件成熟时，在公积金、企业开办等领域探索推行无差别受理。

创新政务服务体制机制，实现"多次跑"为"最多跑一次"。一是建立全天候服务机制。对直接面向企业和群众提供与日常生产生活密切相关的事项办理窗口推行延时服务和预约服务制度，并进一步拓展自助服务，建立 24 小时自助服务区。二是完善帮办代办机制。在投资项目报建集成区，设立投资代办服务窗口，为主动来景德镇投资的企业和个人提供咨询、政策宣传和解答等服务，针对业务量集中、办理时间较长等原因办理业务较为困难的企业和办事群众，建立辅助领办帮办服务机制，及时主动提供领办服务。三是提供保姆式代办服务。发挥行政审批代办中心作用，建立完善项目代办服务机制，要求代办员对项目进行全程跟踪办理，通过贴身的服务、精准的办法、高效的办事效率提前介入跟踪重点产业项目，以"一对一"管家服务和图表式解读，引导帮助企业做好各项报批工作，精准协调解决项目推进过程中出现的困难和问题，加速企业投资项目落地。四是推进落实邮政速递服务。根据自愿原则由行政相对人自主选择，鼓励各部门探索推动更多审批服务事项实现申请材料、审批结果的双向寄递，实现更多的"一次不跑"，使企业和办事群众切身感受到政务服务的高效便捷。

截至 2018 年，政务中心已累计进驻部门达 63 家（其中市直部门 41 家，二级单位 10 家，履行服务职能企业 12 家），已明确进厅事项 536 项，占依法申请办理事项的 98%；2018 年，景德镇市通过精简规范权力清单，对外公布行政权力事项 1867 项，行政权力事项共减少 2549 项，精简率提升为 79.6%；彻底改变了企业和办事群众多部门跑的局面，实现了"进一扇门，办所有事"的目标。此外，景德镇市已将 156 项行政审批事项下放给县（市、区）审批，赋予市高新区 154 项市级经济社会管理权限，并开展"减证便民"专项行动，进一步取消了 271 项相关证明材料。

三、民营企业融资环境不断改善

近几年来，中国人民银行景德镇中心支行加强对金融机构的窗口指导和考核评估，引导金融机构加大对"三农"和小微企业的支持力度，取得明显效果。截至 2017 年 11 月末，全市金融机构中小微企业贷款余额为 299.65 亿元，比年初增加 60.15 亿元，增长 25.12%，较上年同期增加了 92.12 亿元。

同时，积极推动景德镇市各家金融机构认真落实中央关于支持非公经济发展的各项政策和要求，支持非公经济发展。截至 2017 年 12 月底，全市金融机构中小微企业各项贷款余额 307.76 亿元，较年初新增 68.28 亿元，信贷投放继续保持强劲增势。按照市委统战部对接非公经济部署，2017 年前 11 个月金融机构共对接非公经济 1031 个，授信金额 86 亿元，实际发放贷款 83.6 亿元，均创年历年最高水平，信贷投放继续保持强劲增势。

2015 年 9 月开始，景德镇市推出了《景德镇市实体经济还贷周转基金管理办法》，周转金规模为 8000 万元，累计有 209 户非公有制经济企业借用市实体经济还贷周转基金 269 笔，15 亿元。按 7 天的周转时间计算，实体经济还贷周转基金为本市非公有制经济企业节省了近 300 万元的融资成本。

2018 年景德镇市推出了"产业+金融"扶贫信贷产品，由市县政府出资 5000 万元建立风险缓释基金，引导金融机构发放信贷 5 亿元，贷款实行基准利率，一贷三年，或授信三年分年贷款，帮助中小微企业降低了融资成本。

景德镇市市场监督局联合市农商行、市文明办在全市推进"星级文明诚信个体户"创评活动和"诚商信贷通"工作。一是全市评定星级文明诚信个体户 9046 家，授信 1268 户，已发放信用贷款约 3.4 亿元。二是探索开展商标权质押贷款工作。鼓励民营企业以商标权、企业主要负责人个人信用做连带质押，缓解融资难问题。

四、民间企业负担有所减轻

景德镇地方税务局对民间资本投资企业用好用足税收优惠政策。对于国家税务总局发布的相关民间资本优惠政策，以及近年陆续更新的小型微利企业所得税减免、固定资产加速折旧、政府性基金减免等新政，都及时在政策一出台时就要求基层认真对照筛查，发现只要有符合条件的企业，就必须切实保证优惠政策 100% 到位；同时制定与出台相关优惠和服务措施条款，《全力支持景德镇市"三大战役"优惠政策及服务措施 50 条》等。

景德镇海关落实优惠政策帮助企业降低成本。为昌兴航空技改公司、东静电子电子产品加工公司等非公有制企业保税、免税合计约 800 余万元。取消出口报关单退税联打印费、海关监管手续费等收费项目；对查验无问题的货物积极监督码头作业单位免予收取吊装、移位、仓储费用，有效降低企业进出口货物通关成本。

景德镇市检验检疫局为使非公有制企业在出口贸易中轻装上阵，近年来在检验检疫收费上不断出台减免政策，严格执行检验检疫费用减免相关规定，进出口检验检疫、原产地签证等所有业务全部实行免费办理，及时推行无纸化网上申报业务，使企业足不出户便能享受一键搞定的检验检疫申报便利措施。引导企业用足用好自贸区原产地优惠政策，通过多种途径，2017 年为非公有制出口企业减免出口费用达 9500 万元人民币。这些减负增效措施大大降低了企业成本，提升了国际市场竞争力。

五、促进民营企业创新创业

打造众创空间对接"双创"服务。创业大学、中小企业公共服务窗口平台注重提供企业日常需求的创业服务，开拓企业转型升级的特色服务，组建服务中小微企业的众创空间，集聚一批创客精英，聘请一批创业导师，引进一批服务机构，吸引一批成功企业家，着力推进众创、众扶、众包、众筹。组织创业创新成果交易市场和交流会，为科研人员和创客精英的科研成果找到落地点，为非公中小企业高质量发展提供新技术应用、新模式再造、新产业形成等支持与指导。

为帮助企业实现思维创新，掌握管理创新的先进理念和方法，创业大学、中小企业公共服务窗口平台全方位开展培训服务。近年来，景德镇市与清华大学合作开办创新型转型升级和领军人才总裁研修班两期，培育企业高管和创新型领军人才达 100 人；举办陶艺实训与鉴赏培训班、互联网时代下的人力资源管理变革培训班、陶瓷创业创新能力提升研修班、企业战略性绩效管理执行力研修班等；组织"双创"活动周宣讲活动，直面近百位大学生和创客，"零距离"宣讲政策和咨询指导，直接参训人员达2500 多名，间接受益人数逾万人。

出台一系列政策文件，支持县（市、区）、工业园区和有关部门利用废弃厂房和闲置土地建设创业创新基地，搭建创业创新孵化平台，为非公中小微企业、下岗职工、大学生、技艺人员、返乡农民工等创业就业提供场地支持。近年来指导创建 3 家省级小微企业创业创新示范基地、3 家省级小微企业创业园和创建单位，为 430 户小微企业提供提质增效服务，安置就业人员 5770 人。

六、提高民营经济发展质量

大力开展质量奖励工作。通过树立民营企业质量管理先进典型，发挥示范引领作用，推动全市民营企业进一步树立品牌意识，增强质量竞争力。2017 年，景德镇市共推荐 2 家民营骨干企业参评第三届中国质量奖，1 家民营企业、1 家民营企业个人参评第二届江西省井冈质量奖。景德镇澐知味陶瓷有限公司胭脂扒花班组在第三届中国质量奖（一线班组）评选活动中已进入了提名奖最终名单，实现了全省国家级质量奖提名"零突破"。

积极引导和帮扶民营企业重视品牌建设。通过为民营企业制定品牌发展计划，采取发现一批、培育一批、成熟一批的方式，重点对民营企业开展帮扶。截至 2017 年底，全市已有 24 家民营企业的 25 个产品荣获"江西名牌"称号，占全市"江西名牌"产品总数的 83%。同时开展卓越绩效管理模式、首席质量官等培训，2015 年以来先后培训 170 多位民营企业管理人员。到 2018 年底，全市共有省级质量管理先进企业 7 家、质量信用 3A级企业 9 家，其中民营企业分别占 85.7% 和 66.7%。

围绕"3+1"特色优势产业开展质量提升行动。针对民营企业集中的陶瓷产业，确定了景德镇陶瓷工业园为质量提升行动重点区域，明确了定期发布质量状况报告、推进"同线同标同质"活动、开展品牌帮扶、鼓励参与国标和省标修改制定、开展"质监利剑"专项打假等 7 大具体措施。推进商标梯队培育，全市已有中国驰名商标 8 件，省著名商标 97 件，其中民营企业分别占 84.5% 和 97.1%。

第四节　进一步激发民间投资活力的政策建议

一、继续深化推进"放、管、服"改革

深化"放、管、服"改革，是加快转变政府职能的重要举措，是增强社会发展活力、营造良好发展环境的有力抓手。要坚持问题导向，围绕增强简政放权的协同性、注重事中事后监管的有效性、突出优化服务的便利性，逐一解决全市"放、管、服"改革存在的问题，聚焦打通"最后一公里"，持续增强群众和企业的获得感。要加大"放"的力度，持续激发市场社会发展活力；要强化"管"的实效，不断提升政府治理能力；要提升"服"的效能，方便群众办事创业，推动"放、管、服"改革向纵深发展。

要坚持问题导向抓整改，要坚持目标导向抓重点，进一步加大工作力度，以改革的思维、创新的办法、过硬的措施，打好"放、管、服"组合拳，进一步"放"出活力、"管"出公平、"服"出成效，不断激发市场活力和社会创造力，推动经济社会持续健康发展。

要建立长效机制，从制度上规范、推动监管重心下移、前移，聚焦投资、创业创新等重点领域，逐步探索建立"放、管、服"事项效果评估机制，不断提高改革的科学性和有效性。要强化监督检查和跟踪问效，对发现的问题及时研究解决，对落实改革不力的严肃追究相关人员责任，确保各项改革措施落到实处，加速释放改革红利，为全市经济社会发展提供源源不断的生机和活力。

二、进一步放宽民间投资市场准入

开展隐性障碍清理专项行动，除法律规定和国家决定保留的审批事项外，严禁以任何形式对民营企业设置门槛，做到对民营企业和国有企业一视同仁，对大中小企业平等对待。严格落实公平竞争审查制度，清理废除妨碍统一市场和公平竞争的政策文件，并向社会公布。强化反垄断执法，纠正滥用行政权力和限制公平竞争的行为。

进一步放开民间投资市场准入，确保各类投资主体进入社会服务领域一视同仁，大力推广政府和社会资本合作（PPP）模式。实行统一的市场准入制度，在制定负面清单基础上，各类市场主体可依法进入清单之外领域，除法律法规明令禁止的行业和领域外，一律逐步向民间资本开放。鼓励民间资本参与国有企业混合所有制改革，竞争性领域的国有优质企业、优质资产、优质资源，对民间资本不设准入门槛、不限持股比例、不限合作领域。提高民间资本在混合所有制企业中的比重。鼓励民间资本积极参与交通、能源、矿产资源开发、城市基础设施、教育、医疗、养老、文化旅游、现代物流、金融服务等领域的投资、建设与运营。

三、加大金融支持民营企业的力度

坚决贯彻落实国家和江西关于金融服务实体经济的部署要求，对符合条件但暂时遇到经营困难的民营企业，予以资金支持，不盲目抽贷、断贷。各银行机构要按照中国银保监会关于民营企业贷款"125"方向性指标要求，在不放松信贷标准的基础上，进一步加大对民营企业的授信支持。督促地方法人银行机构实现单户授信额度1000万元以下（含）小微企业贷款同比增速不低于各类贷款同比增速，有贷款余额的户数不低于上年同期水平。建立中小微企业贷款风险补偿机制，及时解决不良资产处置过程中风险缓释金的代偿问题。提高企业应收账款质押融资效率。引导金融机构加大对非公有制经济的信贷支持力度，通过补充资本、提高资本充足率、加强工作协调调度等措施，确保全市信贷规模继续增长。强化货币政策工具的定向支持作用，利用再贴现、再贷款等货币政策工具引导各金融机构将信贷资源向非公有制企业倾斜。

推动创新产品的推广，在推动产品创新、提高债务融资工具注册发行效率和改善技术平台等方面着力，引导非公有制企业回归债券市场，发行可转债、公司债、双创债及其他债务融资工具。

有效降低企业续贷过桥成本。进一步优化政、银、企关于还贷周转基金运行合作机制。鼓励银行通过提前续贷审批，提高企业转贷效率；简化还贷周转资金出借办理手续，促进企业还贷和银行续贷放款无缝对接，进一步缩短周转基金出借使用周期，有效降低企业续贷过桥资金成本。充分发挥还贷周转资金效益，根据中小企业对过桥资金的需求情况，逐步增加还贷周转基金总额，确保市实体经济还贷周转基金超过1亿元，为全市民营企业提供低成本续贷周转资金。

做好非公有制企业融资需求监测。继续抓好非公有制企业融资需求监测工作，推动完善"恒通指数"监测体系，按照人民银行南昌中心支行提出的"全面开展客户融资需求统计监测，精准掌握银行客户融资需求及需求满足程度"的要求，及时将融资难企业清单向政府相关单位进行推送，并协调推动政府相关部门建立健全政府性融资担保机构、设立风险补偿金等制度。

四、进一步减轻企业负担

积极争取国家陶瓷文化传承创新试验区税收政策优惠能够尽快落地。全面落实国家税收优惠政策，推进增值税等实质性减税，对小微企业、科技型初创企业实施普惠性税收免除，凡符合税收优惠条件的民营企业和经营者，税务部门要在规定时间内为其办理减免税手续。对确有特殊困难而不能按期缴纳税款的民营企业，按照税收征管法有关规定，通过依法办理税款延期缴纳等方式，帮助企业缓解资金压力。

全面清理行政事业性收费、经营服务性收费和涉企中介机构收费，能合并取消的一律合并取消，凡收费标准有上下限的，一律按下限收取，严禁提高标准或变相提高标准。实行涉企收费项目登记手册制度，凡手册没有登记的收费项目，企业有权拒交。列入国家发展鼓励类的行业企业，其用电、用水、用气、用热与工业企业实现基本同价。努力降低企业环评、安评成本。

五、完善政策执行方式

一是提高企业参与度。建立企业家参与涉企政策制定制度，通过召开座谈会、网上公示等方式，多渠道听取企业家意见或建议。二是提高政策执行力。研究制定细化的配套措施，加强政策解读和业务培训，为民营企业提供信息服务，推动各项政策细化落地。三是提高政策有效性。全面梳理现有支持民营经济发展的政策，注重各类政策的衔接和协调，摸清各部门政策措施整体情况，最大限度释放政策的叠加效应。四是提升监管的公平性和规范性。产业政策调整要给企业留一定缓和期和空间，同时坚持监管与服务并重，综合运用行政指导、行政警示、行政约谈、行政提示等方式，在法律法规许可的范围内督促市场主体主动整改、自我规范。五是规范行政执法行为。要加强执法信息管理，及时准确公示执法信息，实现行政执法全程留痕，法制审核流程规范有序。加快推进执法信息互联互通共享，有效整合执法数据资源。通过建立"互联网+监管"等模式，让监管行为精准及时，提高监管的靶向性、及时性和可行性。采取多种形式拓宽行政复议受理渠道，依法维护民营企业正当权益。除法律规定外，不得随意对企业采取停水、停电、停气等措施，确保民营企业合法经营不受干扰。严厉查处公务人员利用职权插手和干预企业正常经营活动等违法违规行为。

六、支持民营企业创新发展

认真贯彻执行《中共景德镇市委 景德镇市人民政府关于支持民营经济高质量发展实施意见》等文件，支持企业转型升级。一是加强产业引导。充分利用陶瓷产业发展基金，对陶瓷民营企业在科技创新、产品创新、文化创新、经贸交流、宣传推广五类项目方面给予项目资金重点扶持。二是培育创新型民营企业，支持民营骨干企业承担国家及省、市重大和重点科技攻关项目，科技部门做好对接跟踪服务、后续深化研究和成果转化经费支持。实施创新激励政策，对新获国家、省企业技术中心认定的企业、当年新增研发设备的省级企业技术中心企业、当年获得的省级"专精特新"认定的中小企业、评为省优秀新产品前三等奖的项目、新获国家或省级工业设计中心认定的企业（包括企业工业设计中心、工业设计企业和工业设计基地），及时足额给予相关奖励。三是鼓励民营企业建立现代企业制度，完善公司治理结构，聚焦实业，突出主业，提高行业竞争力，增强对政策的理解和落实水平。完善小微企业治理结构和产业结构"双升"，推动"个转企、小升规、规改股、股上市"工作开展。四是搭建民营企业创新创业平台。以产业集聚配套为纽带、以标准厂房建设为承载体，建设省级民营企业创新创业基地，实现民营企业融通发展。针对入驻创业企业给予贷款支持和租金优惠，在技能培训、市场开拓、标准咨询、检验检测认证等方面提供服务。加快形成"投资、企业、科技、人才+孵化"的运营机制，发挥示范带动和辐射促进作用，更好促进民营经济发展。五是鼓励民间资本对外投资，确立企业及个人对外投资主体地位，引导民营企业发挥自身优势到境外开展投资合作。鼓励民营企业与国际市场接轨，引进国际先进设备、技术、人才，改造和提升传统优势产业。支持民营企业产品走出江西、走出国内，开拓国际市场，对民营企业赴境外参加展会、境外商标注册等给予相关政策扶持。

七、营造良好的投资发展环境

依法保障民营企业和企业家合法财产不受侵犯、合法经营不受干扰。严厉打击破坏市场环境、干扰企业正常经营、危害企业家人身安全的黑恶势力，严厉打击针对民营企业的不正当竞争行为，严厉打击侵犯民营企业商标、专利、商业秘密等知识产权以及损害民营企业商业信誉、商品声誉的违法行为。严格区分经济纠纷与经济犯罪的界限，坚决防止利用刑事手段干预经济纠纷，保护民营企业的合法权益。坚决防止和纠正刑讯逼供、滥用强制措施等侵害企业家人身权利的违法行为，对构成犯罪的依法追究刑事责任。

妥善处理民营企业涉纪涉法案件。对配合协助案件调查或涉案民营企业经营者，纪委监委、法院、检察院、公安等要完善协作配合工作机制，统一执法尺度，既查清问题，也保障其合法的财产和人身权益。涉严格规范审查调查行为，依法审慎对相关民营企业采取调查措施，确需采取查封、扣押、冻结等措施的，要严格按照法定程序进行，除依法需责令关闭企业情形外，在条件允许情形下，可以为企业预留必要的流动资金和往来账户，最大限度降低对企业正常生产经营活动的不利影响。

完善民营企业维权机制。畅通党委、政府联系、服务非公有制企业和非公有制经济人士的维权绿色通道，建立与省维权服务中心对口联系协作机制，成立景德镇市民营企业维权服务中心，并在市行政服务中心设立服务窗口，受理民营企业和民营经济人士投诉咨询和法律维权等，为其提供维权服务、政策法规咨询，承担维权诉求的受理、办理、分办、回复、反馈、督办和政策法规咨询等相关工作。

完善人才服务体系。落实产业人才发展等政策，搭建集需求发布、在线交流、人才推介等功能于一体的高层次人才供需对接平台，支持引导民营企业引进包括优秀职业经理人、高级技术人才在内的各类急需紧缺人才。加大对民营企业家培训力度，整合各类民营企业家培训资源，建立优秀企业家服务档案，完善优秀企业家户籍、住房、社保、医疗、子女教育等配套政策，为优秀企业家提供"一站式"服务。

第九章 吉安市激发民间投资活力的
实践与探索

民营经济和民间投资是推动地区经济发展的重要力量。近几年来，吉安市民间投资呈现出乐观向好的趋势，在推动当地经济发展方面发挥了重要作用，主要表现为发展速度快，经济水平不断提高，经济结构逐步优化，企业规模和档次迅速提高，科技创新能力加强。但同其他发达地区相比，吉安市仍然存在较大的差距。本章主要对当前吉安市民间投资现状进行分析，介绍吉安市民间投资的做法和经验，并在深入调研的基础上提出一些对策与建议。

第一节 吉安市激发民间投资活力的环境

吉安是举世闻名的"中国革命摇篮"井冈山所在地，位于江西省西南部。全市现辖10县2区1市，总面积2.53万平方千米，总人口530万。为进一步落实中央和省委关于更好更快发展民营经济的指示精神，促进民营经济在新常态下得到更好、更快的发展，秉持"环境就是生产力"理念，以打造"政策最优、成本最低、服务最好、办事最快"的"四最"营商环境为目标，坚持把优化营商环境作为转变政府职能、深化"放、管、服"改革、助推经济快速发展的重要抓手，持续发力"塑形整容"优环境，出台一系列政策举措，消除一切不利于经济发展的因素，在破机制、简流程、压时限、优服务四项硬指标上下功夫、出实招。吉安市经济强劲发展态势的背后，得益于优质营商环境提供的强大支撑。"放、管、服"

改革的持续深化，为吉安经济加速发展注入强大动能。不靠海、不沿边的老区吉安，克服区位"短板"，转"劣"强力支持为"优"，增强区域竞争力、赢得发展先机。

一、政策法制开明

在政策方面，吉安市重点围绕企业开办注销、施工许可证办理、不动产登记、获得信贷、纳税便利、通关效率等重点领域关键环节，开展营商环境对标十大提升活动，开辟审批"绿色通道"，将审批流程"去粗存精""化繁就简"，最大限度合并或去除不必要的审批环节。与此同时，深化"一网一门一次"改革，以政务数据共享为抓手，实现政务信息系统"集约化""数据通""应用通"。改革方案实施以来，流程环节较原来压缩一半以上，工作日压缩至 7 天之内。有的达到即时即办，实现申请类服务事项"一次不跑"或"只跑一次"。减税降费，提供助企精准帮扶。吉安市全面落实国家大规模减税降费政策，着力推动已出台的省 152 条和市 26 条降成本措施落地见效。同时，进一步细化配套措施，出台《关于进一步支持民营经济发展的政策意见》，提供"菜单"式服务，重磅推出 20 个减税降费"大礼包"，全年可为企业减负 100 亿元以上，大大降低社会各类营商成本，极大提升企业市场竞争力。为帮助企业行稳致远，吉安市在全市范围内开展"入企走访心连心""金融定向精准帮扶""科技助力精准帮扶""教育助智精准帮扶"和"产业助智精准帮扶"五大帮扶活动，在解读政策、化解融资难、引导企业科技创新、培训培育中高端企业人才和推动产业升级方面提供一系列务实到位的服务措施。

二、营商环境良好

"民营经济强则发展后劲强，民营经济好则发展态势好。"吉安优质的营商环境，吸引了一批外资企业纷纷扎根吉安兴业，其中不乏行业"小巨人"。继产值超百亿元的合力泰科技有限公司、立讯精密股份有限公司、木林森光电有限公司先后落户吉安之后，又一业界巨头——立景创新科技公司牵手吉安县，公司生产的摄像模组项目投资 100 亿元，建成后可实现年产值 250 亿元、年缴纳税收 6 亿元，为全市电子信息产业集群冲刺千亿级目标锦上添花。人才兴方可事业兴。"栽下梧桐树，引得凤凰来。"吉安市普正药业公司的肖军平入围 2018 年享受国务院特殊津贴人选，红板（江西）公司文伟峰入围 2018 年享受省政府特殊津贴人选，折射出吉安筑得好"凤巢"，打得好引才、育才、用才、留才联动"组合拳"。吉安把民营经济作为市场经济的重要主体，认真落实系列政策，优环境，强保障，激活力，推动民营经济持续健康发展。清理规范投资项目报送审批事项，报建审批事项减少为 30 项，精简率 41.17%；建成网上审批系统和投资项目在线审批监管平台，使审批高速"无障碍"。通过破除隐性壁垒来催生企业发展效力。积极推进深入实施"放、管、服"和"一次不跑"等改革，精简行政审批事项 36 项、其他权力事项 102 项，取消和调整行政审批事项 82 项；深入开展"降成本、优环境"专项行动，在全面落实省"130条"的基础上，自主出台吉安市"26 条"，完善企业帮扶 APP 平台和企业挂点联络员制度，线上线下"双线并进"。吉安市大力推进金融改革创新，搭建平台，畅通渠道，全力满足企业多元化融资需求。每年举办政银企对接活动 2 次以上，已促成 9 家企业在"新三板"挂牌，102 家企业在江西股权市场集中挂牌；搭建政府融资平台，不断完善信贷产品，破解民营企业融资过程中面临的担保不足、成本过高问题。按照产业引导基金、投资基金、技改资金"三金"同步发展的思路，市本级设立总额达 100 亿元的电子信息产业发展基金，在原有融资担保平台基础上增资扩股，设立了可撬动 150 亿元的吉庐陵企业融资担保平台。同时，各县（市、区）也实现了产业发展基金、融资担保平台全覆盖。

三、政务环境良好

近年来，吉安市各级政府按照"一切为了企业，为了一切企业，为了企业一切"的服务理念，在个省率先开展了整治和优化投资环境活动，并把它作为一项永不竣工的工程来抓，现已形成了由海关、商检、市长直通电话、投资洽谈中心、外商投诉中心、办证服务中心、招投标中心构成的"七位一体"投资服务体系。"亲商、富面、安商"已在全市上下蔚然成风。

吉安市要求该市各单位努力创造"行政效能最高、创业环境最宽松、社会最文明、人居最安全"和"低交易成本、低生产成本、低行政成本、低社会成本"的"四最四低"环境。同时，加大治庸、治懒、治散力度，下实手解"决乱作为、不作为、慢作为"和"吃、拿、卡、要"、执法不公等破坏发展环境的突出问题。

四、区位交通便利

吉安市交通便捷，铁路、高速公路、航道、机场星罗棋布，高铁也即将于 2019 年底开通，构成了水、陆、空"三路并进"快捷便利的现代化交通网络，使吉安无论承接沿海还是通往中原腹地，都处于"产销半径"的最佳范围，是承东启西、沟通南北的重要枢纽。

吉安市位于香港特别行政区、广东经江西到中原的核心地带，既是沿海腹地，又是内地前沿，北与长江三角洲对接，东与闽江三角洲毗邻，南与华南经济圈呼应，是至关重要的"黄金走廊"。境内井冈山机场已开通至北京、上海、深圳、广州等 12 个城市的航班；南北有京九铁路，东西有沟通京九、京广两条铁路大动脉的浙赣铁路，昌吉赣客运专线全面开工建设，吉安正加快进入高铁新时代；赣江航道贯穿境内，成为便捷的货运黄金水道；赣粤高速、泰井高速、武吉高速以及吉莲高速、抚吉高速、井睦高速公路相继建成通车，是目前江西第二大陆地交通枢纽，连接长三角、珠三角和闽东南的重要节点，未来的中部"交通城"。

五、产业基础扎实

经过多年的精心培育，吉安市已形成电子信息、先进装备制造、生物医药大健康、新能源新材料、绿色食品等主导产业格局，拥有已改造升级的食品、化工、建材、轻工等传统产业，井冈蜜柚、绿色大米、有机茶叶、有机蔬菜、特色竹木、特色药材六大特色富民产业，茶叶、乌鸡、油茶、药材等一批本土特色产业。拥有 1 个国家级经济技术开发区、1 个国家高新技术开发区、11 个省级工业园区，随着吉泰走廊一体化建设的纵深推进，吉泰走廊的生产要素集聚和公共服务共享水平进一步提升，园区承载能力不断增强。目前，已有许多国内外知名企业在吉安投资，如日本友利电电子有限公司、香港豪德集团、恒安集团、娃哈哈集团、三笑集团、上凌股份公司、联创光电、新加坡新达科技集团、香港森泰集团、华禹光谷、合力泰、立讯精密、木林森等数十家跨国公司和上市企业在吉安落户。

第二节　吉安市民营经济发展和投资现状

近几年来，吉安市委市政府认真贯彻省委、省政府出台的一系列促进民营经济发展的政策措施，打出一系列激发民间有效投资活力"组合拳"，促进吉安市民营经济持续健康发展。不断优化营商环境，引导和激励广大民营企业不断提升质量管理水平，增强核心竞争力。大力创优政务环境，抓好"放、管、服"改革措施，全面提升服务效率和服务水平，打造了改革创新的"吉安样板"。截至2018年，吉安市的多项经济发展指标增速进入全省第一方阵，其中有10项主要经济指标增幅位居全省前三，吉安市的经济发展取得了较大的成绩。

近年来，吉安市通过全面落实减税降费政策，阶段性下调养老保险缴费比例，一般工商业平均电价再降低10%，涉企行政事业性收费"清零"，共为企业减负100亿元以上。实施"转企升规"工程，新增个体工商户升为企业（简称"个升企"）450家以上、规模以上企业200家以上、省级"小巨人"企业2家、省级"专精特新"中小企业15家以上。发挥非公有制企业维权服务中心作用，规范涉企案件办理，保护企业家合法权益。弘扬企业家精神，实施企业家成长计划，继续办好"领航井冈"企业家高级研修班，加大优强企业和优秀企业家表彰力度，推动民营经济再立时代新功。

一、民营经济不断壮大

2018年，吉安市私营企业46905户，比2017年的37274户增长25.8%；个体工商户14.9万户，比2017年的13.9万户增长7.1%（见表9-1）；民营企业吸纳城镇就业63万人，占城镇就业人口的60%，成为创新创业的主力军。2018年吉安市民营经济增加值1039.23亿元，比上年增速9.1%，占全市GDP的59.6%，同比增加0.3个百分点。

表 9-1　2018 年吉安市私营企业和个体工商户户数和注册资金

企业类型	户数（户）	同比增长（%）	注册资金（亿元）	同比增长（%）
私营企业	46905	25.8	2136.75	24.9
个体工商户	148843	7.1	218.68	13.7
合计	195748	11	2355.43	23.8

资料来源：江西省统计局。

从民营经济产业发展看：第一产业增加值为 54.62 亿元，比上年增长 2.6%，占总量的 5.3%；第二产业增加值为 614.25 亿元，比上年增长 9.4%，占总量的 59.1%，其中工业增加值 475.33 亿元，比上年增长 9.7%，资质等级以内非公有制经济建筑业增加值 100.51 亿元，增长 22.9%；第三产业增加值为 370.69 亿元，增长 10.0%，占总量的 35.6%，其中，限额以上非公有制经济批发零售业、住宿餐饮业增加值 19.19 亿元，增长 16.7%。规模以上非公有制经济工业主营业务收入 2974.37 亿元。

二、扶持政策日益增多

近些年来主要在电子信息、生物制药、机电光电、大健康和现代农业等方面着力扶持民营企业做大做强，成立电子信息研究院，首个百亿项目益丰泰 TFTLCD 显示面板项目在吉安落地，合力泰成为全市第一家过百亿企业；2018 年电子信息产业迈入千亿产业行列。设立创新创业引导基金，鼓励发行"双创"金融债券，降低创业担保贷款反担保门槛，健全创业资金连续帮扶机制。加强创业孵化基地建设，推动众创空间园区全覆盖，2019 年内新增省级以上创业孵化平台 2 个，实现省级创新平台县域全覆盖，推动"大众创业、万众创新"竞相迸发。

三、民间投资稳步增长

多年来吉安市在激活民间投资方面做了大量工作，取得了良好的成效。近几年吉安市的民间资本一直呈现活跃状态，逐年加大投资力度，对吉安市的经济社会做出了较大贡献。2016 年吉安市出台了《关于支持和促进民间投资的意见》后，围绕首位产业龙头企业发展，在全省率先出台"特惠八条"，从用地、重资产建设、上市等 8 个方面，给予首位产业龙头企业差异化、特殊化扶持。围绕产业链部署创新链，共建有国家级创新平台 9 个、省级创新平台 73 个，博士后工作站 6 家、院士工作站 2 家。近三年，帮助企业招工超 10 万人次。为企业减负，为民营经济注入活力，吉安市按照"非禁即入"的原则，不断扩大开放领域，最大限度取消民间投资限制，降低市场准入门槛，鼓励民营资本进入基础设施、商贸物流、金融服务、健康养老、城市综合体系等现代服务业和新兴产业。吉安市相继出台社会资本办医、办教、养老、公共服务等支持和激发民间有效投资的文件，让民营企业吃下"定心丸"；为促进民间投资企稳回升，吉安市有针对性降低民间资本准入门槛、创新融资方式、扩大社会资本投资途径等"39 条"举措。2018 年，全市民间投资完成 1738.5 亿元，较 2017 年增长 18.7%，高于全部固定资产投资增速 5.8 个百分点，高出全省民间投资平均增速 6.1 个百分点，民间投资占全部投资比重达 72.37%，比 2017 年提高 3.53 个百分点。

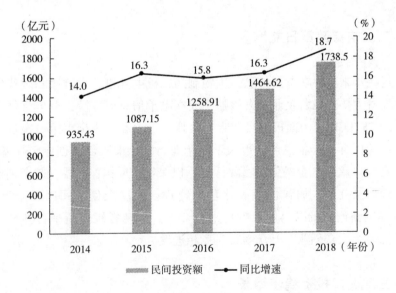

图 9-1 2014~2018 年吉安市民间投资情况

资料来源：2014~2018 年各年吉安市统计公报。

第三节　吉安市激发民间投资活力的做法与成效

近年来，吉安市高度重视民营经济发展工作，将大力促进民营经济发展列入实现"全面小康、绿色崛起"两大战略的重要力量，坚持创新驱动，先后出台了一系列促进民营经济发展的政策措施，进一步激发和促进了民营经济的持续健康发展。2017 年，吉安市实现民营经济增加值 968.73 亿元，增速 9.0%，占吉安市 GDP 的比重为 59.3%，同比增长 0.6 个百分点，列全省第四；完成民营经济固定资产投资 1460.45 亿元，同比增长 16.6%；民营经济上缴税金 171.12 亿元，占吉安市税收总额 80.9%。吉安市民营经济保持了"稳中向好、稳中有进、稳中提质"的发展局面。

一、加大深化改革力度

1. 深化投融资体制改革

认真贯彻落实国家和省一系列促进民间投资的决策部署，推动民间投资平稳增长，近些年吉安市相继出台了《进一步开放医疗服务市场鼓励社会资本办医的实施意见》《深化民办教育改革与发展的若干意见》《支持社会力量兴办养老服务机构的实施意见》《公共服务领域进一步扩大开放的意见》等支持和激发民间有效投资的文件，同时，在 2016 年针对民间投资增幅出现回落的情况，又出台了《吉安市支持和促进民间投资的意见》（吉府办字〔2016〕10 号），有针对性地提出了降低民间资本准入门槛、创新融资方式、扩大社会资本投资途径等"39 条"举措，对吉安市民间投资企稳回升起到了极大的促进作用。2017 年，吉安市又以市委、市政府名义印发了《吉安市深化投融资体制改革的实施意见》（吉发〔2017〕17 号），强化企业投资主体地位，精简企业投资项目审批手续，激发民间资本的动力和活力。同时，印发了《市卫计委等十四部门贯彻落实省政府关于进一步激发社会领域投资活力实施意见工作方案》，激发社会领域投资活力，培育壮大经济发展新动能。

2. 持续深入推进"放、管、服"改革

清理规范投资项目报送审批事项，制定了《吉安市清理规范投资项目报建审批事项工作方案》，51 项报建审批事项中，清理规范后报建审批事项减少为 30 项，精简率 41.17%；积极简化项目核准前置条件，只保留规划选址、用地预审作为核准前置审批；建成并运行"网上办理、并联审批""横向到边、纵向到底"的网上审批系统和投资项目在线审批监管平台，初步构建高速"无障碍"审批环境。目前，企业投资项目承诺制、"多评合一"等改革试点范围已确定，正在抓紧制订试点方案。

二、切实加强要素保障

1. 积极争取资金、土地支持

抓住当前国家进一步加大中央财政资金投入的有利时机，认真梳理、谋划储备项目，积极争取中央预算内投资、省基建投资等各类资金支持。2017 年，争取中央预算内、省基建投资 2.41 亿元，占吉安市争资总额的 16.31%，支持合力泰科技股份有限公司、冠德新材料公司等企业发展。同时，通过省重大调度项目平台，帮助木林森 LED 照明、益丰泰 TFT 等项目解决用地、林地指标 9000 多亩，缓解了企业投资项目土地（林地）指标紧缺困难。

2. 大力开展招商引资

统筹谋划服务业专题招商活动，举办了吉安（杭州）现代服务业招商推介会，积极参加江西现代服务业（香港）推介会。其中吉安（杭州）现代服务业招商推介会上成功签约项目 14 个、总投资 71.3 亿元。目前，14 个签约项目已开工 12 个。

3. 聚焦重大项目推进

坚持将投资工作落实到项目上，2018 年初明确了重点调度推进的 383 个市重点项目和 215 个省大中型项目，总投资分别 2549 亿元和 1402 亿元，进一步形成推进重大项目建设的氛围与合力，并严格实行调度推进制度，力促项目尽快开工、加快实施。在推进重大项目中，始终突出转型升级、动能转换，坚持发挥民间投资主体作用，在 215 个省大中型建设项目中，贯彻新理念、培育新动能的"四新"经济项目 78 个，总投资 739 亿元。

三、鼓励民间投资创新发展

围绕培育新动能，积极贯彻新理念，以市委、市政府名义出台了《吉安市贯彻新理念培育新动能实施意见》，着力在新制造经济、新服务经济、绿色经济、智慧经济、分享经济五个方面支持企业做优做强。

围绕平台支撑，加快平台载体培育，开展国家级、省级企业技术中心和省级现代服务业集聚区等申报工作。近年来，帮助合力泰获批国家企业技术中心，帮助博硕电子等10家企业创建省级工程研究中心，帮助吉水县军民融合产业园、井冈山经开区电子信息产业基地获批省级军民融合产业基地，帮助联创电缆公司等13家企业创建省级军民融合企业，帮助祥和物流园等14家集聚区获批省级现代服务业集聚区，帮助万吉物流公司等17家企业成功申报省级现代服务业龙头企业。

围绕推进"双创"工作，切实为民间投资提供良好的创新创业环境。井冈山现代农业科技示范园成功获批省级"双创"示范基地，实现"双创"领域示范试点"零突破"，并与全国、全省同步举办了2017年"大众创业　万众创新活动周"，共安排活动15个场次，参与企业35家，对接项目52个，达成意向协议25个。

四、大力推广PPP模式

按照政策引领、统筹谋划、抓住项目、协调联动的思路，大力推进政府和社会资本合作，不断激发民间投资活力。先后出台了开展政府和社会资本合作的实施意见、PPP模式操作指南、PPP模式参考案例、PPP政策文件汇编等一系列政策文件和配套措施；建立PPP项目动态储备库，已入库项目69个、总投资393亿元，涵盖了基础设施、公共服务、生态环保、新型城镇化建设等领域；建立吉安市本级PPP项目联审机制，并专门组建PPP咨询机构库，为PPP项目推进搭建中介服务平台；加大示范项目发布推介力度，2015年以来共有5批26个项目纳入省级PPP示范项目向社会推介。目前，吉安市共有25个PPP项目落地，引进社会资本46亿元。其中，"点亮吉安"夜景亮化工程、吉安市生活垃圾焚烧发电等市本级PPP项目顺利推进，引进光大国际等社会资本近7亿元。

五、着力降低企业经营成本

精准深入推进降成本优环境专项行动，在贯彻落实"省130条"的同时，结合吉安实际，出台了"市26条"惠企政策措施，深入开展领导挂点、干部下企、专家帮扶、金融帮扶、产业链对接五大精准帮扶活动，切实协调解决企业在融资、用工、用地等方面的实际困难。推动吉泰走廊区域企业用水价格下降15%，企业用管道天然气价格稳中有降，2017年减轻企业水、气等成本近1.5亿元，既优化了发展环境、提升了企业盈利能力，又有效提振了企业投资信心。

清理涉企收费，加强涉企收费监管，进一步规范涉企收费行为。共取消、停征了环境监测服务费、白蚁防治费等41项行政事业性收费，减少了8项政府定价管理的涉企经营服务性收费，降低了增值税税控系统产品和维护服务价格等5项涉企经营服务性收费标准。据测算，取消和降低收费项目和标准，可降低企业运行和制度性交易成本近3000万元，有力地促进了企业降本增效。

深入开展电力市场化交易，切实降低企业用电成本，井冈山经开区和新干盐化城分别列入全省、全国售电侧改革试点。

六、加强政务诚信环境建设

大力构建诚信政务环境，提升政府公信力，起草并以市政府名义印发了《吉安市深入开展政务诚信建设的实施意见》，大力推进政府采购、政府和社会资本合作、招投标和招商引资等重点领域政务诚信建设，建立政务失信记录档案，逐步建立政务诚信"红黑榜"，加大对政务失信行为惩戒力度，将相关信息在"信用吉安"网站及时对外公示；大力推进政务诚信监督体系建设，严格兑现在招商引资、政府与社会资本合作等活动中与投资主体依法作出的相关承诺，认真履行签订的各类合同，明确不得以政府换届、相关责任人更替等理由拒不执行。完善市级公共信用信息平台和信用门户网站建设，加快实现与省级平台的互联互通和信息共享。强化信用信息应用，全面启动失信联合惩戒工作，在行政审批、重点领域监管、公共服务环节中加大信用信息的查询、应用，依据国家相关部委联合发布的失信联合惩戒备忘录要求实施联合惩戒。

七、着力构建新型政商关系

坚决贯彻落实国家、省完善产权保护制度依法保护产权的系列文件，加强各种所有制经济产权保护，加大知识产权保护力度，激发和保护企业家精神。制定了依法保护产权的实施方案。

积极推进落实在市场体系建设中建立公平竞争审查制度，以市政府名义出台了《关于在市场体系建设中建立公平竞争审查制度的实施意见》（吉府发〔2017〕15号），按照"谁制定，谁清理"的原则，认真梳理现行政策措施，建设公平公正的市场环境。

第四节　进一步激发民间投资活力的政策建议

为了进一步调动吉安市民间投资积极性、激发民间投资潜力和创新活力、更好发挥民间投资主力军作用，吉安市要打破行业垄断和市场壁垒、进一步降低民间资本准入门槛、创新融资方式、推广政府与社会资本合作（PPP）模式、扩大社会资本投资途径、更好地发挥好民间投资的主力军作用，把吉安市打造成全省民间资本创新先行区，全力助推开放繁荣新吉安建设。

一、进一步开放民间准入门槛

支持和促进民间投资、发展民营经济是推进经济结构性改革、特别是供给侧结构性改革、促进新经济成长、推动经济发展升级的重要内容。有利于发挥市场在配置资源中的决定性作用；有利于激发吉安市经济发展的内生动力，促进民间投资主体多元，经济结构优化和质量效益提升，更好地发挥在稳增长、促改革、调结构、惠民生、补短板中的重要作用。全面贯彻落实中央及江西省政府有关鼓励民间投资政策的文件精神。

1. 创造民间资本平等投资机会

吉安市在激活民间投资方面应实行统一市场准入，创造平等投资机会；坚持分类指导、积极探索原则，创新民间投资运营机制，扩大民间资本投资途径；坚持市场化、多元化原则，创新融资方式，拓宽融资渠道；坚持有所为，有所不为原则，优化政府投资使用方向和方式，发挥引导带动作用；坚持主动靠前，优化服务原则，简化办事程序，提升服务效能。

2. 推动民间投资支持政策落地生根

落实政策要抓紧抓实，建议吉安市相关部门在制定细则、办法、方案时不要打折，不要拖延推诿，不要设置过多的前置条件，不要变相抬高门槛。要全面清理修订不合时宜的法规制度，避免出现"政策羁绊""制度打架"。引导吉安市民间投资转型升级，扭转脱实向虚态势，提升民企转型能力，让民企"能投资"。要多举措推进民营企业转型升级，做到"六个变"，即"变新"，提升创新能力；"变快"，提高周转效率；"变优"，优化组织管理；"变精"，聚焦精品、精细；"变长"，延伸产业链；"变绿"，创造环保价值。

3. 放宽民间资本准入门槛

吉安市应进一步放开重点领域市场准入，对各类投资主体进入社会服务领域一视同仁。吉安市政府要加大公平竞争审查力度，畅通民间投资通道，扫除一些地方在招投标过程中利用注册资本、资质、资格、评估等限制民企进入的隐性障碍，要打破阻碍民间投资的"隐性门""弹簧门"和"旋转门"，及时修订并公布政府核准的投资项目目录，建立市场准入负面清单制度，建立企业投资项目管理负面清单、权力清单、责任清单"三个清单"管理制度，清理和修订制约民间投资的政策措施、废除各种不合理规定，全面取消对民间资本单独设置的附加条件和歧视条款，除国家明确规定投资主体为国有资本外，其他一律不准对民间资本设立准入门槛，并优先向民间资本开放。培育和维护民间投资的权力平等、机会平等、规划平等的投资环境。

鼓励和支持民间资本进入可以实行市场化运作的基础设施、市政工程和其他公共服务领域，逐步实行公共服务领域"国退民进"。积极支持民间资本参与原中央苏区振兴发展、吉泰走廊建设、生态文明先行示范区、脱贫攻坚等区域发展。吸引民间资本以直接投资、间接投资、参股、委托代建等方式参与高铁经济新区、井冈山机场临空经济区、井冈山出口加工区、桐坪航空产业园等新增长极（点）建设。确立企业投资主体地位，由企业依法依规自主决策投资行为。对于民间投资不太愿意进入的领域，通过政府补贴、财政贴息等手段，鼓励其进入。要积极推动知识和技术创新，为民间投资不断开辟新的热点。

4. 扩大民间资本投资途径

吉安市加快推进市场化改革，依法放开项目的建设及市场运营，为民间资本进入创造条件。落实国家、省相关的政策措施，根据不同经济领域项目的特点，积极探索通过产业基金、股权转换、特许经营、政府购买服务、投资补助等多种途径，鼓励和引导民间资本以独资、合资、合作、联营、租赁等方式参与新型城镇化、新型工业化、农业现代化建设和服务业、社会事业等领域的建设和运营。通过合理配置资源，整合投资项目组合打包，鼓励和引导民间投资多元化发展。支持和促进民间资本参与新型工业化建设，吸引民营企业参与吉安电子信息国家新型工业化产业示范基地建设，加快 LED 智能照明、通信终端、计算机及外部设备、电子线路板、触控显示、数字视听六大细分产业集群发展。大力发展循环经济、绿色经济，积极支持和促进民间资本投资建设生物医药、绿色食品、先进装备制造、新能源新材料等具有发展潜力的战略性新兴产业。支持和促进民间资本参与农业现代化建设，引进和支持民营企业通过独立私建、公助私建等方式发展精致农业、设施农业、高效农业、休闲农业，引领示范带动农民发展产业。吸引民间资本参与农业产业化项目和农业标准化生产基地、井冈蜜柚基地、花卉苗木基地、无公害绿色有机产品基地建设，打造具有地方特色的现代农业示范园。

二、完善和落实民间投资的配套政策

出台扶持民资投资新政十分重要，但政策的落实到位更为重要。因为如果只注重和热衷于不断出台许多新的扶持民间投资政策，而对新政出台之后是否落实到位、是否切合实际、是否能有效发展作用等方面或浮光掠影，或重视不够，则出台的扶持新政或被悬空，或被打折扣，甚至沦落到费力不讨好的结局，使整个扶持政策成为一场"空城戏"。

1. 加大财政政策扶持

政府投资资金安排应当在明确各方权益的基础上平等对待各类投资主体，不得设置歧视条件。吉安市应充分发挥政府资金的引导作用和放大效应，引导民间资本参与重大项目建设。加大对民营小微企业融资担保的风险补偿、加大贷款风险补偿和财政贴息扶持力度，对于民间投资的农业开发、技术创新和技术改造、资源节约和环境保护、社会福利、文化教育等项目，符合条件的，各县（市、区）政府应当以投资补助、贷款贴息、以奖代补等方式，择优给予相应支持。建立合理的政府补偿机制，对民间资本进入基础设施、公共服务等领域，为满足社会公众利益需要，民间资本收益低于成本，或为完成政府公益性目标而承担政府指令性任务，政府应给予相应的补贴。全面落实固定资产加速折旧，小微企业税收优惠以及国家、省引导和鼓励民间投资相关税费优惠等政策。

2. 加大对民营企业的金融扶持力度

吉安市应协调当地金融机构加强对民营企业的信贷支持力度，通过奖励引导、监测落实等方式，推动银行业发展。金融业加大对民间投资的金融支持。严格落实金融支持实体经济发展的各项政策措施。坚决防止以各种方式变相提高贷款利率，有效解决小微企业融资难、融资贵问题。鼓励金融机构加快金融产品和服务方式创新，拓宽信贷抵押担保物范围，对前景较好、产权清晰的民间投资项目，要简化审批手续，增加信贷投入，推动商业银行扩大中小企业业务服务，支持民间资本依法参股辖内法人金融机构和设立新型金融机构。地方政府出面成立民营企业投资基金和政府性基金，专门针对民营企业进行资金支持，努力降低民间融资的困难和风险。税务部门要积极为那些央行、银监会、证监会早已联合发文、明确了金融机构属性并对小微企业提供了有效帮助的小额贷款公司和融资担保公司提供绿色通道，以提高它们的积极性，如保证它们享受逾期贷款利息按收付实现制计税、办理车辆等质抵押政策。加快创建国家普惠金融改革试验区，筹建普丰农业保险公司，扩大无还本续贷、信用贷款、知识产权质押贷款适用范围，提高"财园信贷通""财政惠农信贷通"精准度，做大转贷基金，完善"一站式"金融服务平台和担保体系，促进银税征信互认、银企信息互通，着力解决小微企业融资难、融资贵问题，争取存等贷比再提高2个百分点，引导更多金融活水浇灌实体经济。推进企业上市

"映山红"行动，跟进科创板注册制政策，建立 30 家左右重点企业上市后备库，力争安福海能实业创业板上市、青原区明辉光电境外上市。大力推动企业进入主板、中小企业板、创业板、"新三板"和科创板公开发行股票融资，对拟上市企业按照《吉安市人民政府办公室关于进一步推动企业利用资本市场加快发展的意见》进行帮扶和支持，按照上市进程跟进兑现奖励政策，推动具有地方资源优势和产业优势的优秀民营企业赴境内外资本市场挂牌融资，推进一批高新技术企业和高成长型企业在创业板或科创板上市，引导和推动中小微企业在全国股转系统或区域性股权市场挂牌融资。设立政府引导、市场化运作的产业（股权）投资基金，积极吸引社会资本参加。支持符合条件的民营企业发行债券、短期融资券、中期票据，拓宽融资渠道。拓宽民营房地产企业的融资渠道，支持部分信誉良好、资产优质的民营房地产开发企业开展房地产信托投资基金试点工作。

鼓励民间资本参与以互利共赢机制吸引民间资本发起或参与创建原中央苏区振兴产业发展基金、吉安扶贫开发产业发展基金、井冈山电子信息产业创业投资基金等创业投资基金、风险投资基金、产业投资基金和成长型企业股权投资基金等股权投资基金，支持民间资本采取私募等方式发起设立公共服务、生态环保、基础设施、区域开发、战略性新兴产业、先进制造业等领域的产业投资基金。大力推进民间融资机构发展，扶持小额贷款公司、民间资本管理公司、互联网小额贷款公司、民间融资登记服务机构等新型金融业态发展壮大，争取实现民间资本管理公司、民间融资登记服务机构县域全覆盖。促进发展市县政策性担保机构，推动形成政府引导，银行、担保公司、再担保公司、中小企业为主体的新融资服务链。

三、提高政府服务民间投资水平

资本讲的是利润，投资讲的是效率，若民间资本进入应由政府投资的公共领域，如果得不到相应的回报和政府信用背书，那么民间资本就不会轻易进入。因此，吉安市政府要积极补齐薄弱环节的短板，提升公共服务能力。严禁继续收取或变相收取国家、省取消和停收的收费项目，一律不准设置新的行政事业性收费项目，并严格执行国家各项收费政策的最低标准。对民间资本参与公用事业领域和新能源领域的投资，在价格政策上与国有投资一视同仁；对民间投资参与非营利性公共服务和社会福利事业，使用水、电、气执行居民生活类价格，有线电视、固定电话、互联网及水、电、气等安装费减半收取；对民间资本参与的收费路桥、污水和垃圾处理等项目，按照保证合理收益的原则核定项目建成运营后的车辆通行费和处理单价，并加快排污费改环境税改革试点工作。

切实降低企业制度性成本，可以使企业真正做到降本增效，提高企业在吉安市扎本立根的决心。吉安市要开展"降低企业成本 优化发展环境专项行动"，完善行政事业性收费和涉企经营服务性收费目录清单，全面清理不合理收费和中介服务环节。对新办工业企业、小微企业实施事权范围内"零收费"政策。支持"回归家园，奉献家乡"行动，全面落实优惠政策，加大奖补支持力度，建立完善在外吉商信息库，建立政府领导定期走访制度，吸引在外吉商回乡投资。全面落实减税降费政策，阶段性下调养老保险缴费比例，加快涉企行政事业性收费"清零"，实施"转企升规"工程，发挥非公企业维权服务中心作用，规范涉企案件办理，保护企业家合法权益。弘扬企业家精神，实施企业家成长计划，继续办好"领航井冈"企业家高级研修班，加大优强企业和优秀企业家表彰力度，推动民营经济再立时代新功。

四、优化公平有序竞争的营商环境

中央已明确对各类市场主体实施公平准入等原则，并公布一系列政策措施，但民营企业普遍反映，在市场准入条件、资源要素配置、政府管理服务等方面，仍难以享受与国有企业同等的待遇。吉安市各有关部门要对照国家政策要求，坚持一视同仁，抓紧建立市场准入负面清单制度，进一步放开基础电信运营、油气经营等领域准入，在基础设施和公用事业等重点领域去除各类门槛，在医疗、养老、教育等民生领域出台有效举措，促进公平竞争。

吉安市政府应进一步推进"放、管、服"改革。推行企业投资项目管理负面清单制度；实行企业投资项目并联核准，探索建立多评合一，统一评审的新模式；精简企业投资项目准入阶段的相关手续，只保留选址意见，用地预审以及重特大项目的环评审批作为前置条件；简化、整合投资项目报建手续，探索实行先建后验的管理模式。推进商事制度改革，大力削减工商登记前置审批事项，实施企业"五证合一、一照一码"。推行

"互联网+政务服务，实行""一站式"管理、"全流程"服务，构建事中事后监管体系，加强社会信用体系建设，推进政府部门间数据信息共享，提高服务水平和效率。出台针对养老、民办医疗和教育等民生行业的民间资本管理办法，为民营资本进入这些行业提供管理依据。构建风险预警预防机制，如风险准备金机制等，稳定市场预期。同时，还要梳理并汇总民营企业在生产经营及项目落地建设中存在的困难和问题，建立问题动态台账和服务平台。另外，虽然各地在保护知识产权方面已经做了许多工作，但是如果维权成本大于创新成本，企业就会对创新失去信心，因此也要加强对民营高科技企业科研成果的保护和转化。

第十章　萍乡市激发民间投资活力的实践与探索

萍乡是江西的"西大门"，在赣西经济发展格局中处于中心位置，素有"湘赣通衢""吴楚咽喉"之称。萍乡处于长株潭经济圈的辐射核心区域，同时接受泛珠三角经济区和闽东南经济区的辐射。境内沪昆铁路横穿市内腹地与京广、京九两大动脉相连。近年来，萍乡市加强与长株潭经济圈的产业对接与合作，积极承接沿海发达地区产业转移，加快建设赣西跨行政区转型合作试验区，着力扩大开放合作。通过加快重点项目建设，激发民间投资积极性，抓好招商项目落地，着力扩大有效民间投资，为稳增长提供动力、蓄积后劲。

第一节　萍乡市民间投资环境的基本情况

众所周知，民间投资作为政府投资的重要补充，在当前"稳增长、调结构、去产能"等方面起到重要作用，尤其在激发"双创"扩大就业、提高税收、稳定社会等方面作用更是十分明显。为了更好地吸引民间投资，萍乡市在总体经济环境、产业发展环境、要素环境、交通环境、人才环境等投资重要环节上，集思广益、狠抓落实，创建了良好的投资环境和营造了宽松的创业氛围。

一、总体经济环境

萍乡作为湘赣边际区域的重要城市，具有联系鄱阳湖生态经济区、长株潭城市群的区位优势，在赣西城镇群转型升级中扮演龙头角色。据萍乡统计局数据显示，全市国土面积 3823 平方千米，辖安源、湘东 2 区，芦溪、上栗、莲花 3 县，国家级萍乡经济技术开发区、武功山风景名胜区。2018 年末全市常住人口 193.32 万人，其中，城镇人口 133.52 万人，占总人口比重（常住人口城镇化率）为 69.07%。户籍人口城镇化率为 48.63%。

1. 城市发展脉络清晰

在萍乡城市规划编制中显示，中心城区形成"一轴三片九组团"的城市结构：一轴——320 城市发展轴；三片——安源片区、湘东片区和芦溪片区；九组团——安源组团、城北组团、城南组团、青山组团、高坑组团、湘东城区组团、湘东市级工业平台组团、芦溪组团、源南组团，构建"一主两副、轴线带动、多星伴城"的空间结构。

2. 经济发展迅速

2014~2018 年，地区生产总值（GDP）年增长率分别为 8.6%、8.9%、9.1%、8.9%、8.7%（见图 10-1）。其中，2018 年全市实现地区生产总值（GDP）1009.05 亿元。第一产业增加值 59.36 亿元，增长 3.6%；第二产业增加值 469.27 亿元，增长 8.1%；第三产业增加值 480.42 亿元，增长 10.4%。

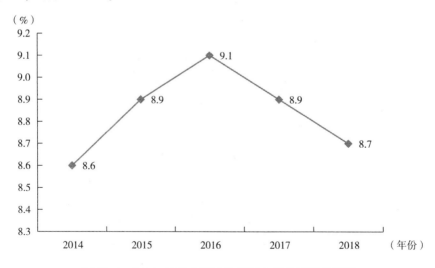

图 10-1　2014~2018 年萍乡市地区生产总值增长速度

数据来源：2018 年萍乡市国民经济和社会发展统计公报。

3. 产业结构不断优化

从表 10-1 可知，2014~2018 年，萍乡市"三产"结构不断优化。第三产业比重逐年上升，从 2014 年的 34.2% 上升到 2018 年的 47.6%，说明服务业作为经济未来发展的方向，比重得到不断提升。第一产业占 GDP 比重从 2014 年的 6.8% 下降到 2018 年的 5.9%，继续发挥基础性作用。第二产业比重稳步下降，从 59% 下降到 46.5%，说明萍乡经济已经从工业化中期向工业化后期发展。

表 10-1　2014~2018 年萍乡市"三产"结构

年　份	第一产业占比（%）	第二产业占比（%）	第三产业占比（%）
2014	6.8	59.0	34.2
2015	6.9	56.7	36.4
2016	6.9	55.0	38.1
2017	5.4	50.3	44.3
2018	5.9	46.5	47.6

数据来源：2018 年萍乡市国民经济和社会发展统计公报。

二、产业发展环境

萍乡立足现有基础和条件，突出优势和特色，持续优化产业结构，主攻产业招商，围绕传统产业补链、强链、扩链做文章，大力培育发展新兴产业，形成了全市产业互补、各具特色、协调发展的产业布局。

（1）电子信息产业是萍乡为承接东部地区产业转移重点打造的新兴产业，主要涵盖手机通信和智能制造两大领域，涉及手机整机制造、手机屏幕、摄像头等配件生产、笔记本电脑、智能终端制造等领域。重点打造的安源电子信息产业园，引进了广利通电子、诚玺电子、爱克莱特光电、欧利万智能终端等项目，建立了从零配件生产到整机组装的智能手机制造产业链。全市上下掀起了对接电子信息产业的新高潮，电子信息产业已初具规模。

（2）先进装备制造产业是萍乡重点培育和发展的战略性新兴产业，凭借良好的工业基础和产业资源优势，近年来产业已初具规模。重点扶持以鑫通机械、中材风电叶片、九牛汽车、红海力空压机等企业为龙头的先进装备制造产业发展，引进了一大批项目落户全市各工业园区。

（3）节能环保产业是极为重要的战略性新兴产业，具有产业链长、关联度大、吸纳就业能力强等特点。近年来，萍乡积极发展壮大节能环保产业，重点抓好格丰科材重金属污染治理装备、中天化工脱硝催化剂等项目的研发、生产，湘东的传统工业陶瓷企业也纷纷向生产环保节能产品方向发展，目前已成功申报江西省环保产业科技示范基地、节能环保科技孵化中心，成立了"格丰土壤修复院士工作站""金葵能源金刚石线切割工程院士工作站"。格丰科技材料有限公司"高效除油复合材料""高效除重金属复合材料"等35种有序可控的功能陶瓷复合材料和8种催化剂产品，获得17项专利授权及29项专利受理，企业产品"森美思"在引领中国农田修复市场中贡献突出，在12大领域成功示范，正在全国进行生产和市场布局。

（4）食品医药产业。作为国家确立的战略新兴产业，食品医药产业是萍乡重点支持发展的一个重大产业，经过多年的发展已具备一定的发展规模，重点引进了如心正药业、希尔康泰制药、大地制药等企业。以心正药业为龙头的中成药经过几十年的发展，具备了一定的品牌优势，其主导产品抗宫炎片、藿香正气丸在国内市场有一定知名度。江西阿尔法高科药业有限公司新建药用辅料生产线项目已正式投产，公司生产的聚乙烯醇等37种新型药用辅料年产量达300吨，畅销国内25个省市，远销荷兰、巴西、俄罗斯等国。食品产业以甘源食品、百约食品、宏明食品等大型食品加工企业为代表，逐步形成了食品产业集约发展的局面。

（5）海绵产业。萍乡市是国家首批海绵城市建设试点城市之一，连续两年在国家海绵城市建设专家考核中获评全国第一名。萍乡海绵产业迅速发展，已形成了生物陶瓷膜、排污复合管道、水泥透水砖、水泥渗漏管、管廊施工设备等与海绵城市建设有关的海绵产业链，萍乡萍钢安源钢铁有限公司、萍乡矿业集团有限责任公司、中材萍乡水泥有限公司、龙发实业等企业在透水材料、管道、水泥等建材领域已具有较强的研发生产能力，中鼎国际工程有限责任公司、江西安源路桥集团有限公司等企业在工程设计、施工运营方面具备较大竞争力。全市把海绵产业发展的着力点放在建筑材料等海绵产品领域，引导相关企业加快产业改造升级力度，加强与先进地区的技术合作，推动产品向专业化、精细化、特色化、创新化方向发展，致力打造成为江南地区重要的海绵产品生产基地。

（6）其他重点产业（见表10-2）。

表 10-2　萍乡各县区重点招商产业

县　区	重点招商产业
安源区	节能环保、新材料、电子信息产业、海绵产业
湘东区	工业陶瓷、包装创意、智能制造及光电信息、环保设备、海绵产业
芦溪县	电瓷、先进装备制造、新能源、农产品精深加工产业
上栗县	花炮文化创意、粉末冶金、电子信息、新能源、新材料及机械制造产业
莲花县	农产品精深加工、生态旅游、空压机及其关联产业
萍乡经济开发区	电子信息与智能制造、生物医药食品、新材料、先进装备制造

数据来源：萍乡市政府网站。

三、投资要素环境

萍乡市各级政府以建设"五型政府"为契机，着力打造政策最优、成本最低、服务最好、办事最快的"四最"发展环境，为企业在萍乡投资落户、发展壮大营造良好环境。

（1）政府服务环境良好。坚持"企业围墙内的事由企业家自己去处理，企业围墙外的事交给政府去办理"的服务理念，扎实推进"三单两制一网一评价"工作，大力精简行政权力事项 31 项，切实提高了政务效能，投资环境也得到大幅改善；深化商事制度改革，"多证合一"全面实行。全面落实"省 130 条"和"市 121 条"等惠企政策，降低税费成本、用能成本，让企业家在萍乡投资发展"安心、放心、舒心"。2017 年以来，萍乡市委、市政府以前所未有的改革力度，推动开放升级。出台了《关于深入贯彻开放发展新理念构建全面开放新格局的实施意见》（萍发〔2017〕2 号）、《萍乡市 2017 年招商引资工作方案》（萍府办发〔2017〕17 号）、《关于加快推进"走出去"战略的实施意见》（萍府办发〔2017〕4 号）等文件，构建了具有萍乡特色的开放型经济新体制。全市在收费减让、财政扶持、土地供应、手续办理等方面制定了一系列投资优惠政策。对于一些投资特别大、税收贡献高、产业带动强的项目，采取"一事一议"的办法来给予最大的政策优惠。为了培育发展主导产业，全市各县区就主导产业项目又专门出台了鼓励政策，使其享受国家海绵城市、水生态城市、循环经济、资源枯竭型城市转型、比照实施振兴东北等老工业基地和西部大开发、中央振兴苏区等政策支持。

（2）市场空间潜力大。萍乡城乡居民人均收入持续多年稳健增长，消费能力不断增强，市场空间十分广阔。2018 年全市城镇居民人均可支配收入35763 元，同比增长 8.0%；农村居民人均可支配收入达到 18012 元，增长8.5%。消费品市场繁荣活跃。2018 年社会消费品零售总额 384.83 亿元，比上年增长 10.9%。分城乡看，城镇消费品零售额 317.03 亿元，增长 10.8%；乡村消费品零售额 67.80 亿元，增长 11.4%。分行业看，商品零售业零售额275.34 亿元，增长 10.7%；餐饮业零售额 53.33 亿元，增长 13.1%。

（3）能源保障得力。全市以煤电油气等为主的能源供应充足，能源保障能力明显增强。2017 年全市原煤产量 129.45 万吨（不含萍矿），萍矿集团在萍矿井原煤产量约 113.08 万吨；萍乡电网有 500 千伏变电站 1 座，220 千伏变电站 8 座，110 千伏变电站 23 座，35 千伏公用变电站 25 座，2017 年最高负荷 93.766 万千瓦；在营汽车 CNG 加气子站 3 座，设计日供气能力共计 4万立方米，CNG 加气母站 1 座，日供气能力 7.5 万立方米。用水、用电、用气、用工等参考价格如表 10-3、表 10-4、表 10-5、表10-6所示。

表 10-3　萍乡市供水价格标准

类别	价格（元/吨，含污水处理费）
居民用水	2.35
工业用水	2.9

数据来源：萍乡市政府网站。

表 10-4　萍乡市供电价格标准

类别	小于 1 千伏	1~10 千伏	35~110 千伏	110 千伏	220 千伏以上
居民用电	0.6				
农业用电	0.6534				
一般工商业用电	0.7642	0.7492	0.7342		
大工业用电	—	0.6193	0.6043	0.5893	0.5793

数据来源：萍乡市政府网站。

表 10-5　萍乡市天然气价格

类别	价格（元/立方）
居民生活用气	3.3
工业用气	2.6

数据来源：萍乡市政府网站。

表 10-6　萍乡市用工参考薪酬

工种	月工资（元/月）
管理人员	3000~5000
技术人员	2500~4000
普通工人	1800~3000

数据来源：萍乡市政府网站。

四、交通环境

地处"赣湘"交界的萍乡，随着近年来交通大环境的全面改善与提速，相邻多省份的区域优势开始得到彰显。境内沪昆铁路横贯东西，沪昆高铁与即将修建的渝长厦高铁分别呈东西、南北走向贯穿全境，境内有沪昆高速、萍洪高速、昌栗高速，319 国道和 320 国道在市区交会，实现了 1 小时到达南昌、长株潭城市群，2 小时达到武汉、九江、吉安、张家界等，4 小时到达厦门、广州、郑州、贵阳、杭州、合肥等城市。截至 2018 年底，全市公路通车总里程 7214.059 千米，路网密度达 188.7 千米/百平方千米，位居江西省第一。境内铁路正线里程达 128 千米。

（1）县县通铁路。2014 年 7 月，衡茶吉铁路正式通车，结束了莲花县没有铁路的历史。2014 年 9 月 16 日，杭南长高铁客运专线建成通车，标志着萍乡市从此迈入了高铁时代。厦渝铁路长赣段已列入国家铁路网"八纵八横"和《"十三五"现代综合交通运输体系发展规划》，已明确经浏阳、萍乡、莲花、井冈山至赣州，目前已经发布勘察设计总招标公告。厦渝铁路长赣段项目的建设将填补萍乡市无干线铁路和南北铁路的空白，并形成"三横一纵"铁路网和境内铁路十字架结构。

（2）县县通高速。2015 年，随着吉莲高速、萍洪高速、昌栗高速建成通车，萍乡市又增加了两条萍乡至长株潭和萍乡至南昌的高速公路，加强了与江西省会南昌和湖南省会长沙的联系。2017 年，随着萍莲高速公路开工建设，莲花县真正意义上结束了无高速公路的历史，全市实现了县县通高速公路的目标。

（3）农村公路通达能力进一步增加。在 2014~2018 年这 5 年间，萍乡市累计共完成农村公路改造计划 3800 多千米，完成投资 19.1 亿元，占全市现有农村公路总里程 60%，平均每年增加近 800 千米。640 个行政村全部实现通沥青或水泥公路，全市农村公路总里程达到 6328 千米，其中，全市沥青或水泥公路达 5967.038 千米，公路硬化率为 82.7%。

（4）城乡交通一体化进程明显加快。截至 2018 年底，萍乡市绝大部分行政村开通了客运班车，行政村班车通车率达 97.5%。建成农村候车亭 600 多个、综合服务站 7 个、农村客运站 4 个，农村综合运输能力得到提高。城乡一体化客运网络正在逐步形成，随着城西客运站、公交南站的建成，将与萍乡综合枢纽站、旅游集散中心形成东西南北整体布局的城乡客运网络结构，进一步拓延城市，缓解城市交通拥堵，改善百姓出行条件。

五、人才环境

对于一个地区的经济发展、社会进步、人民富裕来说，人才是"第一资源"。萍乡市重视人才的引进和培养，从 2011 年到 2018 年连续 8 年获得"全国科技进步先进市"称号。人才科技对萍乡市经济贡献率达到了 53%，全省 16 名国家"千人计划"人选中，萍乡市占有两个席位。有 28 人享受国务院特殊津贴人员，28 人入选省级"百千万人才工程"。省"赣鄱英才 555 工程"人选（团队）36 人（个），在全省各设区市名列第一，实现了人才工作"小地市有大作为"。

（1）萍乡人才环境基本情况。全市 60% 以上的生产型企业、80% 以上的规模企业、90% 以上的民营科技型企业，都开展了各种形式的产学研合作；柔性引进院士 7 名，教授、博士等高层次人才 46 名，聘请 4 名萍乡籍院士、17 名高层次人才为特聘顾问；2017 年共引进 46 名高层次人才领衔科技项目来萍创新创业；授牌为院士工作站的，当年市财政和受益财政分别一次性给予建站单位 10 万元的启动经费支持（共 20 万元）；工作站每招收一名博士研究人员，进站两年研究期内由财政给予 6 万元的研究经费资助；2017 年 7 项专利权通过质押为企业新增融资 8610 万元。

（2）萍乡吸引人才主要做法。实施"武功英才"引进计划，重点引进紧缺急需行业拔尖人才；实施"行业领军人才"培养计划，着力培养一批技术骨干和技术带头人；设立全市人才引导发展基金，深化企校产学研合作，充分引导人才在助推经济转型发展中发挥引擎作用；制订人才发展体制机制改革行动计划、高层次人才引进等 12 个方面的改革制度，形成了以行动计划为纲、其他配套措施为辅的"1+12"人才体制机制改革体系；目前已建成人才公寓500余套，正着手筹建450套；落实各级党委联系服务专家工作机制，优化人才发展环境，帮助人才解决实际困难；加强督促检查，形成人才工作整体合力，推动各级党委抓人才工作的责任得到有效落实。

（3）解决人才的后顾之忧。萍乡出台了诸多人才引进优惠政策，包括对实行编制备案制管理的高校、公立医院引进高层次人才，由用人单位提出申请并经认定后，可直接办理进入核编和上编手续；有空缺编制并经机构编制部门用编审核同意的事业单位，因岗位需要招聘高层次专业人才采取考核的方法面向社会公开招聘；满编或超编事业单位引进具有正高级职称的专业技术人才和全日制博士研究生及更高层次人才，按照"先核编进入，后逐步消化"的办法引进。在子女入学方面，高层次人才子女可在萍乡市就读公办义务教育阶段学校和高中阶段学校，不受户籍限制，可自主择校，或由高层次人才工作或生活所在地教育行政部门统筹协调安排其子女就读学校。

六、开放平台环境

为了更好地对接企业投资，萍乡致力于打造多层次、多元化、现代化的投资承载平台。截至2018年底，全市共有"一区五园"及赣湘开放合作试验区七大承载平台。

（1）一区：国家级萍乡经济技术开发区。萍乡经济技术开发区于2010年经国务院批准为国家级经济技术开发区。园区内基础设施和服务功能完善，综合投资环境优越，是中部地区极具投资潜力的国家级开发区。先后规划建设了"三园六基地"的产业平台，园区水、电、路、气、通信等"五网"设施全覆盖，初步形成"三轴三心"的城市功能分区。重点培育新材料、现代装备制造、医药食品、电子信息4个主导产业。先后成功获得"国家级经济技术开发区""全国中小企业信用体系试验区""国家新材料产业化示范基地""国家劳动关系和谐工业园区""国家知识产权试点园区"五项国家级荣誉称号，连续八年荣获江西省先进工业园区和工业崛起奖，已经成为萍乡市经济发展新的增长极、赣西经济转型崛起的主战场、高新技术产业的示范区、改革创新与先行先试的试验区，正在努力朝全省一流国家级开发区的目标迈进。

（2）五园：五个省级及省级建设工业园区，分别是安源工业园区、湘东工业园区、芦溪工业园区、上栗工业园区、莲花工业园区。

安源工业园区：总规划面积 18 平方千米，是江西省首个经济转型产业基地，并于 2016 年 3 月，经省人民政府批准，安源工业园获批省级产业园，正式升格为省级工业园区，已实现通水、通电、通路、通气、通信、土地平整等"八通一平"。目前园区已落户企业 90 家，建成投产 73 家，其中亿元项目 45 个，安排劳动力 1.1 万人。按照安源区着力打造节能环保、新材料、电子信息"2+1"工业主导产业体系要求，目前已初步形成了以江西圆融光电科技有限公司、江西省标顶科技有限公司、萍乡四通重工机械有限公司为龙头的节能环保产业集群；以格丰科技材料有限公司、江西八六三实业公司、萍乡市科环环境工程有限公司、江西晟德环保工程有限公司等为龙头企业的新材料产业集群；以萍乡市广利通科技有限公司、萍乡市凡卓通讯科技有限公司、萍乡诚玺电子有限公司等为龙头的电子信息产业集群。园区目前已成功申报国家环保材料及装备高新技术产业化基地、江西省节能环保科技孵化中心、江西省节能环保科技示范基地、江西省首批省级小微企业创业园，成立了格丰科技材料有限公司、江西金葵能源科技有限公司两家院士工作站（江西省共 26 家），拥有全省唯一的省级检测中心——国家陶瓷产品质量监督检验中心及"金刚石线切割工程技术研究中心"；江西八六三实业公司、萍乡四通重工机械有限公司、江西圆融光电科技有限公司等企业与天津化工研究院、长沙理工大学等建立了长期的研发战略合作机制，企业科技创新能力不断得到增强。

湘东工业园区：湘东产业园紧邻 320 国道、沪昆高速和浙赣铁路，总规划面积 30 平方千米。目前产业园的企业有 119 家，2016 年实现产值 140.2 亿元，税收 5.02 亿元。与全国 83 所科研院校联姻，建设了博士创业园、工业陶瓷高新技术区和高新技术孵化中心，配套建设了技术服务中心、研发中心、检测中心、教育培训中心、产品展示中心和行业人才超市的"五中心一超市"公共服务平台，并在全国工业陶瓷领域率先建设了博士后科研工作站，在园区 80% 以上陶瓷企业建立了实验室。拥有国家级品牌 8 项、省级品牌 16 项，产品质量认定 137 项，申请国家专利 100 多项，其中"莲发"和"吉祥鸟"商标属于全国驰名商标。以园区为基础的工业陶瓷被列为全省首批 20 家示范产业集群之一，并获"全省 2014 年度经济总量上 100 亿元产业集群"。2015 年 3 月，基地正式通过国家质检总局批准，筹建"全国工业陶瓷产业知名品牌创建示范区"。2016 年 2 月，园区正式获批省级产业园。已初步形成了以工业陶瓷产业为主导，高端陶瓷、原材料、精细化工生产区为配套产业协同发展的格局，主要产品由单纯的化工填料陶瓷扩展到节能环保陶瓷、成套设备、高分子材料、有色金属、精细化工等领域，逐步形成了以萍乡市龙发有限公司（多级雾化超重力旋转床、透水砖）、萍乡市普天高科实业有限公司（微孔陶瓷除尘器、陶瓷膜过滤器等环保设备）、萍乡市华星化工设备填料有限公司（环保成套设备）等为龙头的产业特色鲜明、其他企业补充得较为完备的产业集群，正在逐步实现从制造型向创造型的转变。

芦溪工业园区：芦溪工业园区于 2001 年 8 月由萍乡市政府批准成立，2006 年 3 月经省政府批准升为省级开发区，2012 年被列入省级重点工业园区；2013 年荣获江西省科技入园先进集体；2013 年获批筹建全国电瓷产业知名品牌创建示范区；2014 年获批国家电瓷高新技术产业化基地；电瓷是全省首批 20 个工业示范产业集群之一。荣获 2013~2015 年度江西工业崛起园区发展专项奖"六大指标综合先进单位"，2012~2016 年连续五年获得"江西省先进工业园区"荣誉称号。西区共有企业（项目）99 家，其中建成企业 72 家；在建项目（企业）27 个。东区位于芦溪县宣风镇境内，为"萍乡市农产品精深加工园"区，规划总面积 5 平方千米，主要发展农产品精深加工和生物制药产业。目前整个园区已引进了 7 家央企、7 家上市公司，形成了以电瓷产业集群为主，电力、先进装备制造、机械加工、农产品精深加工、生物制药等多元化格局为一体的工业园区。

上栗工业园区：上栗县初步形成"一园三区"的产业分布。分别为赤山装备制造产业基地、彭高转型产业基地和赣湘开放合作试验区上栗园区。彭高转型产业基地主导产业为电子元件加工、汽车零配件加工、机械制造。赤山装备制造产业基地的主要产业为粉末冶金、新型装备制造。

赣湘开放合作试验区工业园区是上栗县产业园"一园三基地"的金山基地，已被纳入国家发改委编制的《赣闽粤中央苏区振兴发展规划》，并被列为江西省中央苏区振兴发展八大综合类重点平台之一，着力打造装备制造、电子信息、医药制造、新材料四大主导产业和文化创意中心、物流集散中心、商贸服务中心、个性化定制中心、科技孵化中心五大服务中心。

上栗县产业转型基地是上栗县产业园"一园三基地"的彭高基地，基地规划面积6平方千米，建有上栗产业园服务中心、产业规划展示馆和日处理污水能力1000吨的污水处理厂。基地主导产业为电子元件加工、汽车零配件加工、机械制造。

江西省先进装备制造（粉末冶金）产业基地是上栗县产业园"一园三基地"的赤山基地，紧临沪昆高速公路和萍乡新城区，2011年11月经省发改委批复为省级特色产业基地——江西上栗装备制造产业基地。总规划建设6.5平方千米"万亩工业园"，一期已开发面积3平方千米。二期于2010年由湖南大学设计研究院完成总体规划设计，总规划面积4000亩，基地主要产业为粉末冶金、新型装备制造。

莲花工业园区：莲花工业园区始建于2001年9月，2005年5月被省科技厅命名为省级民营科技园，2006年被江西省人民政府批准为省级工业园区，并先后被批准为国家新材料产业化示范基地、省级循环经济试点园区、省小企业创业基地、省级生态工业园区。莲花工业园区主园区规划面积8平方千米，目前已实现"七通一平"面积5平方千米。现有入园企业142家，投产106家，在建36家，以特种材料、电子机械、建材矿产、农产品加工和制鞋五大主导产业企业为主，主导产业企业占园区企业总数的90%以上。2017年园区全年完成工业固定资产投资额42.5亿元，同比增长215.0%；基础设施投入3.5亿元，同比增长25.0%；主营业务收入93.0亿元，同比增长12.2%；工业增加值20.0亿元，同比增长9.5%；出口交货值8.2亿元，同比增长10.5%；利润总额2.9亿元，同比增长14.5%；安置就业1万余人，园区各项经济指标继续稳步增长。园区现有规模以上工业企业43家。

赣湘开放合作试验区：已被纳入国家发改委编制的《赣闽粤中央苏区振兴发展规划》，并被列为全省中央苏区振兴发展九大重点平台之一。试验区比照东北老工业基地和西部大开发有关政策和国家循环性经济示范点、智慧城市试点、数字化城市试点、创新型城市试点、资源枯竭型城市转型、产业转移示范区等政策。

赣湘开放合作试验区湘东产业园：总规划面积30平方千米，目前已建成10平方千米。该项目区位于湘东城区西部，北至G320，东至杞木河，南至X139，西至西区工业大道以西1千米左右，总用地面积约20平方千米。新区将逐步构建"一轴一带一廊七组团"（西区工业大道发展轴，沪昆铁路防护绿带，贯穿新区的生态绿廊和七个功能组团）空间布局模式和"四横两纵"（四横：G320、工业北大道、杞岩路和X139，两纵：西区工业大道和杞木沿河路）的园区主干路网结构。通过科学规划，合理布局，着力打造一个规划标准高、建设规模大、产业定位鲜明、功能分区合理的集工业生产、现代物流及配套生活服务于一体的生态型园区，重点发展节能环保陶瓷及成套设备、高新精细化工、包装创意和新兴产业。

赣湘开放合作试验区上栗产业园：总规划面积30平方千米，园区以聚焦"绿色科技""活力服务""文化传承创意"，以"科技""生态"和"知识"作为产业发展出发点，倡导绿色、健康、环保、生态及服务导向的产业，构建具有产业品牌和核心竞争力的集群化产业体系，着力打造装备制造、电子信息、医药制造、新材料四大主导产业和文化创意中心、物流集散中心、商贸服务中心、个性化定制中心、科技孵化中心五大服务中心。

第二节　萍乡市民间投资的基本情况

通过采用座谈会谈、企业走访和问卷调查等方式，对江西省萍乡市民间投资的基本情况有了系统而全面的了解。

一、民间投资总量稳步增长

自 2015 年以来，萍乡市民间投资呈现稳步增长的发展态势。萍乡统计局数据显示，2015 年至 2018 年的民间固定资产投资分别为 886.13 亿元、1007.33 亿元、1081.05 亿元、1193.48 亿元（见图 10-2）。总体上看，民间投资增速呈企稳好转态势。2015 年至 2018 年的民间投资增速分别为 10%、13.70%、7.30%、10.40%。在 2017 年民间投资增速降至个位数后，在 2018 年迅速回升至 10.4%。其中 2018 年民间投资占全部固定资产投资的 75.3%，对投资增长的贡献率为 74.6%，民间投资已经占据了社会总投资的重要份额。

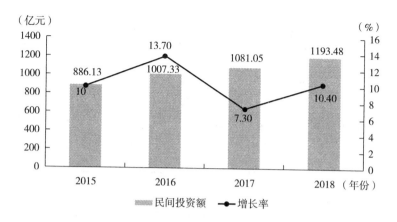

图 10-2　2015～2018 年萍乡市民间投资额情况

数据来源：江西省统计局。

二、民营企业的实力不断增强

从私营企业和个体工商户的数量来看，2017 年底萍乡市私营企业和个体工商户为 111181 户，2018 年实现增长 1.6%，达到 112942 户。其中私营企业数从 2017 年的 21522 户增长到 2018 年的 26070 户，同比增长 21.1%。从私营企业和个体工商户注册资金来看，从 2017 年的 1345.58 亿元增长到 2018 年的 1579.44 亿元，增速达到 17.4%。其中私营企业注册资金的增长率更是达到了 18.0%。从规模以上非公经济工业主营业务收入来看，2018 年萍乡市实现业务收入 920.9 亿元，与 2017 年的 852.5 亿元相比，增长了 8.0%。萍乡市民营企业的实力得到了显著增强（见表 10-7）。

表 10-7　2017～2018 年萍乡市民营企业基本发展情况

	2017 年	2018 年	年增长率（%）
私营企业和个体工商户数量（户）	111181	112942	1.6
私营企业和个体工商户注册资金（亿元）	1345.58	1579.44	18.0
规模以上非公经济工业主营业务收入（亿元）	852.5	920.9	8.0

数据来源：江西省统计局。

三、民营经济的贡献显著增强

非公有经济增加值占 GDP 比重超过 60%。2018 年萍乡市非公有经济增加值为 649.14 亿元，占 GDP 比重达到了 64.3%，比 2017 年增加了 0.4个百分点。出口创汇全部由非公有企业贡献。2018 年萍乡市出口创汇总额17.10 亿美元，其中非公有经济出口创汇 17.10 亿美元，同比增长 16.3%，占出口总额 100%。非公有经济上缴了近九成的税金。2018 年萍乡市税金总额为 132.96 亿元，其中非公有经济上缴税金 116.80 亿元，占税金总额87.8%，比去年同期增长 20.1%（见表 10-8）。

表 10-8　2018 年萍乡市非公有经济贡献占比①

非公有经济增加值 占 GDP 比重（%）	非公有经济出口创汇 占出口总额比重（%）	非公有经济上缴税金 占税金总额比重（%）
64.3	100	87.8

数据来源：江西省统计局。

四、民间投资项目推进有序

萍乡市通过重点项目建设，激发民间投资积极性。2018 年，萍乡市引进省外资金 2000 万元以上项目 248 个，实际到位资金同比增长 10.9%。其中，成功引进总投资 60 亿元的星星科技、30 亿元的西人马智能医疗芯片和鸥瑞智诺新能源汽车等一批重大新兴产业项目。实施亿元以上工业项目275 项，工业固定资产投资增长 11.4%，网是科技、巴特威锂电池、红海力空压机等一批重大工业项目竣工投产。

2019 年萍乡市民间投资项目涵盖基础设施、产业升级、公共服务、生态环保这四大领域，重大项目多达 356 项，总投资 1832.4 亿元，年度计划投资 569.1 亿元，其中第一季度开工建设的项目为 286 个，完成投资153.7 亿元。在已开工的 286 个建设项目中，包括 24 个省重点建设项目、

---

① 由于数据的采集难度较大，文中民营经济数据由非公有经济替代，经样本核实，两者数据近似相等。

151 个省大中型建设项目，其中省大中型建设项目总投资 854 亿元，年度计划投资 287.1 亿元，一季度完成 72.8 亿元，完成年计划的 25.36%。

五、民间投资结构持续优化

在投资增速回升过程中，民间投资结构在持续优化。2018 年萍乡市非公有经济增加值在第一、第二、第三产业的比值为 2.80：60.50：36.70（见图10-3）。对比江西省的比值 3.0：59.1：37.9，萍乡非公有经济第一产业份额更少，第二产业份额更多，产业结构更加优化。2018 年 1 月至 12 月，高耗能投资明显减少；新一代电子信息、先进装备制造等产业聚集发展；海绵产业集群、节能环保产业集群被认定为省级重点工业产业集群。环境保护、水利、卫生、公共服务等领域的投资出现两位数以上的高速增长，其中限额以上非公有经济批发零售业、住宿餐饮业增加值增长 10.8%，达到了 11.97 亿元，这些领域投资的增长，有利于改善民生。这些变化也说明，相关政策红利对促进民间投资发展所起到的作用正在逐步显现。

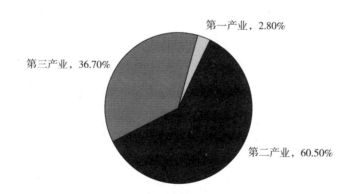

图 10-3　2018 年萍乡市非公有经济分产业增加值构成

数据来源：江西省统计局。

六、民间投资政策落实较好

萍乡市委市政府高度重视民间投资工作，全面贯彻落实国务院《关于进一步激发民间有效投资活力促进经济持续健康发展的指导意见》和江西省的实施意见，并在执行过程中将政策进行细化，出台了一系列鼓励扶持创业创新的政策和措施，相继出台了《关于加快非公有制经济发展的意见》《萍乡市切实做好引导萍商回乡创业的工作意见》《关于降低企业成本优化发展环境的若干意见》《关于进一步深化优环境、降成本，加大扩投资、拓市场、增效益政策措施》《萍乡市关于构建亲清新型政商关系的实施意见》《萍乡市人民政府转发江西省人民政府关于进一步降低实体经济企业成本补充政策措施的通知》《萍乡市促进民营经济高质量发展若干政策措施》等政策措施，里面有很多"干货"。特别是在降成本、优环境上，萍乡在江西省"100 条"的基础上，增加了"21 条"，一共"121 条"，条条都是"真金白银"，2016~2017 年，萍乡为企业减负超过 24 亿元。

在投融资方面，出台了《中共萍乡市委萍乡市人民政府关于深化投融资体制改革的实施意见》（萍发〔2017〕19 号），理顺了市本级投融资过程中出现的制度性障碍，有效促进了企业的发展。

在激发民间投资活力方面，出台了《萍乡市人民政府关于创新重点领域投融资机制鼓励社会投资的实施意见》《萍乡市人民政府办公室印发关于进一步激发民间有效投资活力促进经济持续健康发展实施意见的通知》（萍府办发〔2018〕32 号），解决了企业不敢投、不愿投、不能投的顾虑。

第三节　萍乡市激发民间投资活力的做法与成效

萍乡市民间投资的增长、民营经济的发展得益于市委、市政府贯彻落实上级指示精神，并因地制宜地出台一系列有特色的地方政策，为民间企业发展创造了良好的营商环境。

一、"放、管、服"改革不断深入

萍乡全面开展"五型"政府建设，政府治理能力不断提升。深化"放、管、服"改革，市级审批事项精简至 96 项，实现了"39 证合一"，加大了降成本力度，推进了"互联网+政务服务"，办事时限缩减率达58.3%。

着力开展诚信体系建设，城市综合信用指数居江西全省第一、全国前列，萍乡市被推荐为全省唯一地级市申报2019~2020年度企业债券"直通车"激励支持地区。坚决落实重大事项集体决策机制和合法性审查制度，全面加强审计监督，自觉接受人大、政协和社会各界监督，办理代表建议70件、政协提案85件。

建立了政企互动机制，精准深入为企业发展服务。由萍乡市领导挂点服务重点企业，包括市委、市政府主要领导在内的34位市领导联合37家企业，实行领导负责的常态化、长效化帮扶机制。积极建设萍乡市企业精准帮扶APP平台，通过"互联网+"进一步提升帮扶企业工作的时效性，实时收集、处理和反馈企业遇到的困难和问题，并逐个解决实现精准帮扶。

二、民间资本参与PPP项目有所提高

萍乡市出台了《关于降低企业成本优化发展环境的实施意见》等一系列惠企政策。鼓励民间资本参与政府和社会资本合作（PPP）项目，促进基础设施和公用事业建设。进一步开放基础设施和公用事业领域，向社会资本推出一批经营收益好、有较强吸引力的PPP项目，积极支持民间资本股权占比高的社会资本方参与PPP项目。严格按照法律法规遴选社会资本方，禁止设置任何"玻璃门""弹簧门"等门槛以排斥、限制、歧视民间资本参与PPP项目的行为。

支持和鼓励采取多种PPP运作方式，规范有序盘活存量资产，丰富民营企业投资机会，回收的资金主要用于补短板项目建设，形成新的优质资产，实现投资良性循环。通过适当延长合作期限、积极创新运营模式、充分挖掘项目商业价值等，建立健全PPP项目合理回报机制，进一步激发民间资本参与积极性。努力提高民营企业融资能力，有效降低融资成本，推动PPP项目资产证券化，鼓励符合条件的PPP项目发行专项债券、资产支持票据。鼓励民间资本通过采取混合所有制、组建联合体、设立基金等多种方式，参与投资规模较大的PPP项目。截至2018年5月，萍乡市被列入省市县三级联动推进开工的98个重大项目进展顺利，总投资442.8亿

元，有实力的民间资本已经成为重大项目中的重要力量。

三、民营企业融资环境有较大改善

政银企对接得力，降低企业融资成本。政府出台商业银行对本地企业放贷的激励办法，政府从贷存比、贷款新增额、贷款户数等方面对银行给予考核评价。尽可能化解银行放贷风险，政府建立维护金融债权联席会议制度，银行之间共享企业诚信信息。由市区县政府与江西银行合作，双方共同设立 5 亿元的产业发展基金，支持高新技术产业发展。萍乡通过大力推广战略性新兴产业"引导基金信贷通""财园信贷通""税银通"信用融资平台等，已帮助全市 263 家企业获得贷款 7.3 亿元，有效地缓解了萍乡中小企业融资难问题。仅 2016 年，湘东区就通过多种渠道争取区域内银行给本地有前景的企业贷款余额达 65 亿元，大幅降低了企业融资成本。

打造金融综合服务平台。融资难、融资贵是长期以来制约萍乡市非公经济发展的瓶颈。萍乡以"数据库+网络"为核心，打造了萍乡市金融综合服务平台，市场监督管理、环保、法院、税务、社保等44 家报数单位与平台实现了互联互通，目前江西省已有 7 个地级市借鉴萍乡经验上线金融综合服务平台。

四、企业要素成本有所降低

萍乡市扎实推进"降成本、优环境"专项行动，取消和停征多项涉企行政事业性收费，在用地、用能、税收、融资、物流、降低社保有关费率等方面为企业减负，以 2016 年为例，萍乡市通过落实省、市"降成本、优环境"政策，为企业减负超过 13 亿元。从问卷调查来看认为"降成本、优环境"政策的落实得"非常好""比较好"的企业有 75 家，占 65.22%。

五、"亲""清"新型政商关系逐步建立

萍乡市围绕打造"政策最优、成本最低、服务最好、办事最快"营商

环境，积极推动"省130条"和"市121条"等各项惠企政策的落实，深入推进政务服务标准化建设，完善政企双月恳谈会制度等，企业成本持续下降，将政策红利加速转化为企业红利，企业获得感明显增强。截至2017年底已经举办了十二次政企双月恳谈会，萍乡市委书记与市长出席，亲自和企业家、银行金融机构负责人面对面沟通、心贴心交流。共收集企业反映问题120件，已经协调解决105件，正在推进解决15件。

此外，萍乡市委成立优化发展环境领导小组，协同发改、工信、国土、环保、工商等十余个部门，切实改善市场环境、法治环境等。全市开展了"减证便民"行动，大力推进"最多跑一次"，最终实现"一次不跑"。2018年1~5月，萍乡市梳理"一次不跑"政务服务150项，市本级38项，各县区112项，共办理"一次不跑"事项152516件。

六、民间投资信心不断增强

基于不断细化的政策制度落地，调研组继续深入考察了萍乡市当地企业继续投资经营的信心指数和投资计划。其中关于2018年是否有新增投资计划的选项，115家被访企业中，有追加投资计划的有43家，正在考虑的有48家，占比分别为37%和42%，说明企业继续投资经营的信心指数较高（见图10-4）。

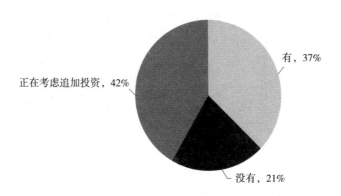

图10-4 萍乡市民营企业是否有追加投资的计划

数据来源：江西省统计局。

第四节 进一步激发萍乡市民间投资活力的政策建议

为了进一步激发民间投资活力，结合萍乡市现阶段发展实际情况，提出以下政策建议：

一、拓宽民间投融资渠道

建立完善行业融资对接制度。面对中小企业贷款难问题，由行业主管部门分别对中小企业、"三农"企业、外资及商贸企业、科技型企业等融资需求列出清单，市金融办等有关部门督促指导驻地银行机构开展银企对接，积极为企业设计融资方案、优化融资条件。深入推进"双惠"银行工作机制，鼓励辖区内银行机构争当小微企业"双惠"银行，通过贷款利率、贷款额度等方面的优惠，引导小微企业将其存款、贷款、结算、理财、咨询等各项业务相对集中于一家银行办理，构建"风险共担、利益共享、平等互利"稳定的银企合作关系，减少压贷、抽贷、断贷行为。金融主管部门要采取切实有力措施，按照国家和省里有关"降成本、优环境"政策的要求，优惠或降低银行对民营企业放贷利率，不得随意提高贷款利率；对正常经营的民营企业，在续贷时实行无缝对接，避免企业因一时资金紧张而产生成本负担。应以市县等各级政府牵头通过多种途径加大社会信用体系建设力度，多措并举加大对失信企业的处罚力度，建立和完善信用监管格局，将信用监管成果与破解个体工商户、小微企业经营中的难题和困难有机结合起来，助力企业融资造血。

二、切实降低企业成本负担

有效降低企业用地用能成本。落实新增工业用地弹性出让年期制，积极推进工业用地长期租赁、先租后让、租让结合供应，工业用地的使用者可在规定期内按合同约定分期缴纳土地出让价款。在不改变用途的前提下，现有工业项目提高利用率和新建工业项目建筑容积率超过国家、省、市规定容积率部分的，不再增收土地价款。合理降低企业用电成本，根据国家和省有关规定，全面落实电价下调政策和延长错峰用电时间。组织符合条件的企业参加全省电力直接交易试点，不断扩大电力直接交易试点范围。进一步减轻企业税费负担，严格执行国家政府性基金收费减免政策；取消或停征部分涉企行政事业性收费，包括停征药品检验费、计量收费等项收费项目，取消环境检测服务费等项收费项目。继续清理、规范一批涉企经营服务性收费，采取放开、取消或降低收费标准等方式，对技术咨询服务费等项由萍乡定价的涉企经营服务性收费进行清理和规范。落实好研发费用税前加计扣除、企业固定资产加速折旧、小微企业和高新技术企业减征企业所得税等优惠政策。合理降低企业人工成本，阶段性降低社保缴交和失业保险费率，力争达到周边省份平均值费率。适当降低企业住房公积金缴存比例，严格执行缴存控高保低政策，生产经营困难企业也可依法申请缓缴住房公积金。出台相关政策减轻企业用工成本，吸引省内外人才留下来创业或参与当地企业技术创新和开发。继续降低企业物流成本。降低物流成本的关键在于建立统一开放的物流市场，切实解决由于行政分割导致的物流成本上升问题。加强工业园区，尤其是物流园区的基础设施建设，整合资源以形成规模效应。鼓励企业将物流外包给专业企业或团队，借助第三方物流公司降低企业物流成本。持续降低企业用能成本，借鉴广东佛山经验，补贴资金降低企业用能成本，对于全市规模以上工业企业，对企业用能增加的部分给予补贴。

三、多措并举解决企业用工问题

加强非公企业人才队伍建设，尤其是经营管理人才，为企业人才建设出政策、建平台、抓服务；加强企业上市服务，对大型企业尤其是百强民企进行"一对一"服务；加大企业高层次人才引进政策落实的力度，加大企业人才支持力度，完善落实人才配套政策，解决引进人才子女上学问题。加强技校培训，大力扩大技校建设，加大本地劳工技能公益培训，留住本地年轻人；政府和工业园区应加强与外省劳动力富足的偏远地区县区镇政府合作进行劳务输入合作，切实解决萍乡用工难问题。同时，本地招工时，园区应统一组织招聘会和发布招工信息，降低企业单独招工成本。

四、继续提振民营企业家投资信心

萍乡市县区各级政府在出台相关政策时要进行充分的调研，邀请省内外专家进行反复论证，各相关部门统一步调，制定出科学合理的政策法规，能够在社会取得大多企业家的认可和接受，正确引导中小企业的投资方向和战略决策。各部门在传达中央或省里有关政策时，应该加大宣传力度，认真解读上级政策中的积极因素，对相关疑惑和模糊问题，积极主动地为企业释疑解惑，及时帮助企业正确理解上级政策的真实意图，为稳定市场预期、提高企业投资信心做好舆情收集和沟通工作。

五、进一步构建新型政商关系

建立健全政府与民营企业常态化沟通机制，进一步发挥工商联和协会商会在企业与政府沟通中的桥梁纽带作用，倾听民营企业呼声，帮助解决实际困难。健全完善民营大企业服务直通车制度，对本地、外地企业一视同仁，在税收、招投标和融资等方面都享受同等待遇。制定民营企业人才引进和培养工作推进方案，组织开展民营企业家专业化、精准化培训，提升民企经营管理水平。建立和完善民营企业服务平台，集成网上办公端口、集中惠企扶持政策、集聚文化品牌信息，开通民企网上服务热线和"专家门诊"，为民营企业提供多角度、全方位、立体化的服务，实现普惠性宣传和个性化定制服务相结合的政策宣传服务新模式。建立企业投诉举报中心，由当地政府常委兼任中心主要负责人，提高企业投诉处理的效率。

第十一章　新余市激发民间投资活力的实践与探索

近年来，新余市全市上下以习近平新时代中国特色社会主义思想为指引，认真贯彻落实国务院《关于进一步激发民间有效投资活力促进经济持续健康发展的指导意见》和省政府《关于进一步激发民间有效投资活力促进经济持续健康发展的实施意见》精神，推动各项民间投资政策的落地生效，促进全省民间投资健康发展，取得了良好的成效，为推进新余市经济高质量发展做出了较大的贡献。

第一节　新余市投资环境分析

新余市，位于江西省中部偏西，浙赣铁路西段，东距省会南昌市 150 千米，东临樟树市、新干县，西接宜春市袁州区，南连吉安市青原区、安福县、峡江县，北毗上高县、高安市。下辖分宜县、渝水区，设 10 个乡、16 个镇、10 个办事处，有 392 个村民委员会、3739 个村民小组。面积 3178 平方千米。2018 年全市年末常住人口 118.67 万人，其中城镇人口 83.11 万人，占总人口的比重为 70.03%。

一、经济发展总体状况

2018 年，新余市生产总值 1027.34 亿元，比 2017 年增长 8.3%。其中，第一产业增加值 55.47 亿元，增长 3.6%；第二产业增加值 509.21 亿元，增长 8.1%；第三产业增加值 462.66 亿元，增长 9.2%。三次产业结构为 5.4∶49.6∶45.0，三次产业对 GDP 增长的贡献率分别为 2.3%、54.7% 和 43.0%。人均生产总值 86791 元，增长 7.7%。非公有制经济增加值 604.62 亿元，增长 9.2%，占 GDP 的比重达 58.9%。2018 年，新余市财政总收入 144.25 亿元，与 2017 年持平。其中，一般公共预算收入 76.36 亿元，下降 17.5%。税收总收入 129.71 亿元，增长 20.0%，占财政总收入的比重 89.9%，比 2017 年提高 15.%。全市固定资产投资（不含农户）比上年增长 10.6%。分产业看，第一产业投资增长 69.3%；第二产业投资增长 10.2%；第三产业投资增长 7.8%。社会消费品零售总额 274.36 亿元，比上年增长 11.2%。外贸进出口总额 161.6 亿元，比上年下降 11.3%。其中，出口 85.55 亿元，增长 0.2%；进口 76.06 亿元，下降 21.4%。全市新批外商投资企业 51 个。实际使用外商直接投资 47508 万美元，比上年增长 9.2%。实际利用省外 2000 万元以上项目资金 520.52 亿元，增长 10.2%（见表 11-1）。

表 11-1　2013~2018 年新余市主要经济发展指标

指标＼年份	2013	2014	2015	2016	2017	2018
GDP 总量（亿元）	845.07	900.27	946.80	1028.17	1108.51	1027.34
GDP 增长率（%）	4.5	8.8	8.5	8.6	8.5	8.3
三次产业结构	6.0∶58.1∶35.9	6.0∶57.81∶36.2	5.9∶55.8∶38.3	5.7∶54.9∶39.4	6.0∶50.4∶43.6	5.4∶49.6∶45.0
财政总收入（亿元）	119.9	126.41	132.86	137.19	144.18	144.25
一般公共预算收入（亿元）	84.48	89.92	98.80	95.74	92.6	76.36
规模以上工业增加值（亿元）	295.12	331.46	319.47	322.73	476.87	517.40
全社会固定资产投资（亿元）	704.04	748.19	822.60	921.32	1035.04	1144.70
社会消费品零售总额（亿元）	170.83	191.11	213.75	239.95	269.58	274.36
进出口总值（亿元）	20.70	20.46	112.93	123.63	182.35	161.6

续表

年份 指标	2013	2014	2015	2016	2017	2018
出口总额 （亿元）	10.73	12.64	78.65	84.34	85.36	85.55
实际利用外商 直接投资（万美元）	31414	34561	36562	39868	43500	47508
金融机构人民币 存款余额（亿元）	658.11	703.08	906.01	968.86	1082.72	1159.59
金融机构人民币 贷款余额（亿元）	547.92	602.35	664.59	714.68	768.18	823.3

注：2018年规模以上工业增加值、全社会固定资产投资数据是根据增长率推算。

数据来源：2013~2018年新余市国民经济和社会发展统计公报。

二、产业发展状况

新余市在产业发展上，以新型工业化为核心，推进产业结构战略性调整，重点围绕钢铁、新能源、新材料、光电信息、装备制造等优势产业，培育千亿级产业链，延伸产业链条支撑，构建多元产业新体系。同时，协同推进现代农业和现代服务业加快发展，促进产业结构向中高端迈进。

1. 传统产业

以钢铁产业、苎麻纺织、化工建材、食品医药、电力能源等传统产业为重点，大力实施传统产业技术装备改造升级行动，实现传统产业稳健、可持续、有竞争能力的发展目标。

钢铁产业，重点实施新钢钢铁品牌提升工程，发展优特钢、优质钢卷板、船用钢和海工钢、汽车用钢、电工钢；突出抓好新钢公司与本地企业进行产业合作，做大做强钢铁精深加工产业。

苎麻纺织产业，加快推进麻纺龙头企业资本重组，发挥苎麻品牌优势，引进相关配套企业，做大棉纺、针织、化纤等产业。

化工建材产业，统筹产业集聚布局，提高产业集聚度；加大技术改造投入，加快用新技术、新材料、新工艺、新装备改造提升现有企业，推进工艺装置自动化及安全生产标准化，加快形成高端产品的生产能力。

食品医药产业，以提升自主创新能力和行业综合竞争力为核心，加快形成以冷饮、烘焙食品、米乳、药品和中间体产品为主的食品医药产业体系。

电力能源产业，加快煤电扩建项目建设，打造赣西重要电力生产基地；依托蒙华铁路煤储基地，重点推进"煤、电、路"一体化产业体系的建设。

2. 战略性新兴产业

以新能源产业、新材料、光电信息产业、装备制造业、节能环保、生物医药、智能制造等战略性新兴产业为重点，立足高端化、集聚化、特色化，着力打造一批有品牌、有市场、有竞争力的产业集群和领军企业，努力将战略性新兴产业培育打造成支柱产业。

新能源产业，扩大电池片、电池组件等下游产品产能，带动白玻璃、逆变器、支架等辅料生产，实现产业配套本地化，提升产业集群发展水平；加大开发光伏应用产品的力度，积极发展节能减排和风电装备制造产业。

新材料产业，以动力与储能电池产品为突破口，培育引进锂电终端产品制造企业，打造包括电池材料、成品电池、应用产品及其配套产品的动力与储能电池完整产业链。

光电信息产业，加快光电信息产品公共检测平台等技术平台建设，提升光电信息产业聚集能力，重点发展以手机、平板为主的触控以及 LED 和安防产品等光电产业。

装备制造产业，重点发展汽车、内燃机等铸、锻、冲压件及深加工产品，大力推进特种工程机械驱动桥、变速箱、制动器、滤清器等项目建设，着力打造汽车零部件、农用机械、工程机械三大制造业基地。

节能环保产业，重点发展空气能利用、余热余压利用设备、新型储能材料、节能玻璃、绿色建筑材料、高效节能照明等技术装备和产品。

生物医药产业，重点发展生物制造、生物医药和现代中药等。

智能制造产业，重点在工业机器人、高档数控机床、3D 打印等智能装备和产品上取得突破。

新能源汽车产业，大力引进电动车充电设备等新能源电动汽车零部件、配套或整车生产项目。

3. 现代服务业

金融服务业。扶持本市和异地驻市银行做大做强，积极引进异地银行在余设立分支机构；支持各类融资平台发行企业债；规范发展保险业，创新保险产品；大力培育互联网金融等新业态，积极发展融资租赁行业。

现代物流业。全市共有各类物流企业近 600 余家，其中，公路运输型物流企业 530 家、铁路 7 家、水路 2 家，其他为仓储配送、信息服务等物流企业。依托蒙华铁路和沪昆铁路形成的铁路枢纽、赣西中心物流园区和高新区物流中心，建设"煤、电、路"一体化综合物流园，引进和集中发展规模物流企业，形成物流集聚中心。

电子商务。推进电子商务在各领域的推广普及应用，积极发展行业电商、跨境电商、农村电商，加快电商基地和电子商务示范企业建设。

商贸服务业。实施商贸功能区与特色街区、城乡农贸市场、专业市场等"三大提升工程"，加快城乡市场体系建设；搭建中小商贸流通企业平台，培育发展中小商贸服务企业。

社区服务业。强化社区公共服务，实现公共服务社区全覆盖。

家庭服务业。推动社区家政服务、居民购买、餐饮、维修等社区经营性服务业建设。

健康与养老服务业。探索养老服务业、健康服务业与家庭服务业融合发展模式。建立"医养结合"服务模式，实现"小病进社区、大病进医院、康复回社区"。

三、区位交通环境

新余位于珠三角、长三角和闽东南三角区的交会点，沪昆铁路、杭南长高铁横贯东西，沪瑞、赣粤和大广三条高速丛穿境内，京九铁路傍市而过，蒙吉铁路（内蒙古—吉安）即将建设。到宜春机场仅半小时，到井冈山机场、昌北机场约 1.5 小时，到长沙黄花机场约 2 小时。自杭南长高铁开通以来，从新余出发 33 分钟到南昌，1 个小时到长沙，4 个小时可达广州、上海，4 个半小时到深圳，7 个小时到北京，交通十分便利。

公路建设。新余已基本形成了以高速公路、国道及省道为骨架，县、乡和村道为支撑，功能结构完备的公路路网体系，赣粤、沪瑞、大广三条高速公路和四条省道在新余交会，成为全国城市中少有的高密度高速公路通过的城市，构建了新余与"长珠闽"对接的 5 小时经济圈。全市公路总里程 4466.043 千米，其中高速公路里程 127.855 千米。

铁路建设。新余市境内已建成的铁路共有国家铁路 2 条（沪昆高铁和浙赣铁路）、地方铁路线 2 条（上新铁路和分文铁路），总里程 192.3 千米，其中高速铁路里程约 63 千米，铁路网密度达 605 千米/万平方千米。蒙华铁路已初具规模，在新余境内总里程为 50.33 千米。

新余高新技术开发区设有海关、商检、铁路货运中心、公路货运中心，企业不出区就可办理进出口业务，极为方便。开通了新余至深圳、上海、宁波、厦门等沿海大城市的铁海联运，实现了从工厂装箱直达港口码头的"一体化"整装铁海联运服务，可大大节约企业产品出口的运输成本。

四、资源环境

新余市水资源总量达 59.5395 亿立方米，其中区域外流入 25.4368 亿立方米。地表水的来源主要是河川径流量，少许是山泉水，全市大部分地区径流量均在 750～900 毫米。全市地下水平均储量达 8.79 亿立方米，其中可供开发利用的有 3.44 亿立方米，主要包括松散岩类地下水和岩溶型地下水。城区空气质量优良率达 91.5%，优良天数 334 天，圆满完成考核目标任务。全力打造"保家行动"升级版，可限养区 924 家畜禽养殖场已关停拆除或进行了生态改造，新铺设园区污水管网 66.6 千米，工业污水处理厂日均处理量实现翻番。全面开展"清河行动"，完成消灭劣Ⅴ类水任务。

新余市矿产资源较为丰富，尤以铁、煤为最。全市已发现的矿产资源种类有 32 个矿种，占全省已发现矿种的 23.5%，可划分为黑色金属矿产、有色金属矿产、贵金属矿产、非金属矿产和燃料矿产五大类。其中，黑色金属矿产主要有铁矿；有色金属矿产主要有钨、铋、钼、铍、铜、铅锌、锑、汞等；贵金属矿产主要有金、银；非金属矿产主要有硅灰石、透辉石、硫铁矿、粉石英、高岭土、熔剂灰岩、水泥灰岩、大理岩、白云岩、镁质粘土、水晶、萤石、冰洲石、磷、石棉、海泡石等；燃料矿产有煤、泥炭。

五、投资政策

2014 年以来，新余市围绕"小政府、大社会、活市场、优环境"实施改革创新，将推行建设工程项目并联审批、实行投资项目审批代办制、规范建设项目行政审批中介服务、全面推行村级民事代办制、改革行政服务"三单"管理和全面实现网上审批电子监察作为推动行政审批制度改革的突破口，陆续出台了《新余市建设工程项目优化审批流程暂行方案》《关于推行重点产业投资项目审批代办制的实施意见》《关于建设项目行政审批服务"中介超市"管理办法》《关于印发新余市"三单"管理改革实施办法的通知》《新余市网上审批电子监察管理试行办法》等一系列政策，为新余打造优质高效的政务服务、招商引资取得了良好的成效。

表 11-2　2014~2019 年新余市优化投资环境出台的部分政策

年份	政策名称	政策内容
2014	《关于印发新余市招商引资奖励办法的通知》《关于印发新余市促进经济发展办法的通知》《关于印发关于建设完善网上行政审批系统实施方案的通知》《关于推行重点产业投资项目审批代办制的实施意见》《关于进一步审核规范市本级权力清单的通知》	2014 年 5 月，新余市在全省率先公布第一批"负面清单""权力清单"和"监管清单"，列入第一批的权力清单事项共 725 项，其中，行政审批项 422 项（行政许可事项 315 项，非行政许可事项 107 项）；社会服务事项 211 项（个人办事类 90 项，企业办事类 51 项，个人和企业办事类 44 项，其他类 26 项）；鼓励法规类事项 86 项；社会组织类事项 2 项。市行管委将清理出来的社会公共服务事项进行流程优化、时限压缩等再造工作，由市信息化中心进行网上流程固化，实现社会公共服务事项网上申报、网上办理。
2015	《财园、出口、科技信贷通有关政策节选》《关于印发新余市建设项目规费减免办法的通知》《关于进一步加强招商引资工作的意见》《新余市近期出台的有关涉企收费优惠政策节选》《新余市建设项目网上并联审批简介》《新余市工业项目贷款贴息管理办法》《新余市鼓励企业科技创新政策节选》	1. 降低高速公路货运车辆通行费标准。按省委省政府《促进经济平稳健康发展的若干措施》的要求，对持有赣通卡的货运车辆通行我省高速公路，车辆通行费优惠标准在现行基础上，再增加 2 个百分点；对通行我省高速公路合法装载的国际标准集装箱车辆，计费标准由每车千米 1.6 元降至 1.15 元。 2. 取消、停征和免征一批涉行行政事业性收费。取消 12 项涉企行政事业性收费，暂停征收 7 项涉企行政事业性收费，对小微企业免征 47 项行政事业性收费。
2016	《关于降低企业成本优化发展环境的实施细则》《企业（单位）可享受的就业创业政策》	1. 落实税收优惠政策。 2. 大幅度降低涉企收费。 3. 有效降低企业融资成本。 4. 合理降低企业人工成本。 5. 适度降低企业用能用地成本。 6. 进一步降低企业物流成本。 7. 积极降低企业财务成本。

年份	政策名称	政策内容
2017	《院校、培训机构可享受的就业创业政策》	就业技能培训机构对城乡各类劳动者和高校毕业生开展技能培训，达到规定时间和要求的，家庭服务业培训按每人600元标准给予培训机构培训补贴［未达到规定时间和要求的，按集中培训50元/人/天（8课时）的标准给予补贴］；罪犯和强制隔离戒毒人员开展1～3个月培训的按每人600元标准给予补贴，刑释、解除隔离后6个月内实现就业的给予每人最高不超过1000元的补贴；其他技能培训按每人600～1800元的标准给予补贴，具体按赣人社发〔2012〕97号文执行。
2018	《关于实施促进人才发展政策三十条的意见》《新余市促进赣锋雅保龙头拉动打造全球锂电高地三十条措施》《新余市促进经济发展办法》	1. 创新实施"新余双百人才工程"。 2. 创新实施"万名大学生来余留余就业创业工程"。 3. 创新实施"新余柔性引进千名人才工程"。 4. 创新实施"新余千名高技能人才引进培养工程"。 5. 创新实施"新余千名乡村实用人才振兴工程"。 6. 深入实施"新余三名工作室建设工程"。 7. 深入实施"新余青蓝人才培养工程"。 8. 深入实施"新余百名紧缺专业高级人才引进工程"。
2019	《新余市外商投资企业投诉工作办法》	1. 市投诉受理机构负责受理本市内外商投资企业投诉事项和上一级投诉受理机构转交的投诉事项。涉及跨行政区域的外商投资企业投诉事项，由上一级外商投诉受理机构受理。 2. 投诉被受理后，原则上由投诉事项发生地的当地机构处理解决。投诉受理机构在受理投诉后，应当调查情况，反馈信息，予以协调。 3. 投诉人提出投诉时，应当向投诉受理机构提交书面投诉材料，投诉材料可通过信函、传真、电子邮件等方式传递。 4. 投诉受理机构接到投诉人投诉后（含12345市长热线转发材料）应当审查投诉材料，并在5个工作日内作出是否受理的决定。符合投诉受理条件的，应当予以受理并向投诉人发出投诉受理通知书；不符合投诉受理条件的，投诉受理机构应当于5个工作日内向投诉人发出不予受理的通知书（注明不予受理的理由），退回投诉材料；对需要进一步补充完善投诉材料的，投诉受理机构应当于5个工作日内一次性告知投诉人予以补充完善。

六、融资环境

拓宽融资筹资渠道。新余市全面落实《防控金融风险支持实体经济发展的若干意见》，加快修复金融生态，撬动更多信贷资源支持实体经济发展。深化融资担保机制改革，推动市国信担保公司与银行构建可持续银担商业合作模式。继续发挥"财园信贷通""财政惠农信贷通""科贷通"等作用，有效缓解民营企业融资难题。全面落实企业上市"三年行动"计划，引导更多优质企业借助资本市场力量做优做强，力争亿铂电子、天欣源在港交所上市。精准研判政策走向，完善"三争"工作机制，全力做好项目储备和前期工作。

七、社会环境

"五型"政府建设成效明显，工作作风持续好转。全力开展"转变作风、坐实结果"活动和"五型"政府建设，坚决整治政府系统"怕、慢、假、庸、散"等作风顽疾，干部作风向"勇、快、实、进、聚"加快转变。履职能力不断提升。全面推进依法行政，严格落实法治政府建设和民主集中制，行政决策科学化、民主化、法治化水平稳步提升。严格落实党风廉政建设主体责任和"一岗双责"，坚决落实中央八项规定，重拳整治侵害群众利益的不正之风，坚决反对特权思想、特权现象，全市政府系统呈现出风清气正、人心思进的良好局面。"法治新余"和"平安新余"建设深入推进，国家安全人民防线进一步加强，扫黑除恶专项斗争打掉一批涉黑涉恶团伙，公众安全感满意度排名全省第一，人民生活殷实安康。以管理创新、文明创建为抓手，扎实开展治脏、治乱、治堵、功能修补、生态修复、特色彰显、亮化美化、治理创新八大专项行动，大力整治脏、乱、堵等"城市病"，下决心解决好市容市貌、占道经营、交通秩序混乱、架空线"蜘蛛网"、黑臭水体等突出问题，全力树立城市新风貌。

八、生态环境

生态环境日益改善。全市环境质量总体稳定。两个主要饮用水源保护区水质稳定在Ⅱ类，袁惠渠水质基本达到Ⅲ类，袁河新余段断面达标率为100%，城区空气质量总体达到环境空气质量二级标准。全市森林覆盖率达到50.44%。城镇生活垃圾无害化处理率达到100%。被评为国家森林城市、国家园林城市。

环境治理扎实有效。新余市全力打造"保家行动"升级版，可限养区924家畜禽养殖场已关停拆除或进行了生态化改造；新铺设园区污水管网66.6千米，工业污水处理厂日均处理量实现翻番。建成村镇生活污水处理设施38座、配套管网140千米，58项流域截污治污体系建设等水污染治理工程已完成53项。全面开展"清河行动"，扎实推进入河湖排污口排查整治，全市入河湖支流水质达标率达79%，完成省政府下达的消灭劣Ⅴ类水目标任务。深入推进"蓝天行动"，新钢6米焦炉烟气脱硫脱硝等项目建成投用，建成进城货运车辆强制免费冲洗平台6个，绿化硬化裸露土105万平方米，非煤矿山综合整治稳步推进，主城区烟花爆竹禁燃禁放成效显著，圆满完成省政府下达的PM2.5年度目标任务，城区空气质量优良率达91.5%。大力开展环保专项执法行动，立案查处环境违法行为190件。

加快推进园区污水管网建设，确保工业企业污水应纳尽纳。配合省级层面探索建立袁河流域生态补偿机制，加快实施流域截污治污体系建设等系列水污染治理工程、城区雨污分流项目和水系连通工程，建成村镇生活污水处理设施94座，全力改善水环境质量。持续开展"四尘""三烟""三气"综合治理，大力推进钢铁、水泥、化工、建筑等重点行业领域环保监管，持续开展非煤矿山综合整治，巩固主城区烟花爆竹禁燃禁放成效，确保空气质量优良率、PM2.5等约束性指标控制在省政府下达的目标范围内。强化固体废物堆存场所整治，加快土壤重金属污染修复，推动建筑垃圾、生活垃圾、餐厨废弃物、工业固废等废弃物资源化利用和无害化处理。

第二节　新余市民营经济发展和投资现状

党的十八大以来，新余市认真贯彻落实中央、省、市关于支持非公有制经济发展的方针政策，扎实开展促进全市民营经济发展的各项工作，民营经济整体运行良好。2018 年，全市民营经济完成增加值列全省四小市（萍乡、鹰潭、新余和景德镇）第一位。

一、民营投资主体不断增加

2018 年，新余市拥有私营企业、个体工商户户数 62445 户，比上年增加 5931 户，增长 10.5%，比全省增速高 1.6 个百分点。其中，个体工商户户数 35886 户，比上年增加 1839 户，增长 5.4%；私营企业户数 26559 户，比上年增加 4092 户，增长 18.2%。

民营投资主体涉及的领域十分广泛，综合问卷调查和实地考察的情况看，涵盖了农林牧渔业、采矿业、制造业、建筑业、批发和零售业、交通运输、仓储和邮政业、住宿和餐饮业、信息传输、计算机服务和软件业、金融业、房地产业、租赁和商务服务业、居民服务、修理和其他服务业、文化、体育和娱乐业，其中制造业所占比重最大。

2018 年，新余市私营企业、个体工商户注册资金 2939.21 亿元，比上年增加 632.54 亿元，增长 27.4%，比全省增速高 7.3 个百分点。其中，私营企业注册资金 2882.84 亿元，比上年增加 625.07 亿元，增长 27.7%。

二、民营经济发展势头喜人

2018 年，新余市民营经济增加值 604.62 亿元，同比增长 9.2%，比全省平均水平高 0.3 个百分点，列全省第 4 位，占全市 GDP 的比重为 58.9%，比上年同期提高 0.5 个百分点。

从民营经济产业发展看，第一产业增加值为 17.38 亿元，比上年增长 2.2%，占总量的 2.90%；第二产业增加值为 328.20 亿元，增长 10.6%，占总量的 54.30%，其中工业增加值 271.82 亿元，比上年增长 9.1%，资质等级以内非公有经济建筑业增加值 39.47 亿元，增长 43.7%；第三产业增加值为 259.04 亿元，增长 7.4%，占总量的 42.80%（见图 11-1），其中，限额以上非公有经济批发零售业、住宿餐饮业增加值 24.41 亿元，增长 10.6%。规模以上非公有经济工业主营业务收入 738.23 亿元，比上年增长 6%。

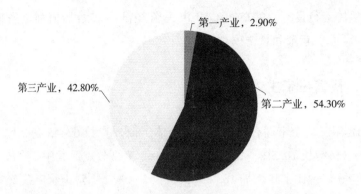

第一产业，2.90%

第三产业，42.80%

第二产业，54.30%

图 11-1　2018 年新余市民营经济三次产业占比

三、民营经济投资总量不断增长

从民营经济投资情况来看，2013 年民间投资完成 528. 91 亿元，增长 15. 90%，占全市固定资产投资的比重为 75. 12%；2014 年民间投资完成 569. 95 亿元，同比增长 5. 60%，占全市固定资产投资的比重为 76. 2%；2015 年民间投完成资 551. 37 亿元，下降 3%，占全市固定资产投资的比重为 67. 02%；2016 年民间投资完成 682. 18 亿元，增长 23. 70%，占全市固定资产投资的比重为 68. 18%；2017 年民间投资完成 771. 73 亿元，增长 13. 10%，占全市固定资产投资的比重为 74. 56%；2018 年，民间投资完成 829. 61 亿元，增长 7. 50%，占全市固定资产投资的比重为 76. 6%（见图 11-2、图 11-3）。

四、投资领域空间不断拓展

随着社会主义市场经济体制的不断完善，针对民营经济投资的门槛不断放宽，新余市民间投资越来越活跃，民间资本进入基础设施、工业、现代服务业、生态环保、民生、康养等各个领域。工业领域以苎麻纺织、化工建材、食品医药、电力能源等传统产业为主，同时，涉及新能源、新材料、光电信息、节能环保、生物医药、装备制造等新兴产业。服务业既涵盖金融服务、现代物流、电子商务、科技服务等生产性服务业，也涉及文化产业、旅游产业、社区服务业、商贸服务业等，其中批发零售、房地产业等行业投资比重超五成。

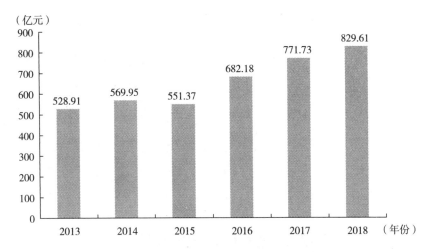

图 11-2 2013~2018 年新余市民间投资金额

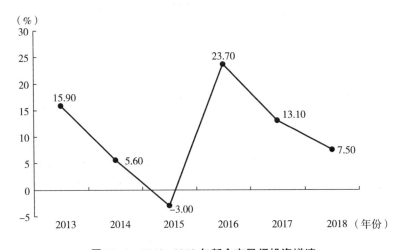

图 11-3 2013~2018 年新余市民间投资增速

五、民间投资政策得到较好落实

新余市认真贯彻落实上级文件的同时，结合新余实际，相继出台促进民间投资的相关配套措施和实施意见等各类文件，进一步简政放权、转变职能，优化投资环境，提供优质服务，着力构建稳定、公平、透明的营商环境。严格落实涉企政策，继续推进企业"宁静日"和绿卡制度，完善"三单一网"项目审批管理、重大项目帮扶机制。建立"全流程"的招商引资项目服务机制，强化项目洽谈、预审、签约、落户、开工、推进、管理等各环节衔接机制。在政策保障、规范指导、优化环境等方面给民间投资"保驾护航"。根据企业调查问卷，认为新余市落实民间投资政策非常好的占 22.22%，比较好的占 50.0%。对于《关于降低企业成本、优化发展环境的若干意见》（"80 条"）、《关于进一步降低企业成本优化发展环境的若干政策措施》（"20 条"）、《江西省人民政府关于精准深入推进降低企业成本优化发展环境的补充意见》落实，认为非常好的占 38.89%，比较好的占 27.78%，一般的占 16.67%。对于办事优化程度和政务服务，认为很满意的占 33.33%，较满意的占 44.44%，一般的占 16.67%。

六、民营投资对经济的贡献率不断提升

新余市民间投资活跃且发挥的作用明显，对经济的贡献比较突出。2018 年，民营经济对 GDP 增长的贡献率为 64.8%。2018 年，全市民营经济出口创汇 10.82 亿美元，比上年同期增加 7694 万美元，增长 7.7%，比全省高 4.3 个百分点，占全市出口总额比重 82.7%。民营经济上缴税收 110.12 亿元，增长 19.5%，占税收比重为 77.1%。

第三节　新余市激发民间投资的做法与成效

近年来，新余市全市上下以习近平新时代中国特色社会主义思想为指引，认真贯彻落实国务院《关于进一步激发民间有效投资活力促进经济持续健康发展的指导意见》和省政府《关于进一步激发民间有效投资活力促进经济持续健康发展的实施意见》精神，推动各项民间投资政策的落地生效，促进全省民间投资健康发展，取得了良好的成效，为推进新余市经济高质量发展做出了较大的贡献。

一、"放、管、服"改革不断深化

一是实现权责清单管理，亮出行政权力"家底"。按照省市审改工作

要求，在全市范围内开展"三单"管理改革工作，印发了《新余市行政权责清单管理办法》，市、县（区）稳步推进。市级层面公布的权责清单事项共4615项，并实现清单动态管理。权责清单都在政府网站上向社会公布，接受监督，让权力在阳光下运行。

同时，不动产登记在全省率先实现国土、税务、房管三家单位的数据共享，企业注册登记在全省率先实现5个工作日内办结。同时，新余市"一窗式"审批制度改革、"中介超市"网络服务平台的建设、部分证件补办等工作也都走在全省前列。

二是深化收费清理改革，实现公开收费及基金清单管理。凡无法律法规依据，越权设立的行政事业性收费基金项目一律取消。凡是涉企行政事业收费项目和全市出台的涉企的经营服务性收费，与《江西省涉企行政事业收费目录》《江西省定价目录》不符的一律取消，按规定有下限的，一律按下限标准执行。按照简政放权、清费减负的要求，全面实行收费目录清单制度并实行动态管理，对收费管理方式发生改变、不再实行政府定价管理，或者行政审批前置服务项目变化的收费项目等，及时调整收费目录清单并进行公示。

三是打造优质政府服务，做到"简政不减政"。制定出台了《新余市深入推进"放、管、服"改革实施方案的通知》（余府办发〔2017〕89号）；启用了新行政服务中心办公大楼，配有排队叫号系统和高智能化自助系统及视频监控系统，基本实现"进一扇门，办所有事"。推进"互联网+政务服务"建设，重新设计了全市政务服务互联网门户，优化了数字化协同办公平台，实现非涉密文件均在网上运行，公务处理不再受时间和地点限制，大大提高工作效率；积极推进社区数字化服务管理平台，将与群众最常涉及的办事和服务项下放到社区，打通服务群众的"最后一公里"。

二、企业负担不断减轻

一是简化审批事项办理环节，大幅减少前置审批条件。积极贯彻《企业投资项目核准和备案管理办法》的精神，项目核准仅保留土地预审意见书、规划选址意见书这两项前置审批条件，而项目备案则废除土地预审意见书、规划选址意见书、节能和环评预审意见等前置条件，真正达到投资项目备案无前置的目标。对于企业投资项目核准和备案事项，均明确了审批项目的内容、依据、条件、程序，需提交的材料、办理时限、咨询电话等关键要素，统一纳入《行政审批项目办理指南》，面向全社会予以公布。

二是实行网上并联审批。按照新余市并联审批服务改革要求，新余市出台了《新余市建设工程项目优化审批流程暂行方案》，县区也分别出台了相关文件。新余所有审批窗口集中在行政服务中心，实行审批集中化、一个窗口受理，实行并联审批。项目申报材料统一由每个阶段的牵头部门负责收件，再通过系统分发至各个审批单位，在网上进行同时办理，并实行限时办结，避免了多部门、多头跑所带来的时间浪费，也减少了事项办理的拖延，极大地提高了办事的效率。

三是清理规范申报材料，推进行政审批工作的标准化。结合取消、下放和承接行政审批事项情况，对已制定的审批事项进行再次梳理，确保"法无授权不可为"。对列入清单的行政审批事项，按照《推进行政审批标准化体系建设实施方案》的要求，重新梳理、更新行政审批事项办事指南与受理清单，以标准化、规范化方式明确每一审批事项的名称、事项编码、审批主体、法律依据、申报材料、审批形式、审批时限、收费情况等要素。

四是清理规范行政事业性收费和政府性基金，取消政府提供普遍公共服务和体现一般性管理职能的收费，财政供养事业单位的收费全面纳入预算管理。取消和放开一批经营服务性收费，加强涉企经营服务性收费监管，多措并举降低企业用能、用地、用网、物流、融资等各方面成本。对经营服务性收费严格按江西省定价目录和市政府制定价格的经营服务性收费项目清单审核；对行政事业性收费严格按省市行政事业性收费目录清单和省市涉企行政事业性收费目录清单审核；对商会、协会收费严格按自愿原则审核。强化收费清单管理和公示、加强事中事后监管，并开展收费检查，切实降低实体经济运行成本和制度性交易成本，持续减轻企业负担。

三、民间资本参与 PPP 项目有所提高

政府投资引导，PPP 项目落地率超 30%。新余市 PPP 工作启动以来，市委、市政府高度重视，2015 年即下发《关于开展政府与社会资本合作的意见》，明确 PPP 工作总体思路、基本要求、实施流程、政策保障和工作

机制，通过各级各部门的共同努力，现已基本形成"有政策支持、有项目储备、有发布推介、有协同推动"的 PPP 工作体系。截至 2018 年，全市 PPP 项目落地率 30% 以上，大大超过全国、全省的平均水平。

四、"亲""清"政商关系不断完善

积极构建良性互动"亲""清"政商关系。贯彻落实《关于构建新型政商关系的指导意见》，引导非公经济人士践行"亲""清"政商关系，养成谋划项目找市场而不找市长、企业维权找法律而不找关系的习惯。着力培育诚信守法的商风社风，推动建立党政主导、企业参与、商会协同、制度保障的政商沟通和交往机制，推动形成政商双方交往规范、良性互动、共促发展的生动局面。

搭建平台，畅通政银企沟通渠道。在当前经济下行压力较大，民营企业升级发展困难重重的情况下，新余市工商联巧搭平台，促进企业家与党委政府、各有关部门的沟通联系。利用各级领导走访会员企业、商会、开展座谈会和市工商联组织召开的政企座谈会、银企对接会等，加强沟通、交流，畅通反映诉求渠道，解除企业家心中的"疙瘩"，共同研究解决企业发展中的困难和问题，为企业排忧解难，为他们提供一个良好的发展环境，进一步增强企业家对党和政府的信任、对企业发展的信心。

进一步推动政企对话平台机制建设，通过"仙女湖夜话"沙龙活动，市长率领市政府领导、部门主要负责人与众多受邀企业家一起面对面促膝长谈、亲切交流，共商发展。针对企业家们提出的困难和问题，有关部门要一一整理、研究、交办，能够解决的全力解决，暂时不具备条件解决的，也要向企业作出合理解释和说明，不能久拖不决。

依法维权，及时化解纠纷。新余市工商联成立了民营企业维权中心，依托会员企业三江合律师事务所强大的律师团队，通过法律讲座、上门宣讲等多种形式，及时加强对会员的法律法规知识普及，特别是与企业发展息息相关的《劳动法》《物权法》《公司法》《合同法》等。同时积极引导会员企业依法经营，主动深入会员企业，了解企业困难问题，帮助会员企业排查调处矛盾纠纷。仅 2016 年就向 100 多家民营企业发送法律风险提示 1382 期次；为企业和基层商会举办法律讲座 45 场；接待民营企业法律咨询、来访、来电 2398 次，满意率达到 99%；参与企业诉讼维权，挽回经济损失 6000 余万元。

五、民营企业家信心不断提振

强化政治引领作用。持续深化开展以"守法诚信、坚定信心"为重点的理想信念教育实践活动,增强非公有制经济人士对中国特色社会主义的信念、对党和政府的信任、对企业发展的信心、对社会的信誉。进一步凝聚广大民营企业家智慧力量,引导教育民营企业家坚定发展信心,保护、激发和弘扬企业家精神、优秀建设者精神和赣商精神,引导民营企业家自我学习、自我教育、自我提升,稳定预期、增强信心。

强力提振非公经济人士信心。开展了"建设美丽江西·非公经济人士在行动"活动,采访了 100 多名非公经济人士,征求他们对建设美丽江西的意见建议,报道他们为建设美丽江西做出的重要贡献;出台企业培训规划及指导意见,举办三期 MBA 总裁班,培训非公经济人士 300 余人,与全国名校举办民营企业高级研修班 8 期。组织 10 余批次会员出省、出境学习考察,拓宽了视野。

提高素质,鼓励参政议政。新余市工商联加强了对会员中的人大代表、政协委员、政风行风监督员的教育和培训,提高他们参政议政能力。鼓励和引导他们增强社会责任感,就企业发展的重点难点问题、行业发展的共性问题、社会关注的热点难点问题深入调查研究,通过协商会议、视察、提案、议案、社情民意等形式积极参与政治生活和社会事务。探索推动建立党委、政府与非公企业、商(协)会组织沟通协商机制,更好地发挥非公经济人士在参政议政、民主监督中的重要主体作用。

第四节　进一步激发新余市民间投资
活力的政策建议

根据新余民间投资发展的现状,以国务院办公厅《关于进一步激发民间有效投资活力促进经济持续健康发展的指导意见》和省政府《关于进一步激发民间有效投资活力促进经济持续健康发展的实施意见》精神为指导，积极引导投资方向、发挥政策效应、提振民营企业家投资信心、切实减轻企业负担，以激发当地民间投资活力。

一、加强对民间投资方向引导

建设和完善产业政策与项目投资信息、前沿技术发布平台，政府投资主管部门和行业主管部门要及时公布重要领域的发展建设规划，以及政府对投资的调控目标、主要调控政策、重点行业投资状况、发展趋势等政策信息，公布鼓励投资的重点行业和领域，引导合理投资。

引导民营企业集聚发展。围绕新余市主导产业、重点工程和特色园区建设，以骨干企业和知名品牌为龙头，引导民间投资企业开展配套和协作，建立以中小企业集聚为特征的产业集群，承接发达地区资本、先进技术和管理经验的转移。鼓励民间投资企业挖掘、保护、改造民间特色传统工艺，创建自主品牌，形成特色产业。增强投资能力，形成多元化的资本来源渠道。

二、拓展民间投资准入领域

重点鼓励和引导民间资本进入以下行业和领域：鼓励和引导民间资本进入交通基础设施领域，支持符合市场准入的民营企业参与交通基础设施建设和地方铁路、公路、水路客货运输，兴办车站、码头、货场、运输公司和其他交通行业企业。积极支持民间资本以独资、合作、联营、参股、特许经营、BOT、BT等方式，参与城镇供水、供气、供热、公共交通、城市园林、绿化、污水垃圾处理专业市场、工业园区标准厂房及配套设施、旅游景区服务设施等项目的投资、建设与运营。鼓励民间投资投向新能源、新材料等重点产业。支持新能源、新材料行业中有能力的民营企业建立技术中心和研发机构，提高技术研发能力和技术含量，加大技术改造和创新力度，促进民间科技创新型企业的发展。鼓励民间资本进入地方金融业。在严格监管、有效防范金融风险的前提下，支持民间资本进入地方性银行业金融机构，支持民间资本设立典当公司、小额贷款公司等地方性金融机构，鼓励符合条件的非公有制企业参与设立金融中介服务机构。

三、提振民间投资信心

一是大力扶持民营经济发展。深入推进降成本优环境专项行动,全面落实各项惠企政策,大力开展中小企业提升专项行动,推动资源向优质企业聚集,培育省级以上"专精特新"企业10家、"小巨人"企业3家,确保新增规模以上工业企业38家,加快形成"既有顶天立地的大企业,也有铺天盖地的小企业"的生动发展格局。扎实开展企业精准帮扶,继续打造好"仙女湖夜话"政企交流品牌,帮助民营经济解决发展中的困难。根据行业特点,政府协助建立起各行业之间交流的平台。由政府相关部门牵头,以知识讲座等方式,给予民营企业,尤其是小微型企业知识产权保护方面的指导和法律咨询。进一步规范涉企执法行为,放宽民营企业准入领域,为民营经济营造更好的发展环境、更公平的竞争环境。

二是构建"亲""清"新型政商关系。推动落实江西构建"亲""清"新型政商关系政策措施,公布政商交往典型案例,发挥指导和规范作用。坚持受贿行贿一起查,严肃查处官商勾结问题,斩断官商之间错综复杂的非法利益链,保持惩治腐败高压态势。健全企业家参与涉企政策制定机制。强化政务诚信建设,完善政策落实兑现制度,建立健全政务失信责任追究制度和倒查机制,各级政府要认真履行在招商引资、政府与社会资本合作等活动中与投资主体依法签订的各类合同,不得以政府换届、领导人更替等理由违约毁约。

三是营造亲商、重商浓厚氛围。加强政治引领,激励新生代企业家茁壮成长。大力支持青年创新创业,开展促进青年创业地方性立法工作。实施行业协会商会转型升级工程,提升专业化、国际化水平。依托"数字政府"建设,研究设立统一的企业维权服务平台,建立涉企信息集中公开和推送制度。按规定开展评选优秀企业家等活动,总结典型优秀营商案例。继续加大对城市和农村黑恶势力的打压,加强对村民的普法力度,维护民营企业的合法权利。

四、加大民间投资的政策支持

要完善政府政策支持力度,为民间投资创业发展提供良好的舆论氛围。要用好财政预算安排的技术改造、自主创新、节能环保等专项资金，积极扶持发展前景好、带动能力强、符合产业政策的民营企业，支持符合申报国家各类补助资金条件的民营企业。构建特色产业园区的发展模式，推动产业链招商，加快民间投资的集中化、合作化、集团化发展。要加强监督完善制度，保障民间投资平等参与市场竞争。

各级政府及其有关部门要积极帮助民营企业申请国家、省级科技型中小企业技术创新基金和工业发展专项资金、技术创新专项资金、中小企业扶持资金和信用担保基金。政府采购活动中，在技术、服务等指标满足采购需求的前提下，支持民营企业平等参与政府采购竞争，优先与民营企业签订合同，积极培育民营企业成为政府采购的长期供应商。对民间投资的经营性基础设施、公用事业项目，各级政府可相应安排部分资金，以资本金注入方式参与建设。

落实好《关于实施新余市人才政策三十条的意见》（余发〔2018〕10号），创新实施"新余柔性引进千名人才工程"。未来五年，支持用人单位通过项目合作、技术攻关、"假日专家"、"星期天工程师"等方式柔性引进1000名左右高层次人才。柔性引进的人才（团队），经过认定之后，由财政给予每人最高10万元补贴，并给予系列配套支持政策。支持新余学院、赣西科技职业学院办好职业教育，为本地企业输送基础技能人才，解决用工难的问题。

五、切实减轻企业负担

一是拓宽融资筹资渠道，缓解民企融资难题。全面落实《防控金融风险支持实体经济发展的若干意见》，加快修复金融生态，撬动更多信贷资源支持实体经济发展。深化融资担保机制改革，推动新余市国信担保公司与银行构建可持续银担商业合作模式。继续发挥"财园信贷通""科贷通"等作用，有效缓解民营企业融资难题。全面落实企业上市"三年行动"计划，引导更多优质企业借助资本市场力量做优做强，力争江西亿铂电子科技有限公司、新余市天欣源工贸有限公司在港交所上市。精准研判政策走向，完善"三争"工作机制，全力做好项目储备和前期工作，争取上级资金力争增长10%。

二是加强金融创新，助力民企壮大。创造良好的信用环境，包括进一步完善社会征信体系，加强对各类投资公司的监管，进一步厘清民间借贷与非法集资的界限等。继续鼓励各地由财政出资设立了多样化的基金、转贷金，为企业提供短期流动性帮扶，起到"四两拨千斤"的效果；同时，探索与金融机构合作创新信贷品种，降低企业资金成本。借鉴兄弟省份的先进经验。如江苏在科技成果转化风险补偿专项资金中开展"苏科贷"，吸引民间资本进入科技创新领域。该省80%以上研发投入、70%以上省级科技计划项目由民营企业实施。重庆江津区则设立2亿元起始周转金，为中小企业在银行贷款到期时提供"过桥"资金，预计一年可撬动银行向实体经济提供70亿元续贷。为促进新余科技成果转化，建议设立补偿专项资金。

实行公平合理的税费政策。按照《新余市加快经济发展优惠办法的通知》（余府发〔2008〕31号）的有关规定，切实落实鼓励民间投资各项涉税优惠政策，积极扶持企业发展。规范对民间投资者的税费征收。坚决治理乱收费。加快做好行政事业性收费清理整顿工作，严禁继续收取或变相收取国家、省、市历年取消和停收的项目收费，及时在政府网站公示现行的国家、省级和市级行政事业性收费目录，凡未列入国家、省级和市级行政事业性收费目录的项目一律取消，县区以下各级政府一律不准设置新的行政事业性收费项目。任何机构不得以任何理由违反国家规定向企业收费、罚款、集资、摊派等。

六、继续推动"放、管、服"改革

一是全力优化政务环境。持续深化"放、管、服"改革，推动更多政务服务事项"一次不跑"或"只跑一次"，确保事项办理率达80%以上，加快实现所有事项网上办理，"让数据多跑路、群众少跑腿"。进一步优化并联审批流程，企业注册开办压缩至3个工作日。加快疏通企业和群众办事的"堵点"，全面推行"错时延时服务"，努力把新余建设成为全省"办事最方便"的城市。

二是加强"互联网+"监管。积极推行跨部门"双随机、一公开"监管执法，实现"一次抽查、全面体检"。深化网格化监管改革，创新完善基层网格化治理体系和治理机制，实现"多网合一、一员多能"。认真落实《江西省人民政府办公厅关于推进企业信用监管制度改革的意见》（赣府厅发〔2017〕92号）要求，整合各类信用监管平台，畅通投诉举报渠道，建立完善失信惩戒机制，加大失信惩罚力度。

七、大力培育民营经济市场主体

支持"个转企"，个体工商户转型为企业的，允许保留原字号和行业特点；对转型过程中办理土地、设备权属划转，符合国家政策规定的，免收交易手续费。支持"小升规"，小微企业首次升级为规模以上企业，可由地方财政给予一次性奖励。培育"行业小巨人"和"隐形冠军"企业，支持中小企业"专精特新"发展。支持国家"千人计划"和国内外一流高校学术带头人等来新余市创办企业。引导各类政府性产业投资基金优先投资本土初创型、成长型中小微企业和潜在"独角兽"企业。对总部在新余市首次入围中国企业500强、中国民营企业500强的大企业大集团，给予重奖。民营企业通过股权并购、增资扩股、股权置换、合法拍卖等方式成功实现兼并重组的，给予资金支持。

八、加强对民营企业合法权益保护

依法保护民营企业财产权。加快完善产权保护制度，加强对民营企业和企业家正当财富和合法财产的保护。对侵害企业和企业家产权的行为，必须严肃查处、有错必究。在民事诉讼活动中，遵循"既依法保护债权企业的合法权益，又充分关注债务企业正常生产经营活动"的原则，做好企业财产保全工作。在刑事诉讼活动中，严格执行有关法律和司法解释，依法慎用拘留、逮捕等强制措施和查封、扣押、冻结等侦查措施，进一步严格规范涉案财物处置程序，严禁违法使用刑事手段插手经济纠纷，防止选择性司法，加大对虚假诉讼和恶意诉讼的审查力度，对恶意利用诉讼打击竞争企业，破坏民营企业家信誉的，要区分情况依法处理。高度重视三角债问题，纠正一些政府部门、大企业利用优势地位以大欺小、拖欠民营企业款项的行为。对民营企业历史上的一些不规范行为，要以发展的眼光看问题，按照罪行法定、疑罪从无的原则处理。对涉及民营企业重大财产处置的产权纠纷申诉案件、民营企业和投资人申诉案件、企业改制纠纷案件依法甄别，确属事实不清、证据不足、适用法律错误的案件，要依法予以纠正并给予当事人相应赔偿。

依法保护民营企业自主经营权。依法保证各类市场主体平等使用生产要素、公平参与市场竞争、同等受到法律保护。各地、各部门不得插手企业招投标和采购行为，不得插手企业工程建设，不得强迫企业提供赞助或捐赠、接受指定的检测、咨询服务等。要完善政策执行方式，提高政府部门履职水平，没有法律法规依据，不得要求企业停工停产或采取停水、停电、停气等措施限制企业正常生产经营活动，不得随意实施检查和罚款；在安监、环保等领域，执行政策不得搞"一刀切"。

第十二章　宜春市激发民间投资 活力的实践与探索

民营经济是国民经济的重要组成部分。当前随着经济社会的不断发展，民间投资已成为促进经济发展、调整产业结构、扩大社会就业的重要力量。进一步激发民间投资活力，有利于建立公平竞争的市场环境，有利于扩大社会就业、增加居民收入、拉动省内消费，有利于促进经济平稳快速发展。省社科院课题组实地调研发现，宜春在市委、市政府的坚强领导下，全市上下有力贯彻落实党中央、国务院、省政府促进民间投资文件精神，政策落实到位，民营经济运行良好，企业负担有所减轻，融资环境逐渐改善，民企投资信心不断增强，企业满意程度大幅提高。

第一节　宜春市民间投资环境分析

宜春，位于江西省西北部，户籍人口602.10万人，长江中游城市群重要成员，享有"月亮之都""亚洲锂都"之称，先后获中国宜居城市、全国绿化模范城市、国家森林城市等称号。宜春拥有优越的地理位置，四通八达的交通网络，丰富的物产资源，充沛廉价的人力资源，这些得天独厚的投资优势为宜春经济发展提供了广阔巨大的发展空间。

一、持续增长壮大的经济环境

宜春经济增长迅速。21世纪以来，宜春经济迅速增长。2010年全市GDP为870.0亿元，2018年大幅增长为2180.9亿元，大幅增长150.67%；

2010 年全市固定资产投资为 644.0 亿元，2018 年大幅增长为 2287.0 亿元，增长幅度为 255.13%；2010 年全市社会消费品总额为 266.5 亿元，2018 年大幅增长为 676.0 亿元，大幅增长 153.65%；2010 年全市外贸进出口总额为 46.2 亿元，2018 年增长为 193.6 亿元，大幅增长 319.05%；2010 年全市城镇居民人均可支配收入为 14333.4 元，2018 年增长为 32248.0 元，大幅增长 124.98%；2010 年全市金融机构人民币存款余额为 989.12 亿元，2018 年增长为 3261.1 亿元，大幅增长 229.70%（见表 12-1）。

数据表明宜春经济不断向好，经济规模不断壮大，经济活力持续增强，民间投资环境良好，发展潜力依然巨大。

表 12-1 2010 年、2018 年宜春市经济发展状况

	GDP（亿元）	固定资产投资（亿元）	社会消费品总额（亿元）	外贸进出口总额（亿元）	城镇居民人均可支配收入（元）	金融机构人民币存款余额（亿元）
2010 年	870.0	644.0	266.5	46.2	14333.4	989.12
2018 年	2180.9	2287.0	676.0	193.6	32248.0	3261.1
增长幅度（%）	150.67	255.13	153.65	319.05	124.98	229.70

二、持续向好的产业发展环境

近年来，宜春三次产业持续优化向好，一产占比逐渐下降，二产和三产占比逐年提升。2010 年宜春三次产业占比为 19.3∶56.5∶24.2，2015 年逐渐优化为 14.6∶52.3∶33.1，2018 年继续优化为 12.4∶44.8∶42.8（见图 12-1）。

数据表明，宜春产业结构优化明显，经济质量不断提升，产业投资环境向好于第二产业和第三产业。

"产业兴市、工业强市"战略保障宜春产业蓬勃发展。当前全市全力实施的"产业兴市、工业强市"战略奋力推动宜春产业高质量跨越式发

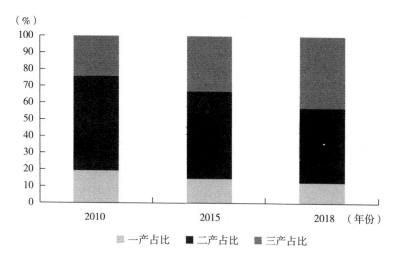

（%）

一产占比　二产占比　三产占比

图 12-1　2010 年、2015 年和 2018 年宜春三次产业占比

展。一是现代农业继续稳健发展。宜春六大特色农业产业加快发展，中药材种植、富硒农产品基地建设"双百计划"启动实施，"三品一标"认证数达 966 个，全市培育省级区域公用品牌 2 个。首届中国农民丰收节江西活动在高安成功举办。宜春获评全国木本油料（油茶）特色区域示范市、全省耕地保护责任目标考核优秀设区市。上高列为国家畜禽粪污资源化利用整县推进县，万载入选首批国家农村产业融合发展示范园创建单位，宜丰国家农产品质量安全县创建通过省级验收。樟树现代农业产业园成功申报国家现代农业产业园，丰城富硒园区评为国家农业科技示范园区。二是新型工业持续加速发展。全市拥有省级重点工业产业集群 13 个，规上工业企业 1631 家，全国制造业单项冠军示范企业 2 家，省级"专精特新"中小企业 147 家，两化融合示范企业 28 家，贯标认定企业 12 家，入选江西百强民营企业 27 家，均居全省前列。省锂电产品质量监督检验中心挂牌运行，丰城高新技术产业园区晋升国家级高新区，宜春经开区获评省级战略性新兴产业聚集区，高安建材产业优化升级列入省级试点。三是现代服务业持续提速发展。2018 年全市接待游客 9004.1 万人次，实现旅游综合收入 805.13 亿元，分别增长 25.1%、31.7%。成功举办第十二届月亮文化旅游节。"江西宜春·一座四季如春的城市"在中央电视台播放，获得广泛好评。《宜春市温汤地热水资源保护条例》颁布实施，宋城·明月千古情景区建成运营，江西武功山—明月山景区实现门票统一。靖安获评省级全

域旅游示范区，高安巴夫洛生态谷获批国家 4A 级旅游景区，铜鼓乡村旅游扶贫项目入选全国金融支持旅游扶贫重点项目。金融市场更趋活跃，亚中电子在"新三板"挂牌等。

三、持续焕发活力的创新环境

2018 年，宜春社会研发经费投入占 GDP 比重超 1.25%。新增国家高新技术企业 187 家，国家科技创新创业人才 1 名，院士工作站 4 个，省级创新平台载体 23 家、重大科技研发专项 2 项、科技协同创新体 3 个。大众创业万众创新蓬勃开展，新增市场主体 6.7 万户。宜春市委、市政府高度重视全市科技创新能力提升，相继出台《宜春市"十三五"科技创新升级规划》等文件，计划到 2020 年，科技支撑经济社会发展的能力显著提升，科技进步贡献率达到 60%；全社会研究与试验发展（R&D）经费支出占国内生产总值（GDP）的比重达到 2.0%，规模以上工业企业 R&D 经费支出与主营业务收入比达到 1.0%。新增高新技术产业化基地（产业集群）3个、科技企业孵化器（大学科技园、众创空间）20 个、省级重点实验室及工程研究中心 10 个等。

（1）为企业提供良好的知识产权保护和科技转化应用环境。一是有效保障知识产权的应用和升级。围绕"特色型知识产权强省建设""省知识产权战略行动计划"的工作部署和目标任务，大力实施专利升级工程，把宜春建设成为知识产权创造、运用、保护和管理水平较高的设区市。二是有效促进企业的科技化水平提升。加快发展科技中介服务机构，支持和鼓励高校、科研院所和企业积极参与，探索新的管理体制和服务运行机制，建立集科技管理、科技咨询、科技金融、科技文献、科技数据、知识产权、成果展示、技术交易、公共检测等科技资源共享服务于一体的科技创新综合服务中心。三是有效提高重大项目的高科技应用水平。坚持以重大项目驱动产业发展，突出重点，有序推进，集中配置资源，在锂电新能源、生物新医药、半导体照明、装备制造、新材料等领域，实现产业规模壮大和技术的有效突破，带动全市战略性新兴产业、高新技术产业快速发展。运用"互联网+"、自动化、智能化等高新技术，加速改造提升建材、盐化工、鞋革纺织、烟花爆竹等传统产业。

（2）搭建科技创新服务平台助力企业创新发展。一是有效提升工业园区的科技创新能力。通过科技项目入园,增强科技入园工作的生命力,提高企业科技创新的积极性和主动性。以科技创新平台的建设为支撑,以科技人才组成的创新团队为基础,打造创新平台和创新团队,提升园区科技创新能力。二是有效提升地区科技的对外开放水平。通过与国内外创新力量的合作,加快提升宜春各类创新主体和载体的引进、消化、吸收、再创新能力。积极参与"一带一路"建设和长三角、中部地区等区域科技合作,完善开放、流动、竞争、协作的运行机制。加强对外科技合作基地建设,建立国际合作基地和省级对外科技合作基地,支持有较强竞争力的机构与国内外高水平的企业、研发机构共建联合研究中心。

四、不断优化便捷的交通物流环境

21 世纪以来,宜春市交通运输发展取得卓越成效,交通基础设施建设力度进一步加大,交通网络结构进一步优化,运输服务水平和能力进一步提升,交通保障体系进一步完善,有力支撑宜春经济社会健康快速发展。

2010 年全市公路、水路货运量为 10755.7 万吨,2018 年大幅增长到 26719.5 万吨,增长幅度为 248.42%,年均增长达 10.64%。2010 年全市货物周转量为 279.7 亿吨公里,2018 年大幅增长到 695.6 亿吨公里,增长幅度为 248.68%,年均增长 10.65%。2010 年全市电信业务总量为 14.8 亿元,2018 年大幅增长为 29.35 亿元,增长幅度为 198.31%,年均增长 7.90%。2010 年全市互联网宽带接入用户 23.83 万户,2018 年大幅增长到 115.18 万户,增长幅度为 484.34%,年均增长 19.13%(见表 12-2)。

表 12-2　2010 年和 2018 年宜春市交通发展情况

	公路、水路货运量（万吨）	货物周转量（亿吨千米）	电信业务总量（亿元）	互联网宽带接入用户（万户）
2010 年	10755.7	279.7	14.8	23.83
2018 年	26719.5	695.6	29.35	115.18
增长幅度（%）	248.42	248.68	198.31	483.34
年均增长（%）	10.64	10.65	7.90	19.13

高水准、高目标、高定位确保宜春交通物流更加四通八达。在定位上立足宜春，建设融入中三角、联动湘鄂赣、承接长三角和珠三角、面向东南沿海和东南亚开放的重要综合交通枢纽。同时，加快城市群对外交通网络建设，完善城镇群内部综合交通运输网络，构建城市综合交通枢纽，加快建立适应城镇化发展的综合交通运输体系。预计到 2020 年，铁路覆盖90%以上县（市、区），形成宜春至省内其他设区市和长江中游城市群中心城市 1~3 小时，至上海、广州等周边主要城市 4~5 小时交通圈。实现普通国道和省道二级以上比率分别达到 98%、81%；基本实现全市所有乡镇、3A 级旅游景点通三级以上公路，行政村通班车，25 户以上自然村通水泥路。港口货运新增年吞吐能力 1364 万吨，集装箱吞吐能力 7 万标箱。开工建设高安、靖安通用机场，积极推进樟树、上高、铜鼓、丰城、奉新、宜丰通用机场前期工作。

宜春不断优化便捷的交通物流环境必然为民间投资创造良好广阔的发展环境。

五、不断规范的"亲""清"政商环境

（1）政商沟通渠道持续保持畅通。全市建立了党委、政府与企业、商（协）会联系制度，每半年至少召开 1 次座谈会，通报经济运行情况，听取有关企业和商（协）会意见建议，研究解决企业发展中的重大问题。

（2）领导干部联系企业制度持续有效开展。市及区（市）党委、人大、政府、政协领导班子成员，与服务管理企业密切相关的职能部门主要负责人，每人要联系 1~2 家非公有制企业。

（3）公开出台政商交往的正负面清单。为让"亲"有尺度、"清"有规范，宜春明确政商交往界线，划清了交往"红线"，明确了禁止行为，通过正面鼓励和负面禁止，为政商交往提供一张"明白纸"。同时实行了领导优化窗口审批工作坐班制度，窗口受理报批事项由领导现场办公。

（4）窗口服务质量持续被加强。宜春要求实现服务质量"零差错"、服务事项"零积压"。工作人员要做到对每一位前来办事的群众送上一声问候、一杯热水，让企业和投资人感受投资环境宜人、怡心。真正做到像爱护眼睛一样爱护民营经济，像善待亲人一样善待民营企业。

第二节　宜春市民营经济与民间投资的基本情况

宜春 2018 年实现地区生产总值（GDP）2180.85 亿元，比上年增长 8.1%。近年来，宜春上下贯彻落实党中央、国务院和省委省政府关于激发民间投资活力的相关政策要求，扎实开展促进全市非公有制经济发展的各项工作，非公经济活力持续增强。2018 年全市非公有制经济实现增加值 1312.83 亿元，增长 8.0%，占 GDP 的比重为 60.2%。

一、民营经济总体规模稳步壮大

民营经济规模迅速扩大。近年来，宜春民营经济总体规模不断扩大，增长速度十分明显。2014 年全市民营经济增加值仅为 1522.99 亿元，2018 年大幅增长到 2180.85 亿元，增长幅度高达 132.07%。2014~2018 年，除 2018 年外，其他年份增速均在 9% 以上，其中 2014 年高达 10%。数据说明宜春民营经济总体规模稳步壮大（见图 12-2）。

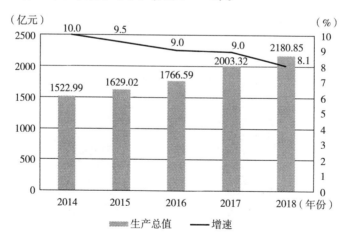

图 12-2　2010~2018 年宜春民营经济增加值增长

资料来源：2018 年非公有制经济统计快讯。

民营经济占 GDP 比重稳步提高。近年来，宜春民营经济占全市 GDP 比重逐步提升。如表 12-3 所示，2015~2018 年起，宜春民营经济占 GDP 比重从 58.20% 逐渐提升到 60.20%，这说明民营经济在全市经济中的作用越来越明显，对 GDP 增长的贡献逐渐加强。

表 12-3　2015~2018 年民营经济增加值及 GDP 占比

指标　　年份	2015	2016	2017	2018
民营经济增加值（亿元）	943.43	1037.8	1206.2	1312.83
同比增长（%）	1.66	10.00	16.23	8.84
GDP 占比（%）	58.20	58.60	59.70	60.20

资料来源：2018 年非公有制经济统计快讯。

二、民营经济结构不断优化

数据表明，民营经济在三次产业中，一产占比逐年降低，二产和三产占比逐年提升。如图 12-3 所示，2012 年宜春民营经济三产占比分别为 10.8∶56.9∶32.3，2018 年民营经济占比为 3.4∶58.9∶37.7，一产占比明显下降，二产占比小幅扩大，三产占比快速提升。这说明宜春民营经济逐渐向第二、第三产业优化。

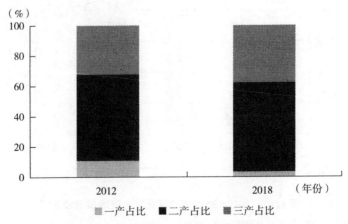

图 12-3　2012 年和 2018 年宜春民营经济三产占比

同时，从宜春民营经济产业增加值增速看，当前二产和三产增速也明显高于一产。如表 12-4 所示，2018 年民营经济二产和三产同比增长 8.2%，而一产同比增长仅为 1.3%。这说明民营经济结构向第二、第三产业优化的现状不变，趋势继续保持，未来工业和服务业必将是民营经济的主体部分。

表 12-4   2018 年宜春民营经济三次产业增长速度 单位：%

宜春	民营经济总体增速	一产增速	二产增速	三产增速
2018 年	8	1.3	8.2	8.2

资料来源：2018 年非公有制经济统计快讯。

三、民间投资成为社会投资的重要力量

民间投资增速高于全部固定资产增速。当前，宜春民营经济投资增速明显高于全市全部固定资产增长速度。如图 12-4 所示，2018 年宜春民间投资增速为 13.6%，与之相比，全市固定资产投资增速为 11.0%。2017 年宜春民间投资增速为 16.2%，与之相比，固定资产投资增速为 13.1%。这说明宜春民间投资发展良好，增长势头强劲，逐渐成为社会投资的最主要力量。

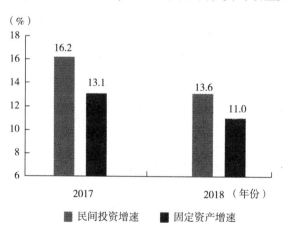

图 12-4   民间投资增速、固定资产投资增速对比
资料来源：2018 年非公有制经济统计快讯。

民间投资主体不断增多。当前，宜春共有私营企业、个体工商户户数 268060 户（见表 12-5），相比 2012 年增加 105060 户，六年累计增长

155.15%，年均增长高达 16.90%，增长幅度明显，增长数量突出。这说明宜春民营经济蓬勃发展，增长空间大、发展后劲强。

表 12-5　宜春市私营企业、个体工商户数情况　　　　单位：户

年份	2012	2017	2018
私营企业、个体工商户数	163000	252635	268060

四、民间投资信心充足

在宜春企业家继续投资经营的信心指数问卷调查中（最小值 0 分，最大值 10 分），全部企业家信心指数的平均值为 8.35 分（见表 12-6）。其中，评价 10 分占比 30.0%，9 分占比 15.4%，8 分占比 23.6%，这三项合计占比达 69.0%。这说明宜春企业对继续加大投资经营有底气，对党和国家促进民营经济发展有信心。

表 12-6　宜春市民营企业继续投资经营的信心指数

宜春企业家信心指数	没信心						一般		有信心			平均分
	0分	1分	2分	3分	4分	5分	6分	7分	8分	9分	10分	
企业家数	0	1	0	2	0	0	5	20	26	17	32	8.35
占比（%）	0	0.9	0	1.8	0	0	4.5	18.1	23.6	15.4	30.0	
占比合计（%）	2.7						22.6		69			

资料来源：本书课题组宜春统计调查问卷，有效填写合计 110 份。

五、民间投资的贡献显著提高

当前，民营经济在出口创汇、缴纳税金、解决就业等方面都贡献突出。2018 年，宜春民营经济出口创汇 24.89 亿美元，同比增长 2.4%，占全市出口创汇总额的 99.2%；上缴税金 233.13 亿元，同比增长 15.3%，占全市税金总额的 79.6%；新增从业人员数占全市城镇新增就业人数比重达 90.5%（见表 12-7）。数据表明，在出口创汇、上缴税金和解决就业方面，民营企业都是宜春的主要力量，唯有支持民营企业的投资和发展，才

能更好地发展宜春经济。

表 12-7　宜春市民营经济出口创汇及税金

年份	出口创汇 （万美元）	占全市总 出口比重（%）	缴纳税金 （万元）	占全市总 税金比重（%）
2017	242993	99.0	2006954	68.0
2018	248856	99.2	2313397	79.6

资料来源：2018 年非公有制经济统计快讯。

第三节　宜春市激发民间投资的做法与成效

近年来，宜春全市认真贯彻落实国务院和省政府的相关文件精神，推动各项民间投资政策的落地生效，促进民间投资健康发展，取得了良好的成效，为推进全市经济高质量发展做出了突出的贡献。

一、民间投资政策落实较好

宜春市委市政府高度重视民间投资工作，全面贯彻落实国务院关于进一步激发民间有效投资活力促进经济持续健康发展的指导意见，并在具体执行中予以细化，同时出台了一系列配套政策。如《关于培育壮大实体经济鼓励企业做强做大做优的实施意见》《关于精准深入推进降低企业成本优化发展环境的补充细则》《宜春市降低企业成本优化发展环境专项行动 2017 年工作要点和各专项帮扶 2017 年工作计划》《宜春市商务局优化经济发展环境工作方案》《宜春市人民政府开放型经济办公室关于印发〈宜春市压缩货物通关时间工作方案〉的通知》《宜春市国际贸易"单一窗口"国家版推广工作方案》《关于加快推进锂电新能源产业发展的实施意见》《关于加快中医药产业发展的实施意见》《宜春市工信委关于贯彻新理念培育新动能的工作意见》《宜春市企业简易注销登记暂行办法》，同时编印了《宜春市降成本优环境专项行动政策汇编》等。

（1）在支持民间投资创新方面。一是加快形成新动能体系的培育和大

235

数据等新业态、新模式的新经济培育。宜春筹建了大数据产业研究院，设立了规模30亿元的大数据产业发展引导基金，搭建大数据产业发展投融资平台。二是积极当好科技企业的"孵化器"。设立了锂电新能源和中医药产业发展引导基金，江西南氏锂电新材料有限公司、江西升华新材料有限公司、江西紫宸科技有限公司等基金内新材料民企均已投产。创建中医药特色健康城市，推进樟树市天齐堂药业、庆仁药业中医药健康旅游示范基地创建，樟树市工业园区生物医药产业获批省级战略性新兴产业聚集区等。三是搭建了科技创新平台。市科技局帮助全市企业组建市级科技创新平台100余个。四是积极帮助争取省级以上科技计划项目资金。2017年共帮助争取省级以上科技计划项目123项，资金1.01亿元，全市获批省级科技协同创新体项目4个，入围总量列全省第一。

（2）在优化民间投资基础设施环境方面。一是不断优化海关口岸通关环境。2017年4月宜春海关正式开关运营，同时宜春国际贸易"单一窗口"改革顺利推进。二是优化支持企业线上线下融合发展。市商务局联合京东集团，2017年构建"邮乐购"电商脱贫站7个，"供销e家"电商服务站15个，同时打造互联网+高效物流的智慧项目①助力企业线上发展。三是优化提升重点领域政务诚信。宜春建立了政务诚信专项督导机制与横向政务诚信监督机制，在政府采购、社会资本合作、招标投标领域、招商引资领域等方面的诚信得到加强，完善了公务员诚信档案，建立健全政务失信记录。四是优化建立小微企业创业创新基地。截至2017年全市已建成小微企业创业创新示范基地10多个，入驻企业1700多户，安置就业人员19600多人。

（3）在抓好惠企政策执行落实方面。一是抓好"三零两减半"政策落实。督促市、区直单位对企业的部分行政事业性、经营性收费和涉及行政审批前置条件的经营服务性收费进行减免，2017年宜春各县市区减免各项费用近亿元。二是抓好"牌卡护商"政策落实。每年市、区两级教育主管部门帮助投资者协调解决子女就学问题，为企业投资者解决了后顾之忧。三是抓好《关于进一步做好企业抵押贷款中房屋、土地登记手续相关事项的通知》文件精神的落实，解决企业贷款到期"过桥"资金问题。四是抓好重点企业"安静生产日"制度落实，对不合理的检查进行严格阻止，坚

---

① 总投资2.82亿元的樟树市福城医药园现代医药物流项目，是江西目前唯一具备自动化、信息化设施的现代医药物流项目。

决减少对企业生产经营的干扰。同时重点打击企业周边聚众扰乱企业生产经营秩序、寻衅滋事、强揽工程、阻挠施工等行为，确保企业安心生产。五是制定标准化流程体系，严格落实投资项目审批、核准、备案全部纳入在线监管平台实时管理。市发改委按照一事项一标准、一项目一流程的原则，全面落实投资项目唯一代码制，有效监管投资项目的落实状况。

二、宜春企业满意程度高

调查问卷统计表明（见表 12-8）企业总体认可宜春民间投资政策的落实状况。64.54% 的企业认为近年来政策落实非常好和比较好，其中16.36% 的企业认为落实非常好，认可程度较高。

表 12-8 当地企业对民间投资政策落实的总体评价

选项	小计	比例（%）
非常好	18	16.36
比较好	53	48.18
一般	29	26.36
比较差	0	0
非常差	0	0
不了解/未申请/企业不符合优惠条件	10	9.09
本题有效填写人次	110	

资料来源：本书课题组宜春统计调查问卷。

从政策落实的分项情况（见表 12-9）来看，推进"放、管、服"改革，精简、整合投资项目报建审批事项；提高审批效率，实现项目网上申报、并联审批、信息公开、协同监管；鼓励民营企业投资新兴产业服务；进一步降低企业税费负担这四项企业最为满意。其中，推进"放、管、服"改革，精简、整合投资项目报建审批事项的满意占比达 54.55%，不满意仅占 1.82%；提高审批效率，实现项目网上申报、并联审批、信息公开、协同监管的满意占比为 54.55%，不满意仅占 0.91%；鼓励民营企业投资新兴产业服务的满意占比 63.64%，不满意占比 3.64%；进一步降低企业税费负担的满意占比 53.64%，不满意占比 1.82%。

表 12-9　企业对民间投资政策分项落实的评价

题目/选项	很满意	较满意	一般	不满意	很不满意	没有接触/不了解	未填写
推进"放、管、服"改革，精简、整合投资项目报建审批事项	24 (21.82%)	36 (32.73%)	31 (28.18%)	2 (1.82%)	0 (0%)	9 (8.18%)	8 (7.27%)
提高审批效率，实现项目网上申报、并联审批、信息公开、协同监管	25 (22.73%)	35 (31.82%)	35 (31.82%)	1 (0.91%)	0 (0%)	5 (4.55%)	9 (8.18%)
开展民间投资项目报建审批情况清理核查	23 (20.91%)	30 (27.27%)	30 (27.27%)	6 (5.45%)	0 (0%)	11 (10%)	10 (9.09%)
鼓励民营企业投资新兴产业服务	26 (23.64%)	44 (40%)	18 (16.36%)	4 (3.64%)	0 (0%)	8 (7.27%)	10 (9.09%)
禁止设置任何门槛限制民间资本参与 PPP 项目	21 (19.09%)	31 (28.18%)	27 (24.55%)	5 (4.55%)	0 (0%)	16 (14.55%)	10 (9.09%)
进一步降低企业税费负担	21 (19.09%)	38 (34.55%)	36 (32.73%)	2 (1.82%)	0 (0%)	3 (2.73%)	10 (9.09%)
进一步规范有关部门和中介机构收费行为	20 (18.18%)	37 (33.64%)	34 (30.91%)	3 (2.73%)	0 (0%)	5 (4.55%)	11 (10%)
科学合理确定车辆通行费标准，开展物流领域收费专项检查	20 (18.18%)	38 (34.55%)	28 (25.45%)	5 (4.55%)	0 (0%)	9 (8.18%)	10 (9.09%)

续表

题目/选项	很满意	较满意	一般	不满意	很不满意	没有接触/不了解	未填写
进一步降低贷款中间环节费用，清理金融机构服务收费项目及价格	20 (18.18%)	33 (30%)	37 (33.64%)	3 (2.73%)	0 (0%)	6 (5.45%)	11 (10%)
为民间资本提供多样化融资服务	22 (20%)	28 (25.45%)	35 (31.82%)	3 (2.73%)	0 (0%)	12 (10.91%)	10 (9.09%)
推广"无间贷款""连连贷"，扩大无还本续贷政策适用范围	20 (18.18%)	25 (22.73%)	20 (18.18%)	3 (2.73%)	0 (0%)	10 (9.09%)	32 (29.09%)
建立健全省、市、县三级政府出资的融资担保机构	22 (20%)	33 (30%)	15 (13.64%)	2 (1.82%)	0 (0%)	6 (5.45%)	32 (29.09%)
加强各种所有制经济产权保护	24 (21.82%)	34 (30.91%)	12 (10.91%)	0 (0%)	0 (0%)	7 (6.36%)	33 (30%)

资料来源：本书课题组宜春统计调查问卷，有效填写合计110份。

三、"放、管、服"改革不断深入

简政放权方面。2017 年市税务局取消行政审批事项 66 项，仅保留税务行政许可项目 6 项，同比减少 92%，纳税人行政审批资料报送精简 30% 以上，前移涉税事项受理、审核、审批等环节，行政审批环节时限缩短 50% 以上。行政审批局全面推行"一次不跑、一次办好"改革。市、县两级公布"一次办好"服务事项共 3269 项，事项办理时限在法定时限压缩减少 67% 的基础上，平均办结时限再次缩减 1.5 个工作日。市发改委多举措推进行政许可范围最小化，取消 7 项行政审批事项，分开和取消涉企经营服务性收费项目 15 项①。为优化办税事项服务，全市办税服务厅（室）从 2018 年 4 月 1 日起，全面落实办税事项"最多跑一次"（共 5 大类 94 个事项）和"一次不跑"（共 4 大类 14 个事项）清单工作。市安监局减少许可环节，提高审批效率，做到该取消的权力全部取消，该下放的权力全部下放。市质监局开展"多证合一"登记制度改革。市检验检疫局全力推进在通关作业申报查验放行"三个一"（一次申报、一次查验、一次放行）、报关报检企业资质注册以及对外"一个窗口"办理等业务领域的优化整合，实现了"一口对外、一次办理"。简政放权促进了市场主体迅速增长，2017 年全市新增注册资金 1188 亿元，日均增资 4.77 亿元，同比增长 87.76%。

调查问卷表明（见表 12-10）宜春多数企业认为政务服务事项中一般 2 次即可办结。经统计，72.73% 的企业认为跑 2 次以内（含 2 次）事项可办结。其中，13.64% 企业认为网上即可办好，32.73% 企业认为跑 1 次可办结，26.36% 企业认为需要 2 次才能办结。这说明"一次不跑、一次办好"的改革总体较好，但距离"一次不跑、一次办好"的改革仍有进步空间。

表 12-10　企业评价近三个月政务服务事项办结所需次数

选项	小计	比例（%）
一次都没跑过，网上（或有专人上门）即可办好	15	13.64
1 次	36	32.73
2 次	29	26.36

---

① 统计时间为 2017 年 1 月至 2018 年 5 月。

选项	小计	比例（%）
3~4 次	21	19.09
5 次及以上	3	2.73
未办理相关事项	6	5.45
本题有效填写人次	110	

资料来源：本书课题组宜春统计调查问卷。

（1）放管结合方面。市委市政府要求坚决做到放权不放手、监管不缺位。市安监局坚持依法治安和改革创新，促进矿山、危险化学品、烟花爆竹、金属冶炼等企业安全生产主体责任进一步落实，促使因非法违法行为而导致的生产安全事故明显减少。市中级人民法院利用限制高消费、发布失信人名单、打击拒执犯罪等多种方式，确保民企合法权益得到实现。2017 年全市两级法院受理（含旧存）执行案件 22206 件，上升 18.32%；执结案件 19184 件，上升 25.56%，执结率 86.39%，同比上升 6.12 个百分点。市商务局严格坚持执法"四统一"，督促企业守法经营。2017 年，全局累计查处非法经营成品油窝点 47 处、非法流动加油车 116 辆、收缴非法油品 436.11 吨。市质监局全年市本级共列入经营异常名录企业 1456 户次，并对 10 家受到过行政处罚在国家企业信用信息系统上有不良信息记录的企业不予推荐续认江西省著名商标。城建、国税、地税等部门限制 96 户企业招投标。并以"双随机"抽查的方式开展 6 次集中抽查检查工作，共计抽查企业 1287 户，对违反规定的 201 户企业全部列入经营异常名录并公开。

（2）优化服务方面。全市始终坚持把减少审批环节、缩短审批时限、杜绝互为前置、提高办事效率作为优化营商环境的首要抓手。市税务局 12 个主办税服务厅，于 2018 年 4 月底全面实现"一厅通办"。全面升级 26 项限时办税事项为即时办结，缩短 14 项办结时限，实现窗口等候时长同比缩减 42%，有效优化纳税服务。积极推广运用"江西省电子税务局"及手机 APP，在网上办税区安排专人辅导纳税人。全面推出网上申领发票速递便民服务，纳税人可实现"网购发票，快递到家"。市检验检疫局结合运用信息化手段，搭建起县域企业"家门口的服务站"，在县里即可办理相关业务，实现了"信息多跑路、企业少跑腿"。市质监局全面推行企业网上注册申请、网上受理、网上审核和网上公示。2017 年共办理网上申报注册公司 6320 户，网上预先核准公司名称 8960 个。推进简易注销工作，已办理简易注销 1097 户，占比 28.23%。市安监局坚持推行"五心服务"（耐心解答、悉心指导、细心征询、爱心邮送、热心提醒）活动，让服务对象尽快入门，少走弯路，提高办事时效，提升服务水平，强力推进"一次不跑、一次办好"便民工作。市行政审批局以优化流程、压缩时限为重点，按照"两转、三个最大限度"（部门围绕窗口转，窗口围绕群众转；最大限度压缩审批环节，最大限度缩短审批时限，最大限度提高审批效率）的要求，以"四个一律"（一律由窗口受理、一律在窗口审批、一律由窗口提交单位领导研究、一律在窗口办结出证）作为设计标准，使项目审批时限压缩 67%以上，近 60%的项目变为即办件。

调查问卷统计表明（见表 12-11），在优化政务服务方面，宜春企业总体满意。从分项评价来看，多种办事途径（实体大厅、电话、网上、微信等）、一次性告知所需内容和承诺时限办结是最为满意的三项。其中，多种办事途径（实体大厅、电话、网上、微信等）的满意程度达到 64.54%，不满意仅为 2.73%；一次性告知所需内容的满意程度达到 62.73%，不满意仅为 2.73%；承诺时限办结的满意程度达到 61.82%，不满意仅为 2.73%。

四、民间资本参与 PPP 项目不断提高

进一步提高民间投资项目报建审批服务水平。2017 年宜春组织开展民间投资项目报建审批情况清理核查，清理核查出已报审的民间投资项目 188 个。市政府按规定对条件成熟、能够办理的事项，予以加快办理；对暂不具备办理条件的，及时说明了情况，并帮助其尽快落实有关条件。

鼓励民间资本积极参与民生工程领域项目建设。出台了《宜春市人民政府办公室转发市财政局、市发展改革委、人行宜春市中心支行关于在公共服务领域推广政府和社会资本合作模式实施意见的通知》；重点推介交通、水利、能源、市政设施、生态环保项目，根据宜春市财政局统计，截至 2019 年 5 月 28 日全市纳入项目库的项目 47 个，总投资额 388.36 亿元，包括识别、准备、采购和执行阶段项目，无移交阶段项目。其中，PPP 储备库里有 8 个项目，处于识别阶段，投资额 86.76 亿元，主要原因是尚未完成物有所值评价和财政承受能力论证的审核；PPP 管理库里有 39 个项目，投资额 301.6 亿元，处于准备、采购和执行阶段项目。PPP 管理库中，已落地即处于执行阶段的项目 27 个，投资额 180.52 亿元。

表 12-11 企业对当地办事优化程度和政务服务的分项评价

题目/选项	很满意	较满意	一般	不满意	很不满意	没有接触/不了解
多种办事途径（实体大厅、电话、网上、微信等）	21（19.09%）	50（45.45%）	30（27.27%）	3（2.73%）	0（0%）	6（5.45%）
审批环节和审批周期	20（18.18%）	47（42.73%）	37（33.64%）	3（2.73%）	0（0%）	3（2.73%）
预约、预审流程	21（19.09%）	42（38.18%）	35（31.82%）	4（3.64%）	0（0%）	8（7.27%）
申请材料多或者多部门重复递交	19（17.27%）	39（35.45%）	42（38.18%）	5（4.55%）	0（0%）	5（4.55%）
一次性告知所需内容	21（19.09%）	48（43.64%）	34（30.91%）	3（2.73%）	0（0%）	4（3.64%）
承诺时限办结	23（20.91%）	45（40.91%）	34（30.91%）	3（2.73%）	0（0%）	5（4.55%）
中介机构收费和服务	18（16.36%）	32（29.09%）	41（37.27%）	6（5.45%）	1（0.91%）	12（10.91%）

资料来源：本书课题组宜春统计调查问卷，有效填写合计 110 份。

PPP 项目分布区域和资金比较均衡合理。按项目数分布情况：丰城 9 个、万载 5 个、袁州区、奉新、铜鼓、樟树各 4 个；上高 3 个；宜丰、靖安、经济开发区各 2 个。共 39 个。按项目投资额排序情况：丰城 84.02 亿元、袁州区 46.25 亿元、万载 43.88 万元、铜鼓 27.6 亿元、奉新 25.66 亿元、樟树 21.93 亿元、上高 21.03 亿元、宜丰 15 亿元、靖安 8.92 亿元、经济开发区 7.31 亿元。共 301.6 亿元。纳入管理库的 PPP 项目共涉及 11 个一级行业，分别为生态建设和环境保护、市政工程、交通运输、农业、科技、教育、城镇综合开发、文化、能源、水利建设、政府基础设施。其中，市政工程、城镇综合开发、政府基础设施三个行业的项目数位居前 3 名，合计 19 个，占管理库项目总数的 48.72%。

表 12–12　宜春市 PPP 项目一览

序号	县市区	项目名称	项目类型	项目总投资（万元）	拟合作期限（年）	一级行业	项目运作方式	回报机制	项目发起时间
1	丰城市	丰城爱情花卉博览休闲园建设 PPP 项目	新建	64842.23	15	城镇综合开发	其他	可行性缺口补助	2018/5/1
2		丰城市农村基础设施提升项目	新建	93758.55	15	城镇综合开发	BOT	政府付费	2017/11/30
3		丰城市水利基础设施扶贫建设项目	新建	87495.57	15	水利	BOT	政府付费	2017/11/30
4		丰城市乡镇集镇污水处理系统建设项目	存量+新建	69891.7	30	市政工程	TOT+BOT	可行性缺口补助	2018/4/26
5		丰城市智慧城市建设项目	存量+新建	69285	15	科技	TOT+BOT	可行性缺口补助	2018/2/15
6		丰城市城乡教育一体化建设项目	新建	63245	25	教育	BOT	可行性缺口补助	2018/12/6

序号	县市区	项目名称	项目类型	项目总投资（万元）	拟合作期限（年）	一级行业	项目运作方式	回报机制	项目发起时间
7	丰城市	丰城市教育基础设施扶贫建设项目	新建	93118.97	15	义务教育	BOT	政府付费	2017/11/30
8		丰城市生活垃圾焚烧发电厂PPP项目	新建	44607	30	能源	BOT	可行性缺口补助	2017/8/1
9		丰城市中心城区地下综合管廊及市政路网建设工程PPP项目	新建	253985	16	市政工程	BOT	可行性缺口补助	2018/6/1
		投资额小计		840229.02					
10	万载县	万载县现代农业示范区提升项目	新建	37468.6	15	农业	其他	政府付费	2015/11/30
11		江西省万载县工业园区提升工程PPP项目	新建	258835	10	市政工程	BOT	可行性缺口补助	2017/8/15
12		宜春市万载县城区水利基础设施建设项目	新建	50031.99	15	水利	其他	政府付费	2017/11/27
13		万载县农村基础设施提升工程	新建	55045.26	15	市政工程	其他	政府付费	2017/11/22
14		万载县农村水源处理提升项目	新建	37468.6	15	市政工程	其他	政府付费	2015/11/30
		投资额小计		438849.45					
15	袁州区	袁州区湖田板块市政道路及管网设施项目	新建	20137	10	市政工程	BOT	政府付费	2015/10/15
16		宜春市袁州区工业园区基础设施及公共孵化园PPP项目	新建	285291	15	城镇综合开发	BOT	政府付费	2017/4/3

序号	县市区	项目名称	项目类型	项目总投资（万元）	拟合作期限（年）	一级行业	项目运作方式	回报机制	项目发起时间
17	袁州区	袁州区农村公路改造工程（一期）项目	新建	65370.5	15	交通运输	BOT	政府付费	2017/10/19
18		宜春市袁州区农村基础设施提升项目	新建	91683	15	政府基础设施	BOT	可行性缺口补助	2018/3/15
		投资额小计		462481.5					
19	铜鼓县	江西省铜鼓县中心城区综合改造与提升工程建设 PPP 项目	新建	80022	15	市政工程	BOT	可行性缺口补助	2017/8/22
20		江西省铜鼓县河湖水系生态保护与综合治理工程 PPP 项目	新建	120518.5	20	生态建设和环境	BOT	政府付费	2017/10/10
21		江西省宜春市铜鼓县乡村旅游基础设施提升 PPP 项目	存量+新建	37620.56	15	政府基础设施	BOT	政府付费	2018/11/1
22		江西省宜春市铜鼓县新农村基础设施建设提升 PPP 项目	存量+新建	37811.41	15	政府基础设施	BOT	可行性缺口补助	2017/8/22
		投资额小计		275972.47					
23	奉新县	奉新县文体艺术中心及东湖公园、九天阁等道路建设 PPP 项目	新建	45000	12	文化	BOT	政府付费	2015/10/15
24		奉新县四中及校前道路建设	新建	24000	12	教育	BOT	政府付费	2017/4/3
25		江西省宜春市奉新县农村基础设施提升工程项目	新建	85208.28	15	农业	BOT	政府付费	2017/10/19
26		奉新县交通基础设施综合提升改造 PPP 项目	新建	102400	10	交通运输	BOT	可行性缺口补助	2018/3/15
		投资额小计		256608.28					

序号	县市区	项目名称	项目类型	项目总投资（万元）	拟合作期限（年）	一级行业	项目运作方式	回报机制	项目发起时间
27	樟树市	樟树市阁山中医药特色小镇建设项目	新建	105875.37	15	城镇综合开发	其他	可行性缺口补助	2018/2/20
28		四特大道延伸段工程	新建	14200	13	市政工程	其他	政府付费	2015/10/1
29		樟树市医药园及金属科技园污水处理厂（一期）PPP项目	新建	4162	30	市政工程	BOT	政府付费	2017/4/6
30		樟树市农村基础设施提升改造工程项目	新建	95022.73	15	城镇综合开发	其他	政府付费	2017/11/1
		投资额小计		219260.1					
31	上高县	上高县人民医院东迁项目	新建	62638	20	医疗卫生	BOT	可行性缺口补助	2017/8/22
32		宜春市上高县县乡道提升改造项目	新建	56505.1	15	交通运输	其他	政府付费	2017/10/10
33		宜春市上高县乡村振兴暨普通公路提升改造工程PPP项目	新建	91231	20	交通运输	BOT	政府付费	2018/11/1
		投资额小计		210374.1					
34	靖安县	宜春市靖安县农村基础设施提升PPP项目	新建	37600	15	农业	BOT	政府付费	2018/1/1
35		宜春市靖安县乡村振兴建设项目（一期）	新建	51599.32	15	农业	BOT	政府付费	2018/1/1
		投资额小计		89199.32					

续表

序号	县市区	项目名称	项目类型	项目总投资（万元）	拟合作期限（年）	一级行业	项目运作方式	回报机制	项目发起时间
36	宜丰县	宜春市宜丰县农村基础设施提升工程项目	新建	75004.87	15	政府基础设施	其他	政府付费	2017/11/1
37		宜春市宜丰县县乡道提升改造项目	新建	75003.87	15	政府基础设施	其他	政府付费	2017/11/2
投资额小计				150008.74					
38	经济开发区	宜春经济技术开发区标准厂房建设项目一期工程	新建	63685	25	城镇综合开发	BOT	可行性缺口补助	2019/1/16
39		宜春经济技术开发区污水处理厂建设工程 PPP 项目	新建	9283.18	30	市政工程	BOT	可行性缺口补助	2017/3/30
投资额小计				72968.18					
总投资额				3015951.16					

资料来源：宜春市财政局网站。

五、企业融资环境有较大改善

近年来，在宜春市委市政府高度重视与严格督办下，市直各部门努力破解民营企业融资难题，全市企业融资环境有了明显改善。

一是财政杠杆性帮扶企业融资。持续推进"财园信贷通"和"财政惠农信贷通"等以财政资金为保证金的增信融资模式。2017 年累计发放"财园信贷通"贷款 51.51 亿元，支持园区企业 1312 户；发放"财政惠农信贷通"15.35 亿元，支持农业经营主体 2956 户。财政倒贷基金业务实现全覆盖，目前基金规模达 5.4 亿元，仅去年就开展助贷业务 896 笔，金额 81.41 亿元。对符合条件的中小企业实施"续贷"政策，帮助企业无缝续贷。灵活运用支小再贷款、再贴现货币政策工具，累计发放企业再贷款资金 21.3 亿元，办理再贴现 6.3 亿元，有力帮扶民企融资贷款。

二是政银企融资对接会助力企业融资。全市常规对接活动按时开展，2017 年 14 家银行与宜春 560 个项目签订合作协议，签约金额达 311.4 亿元。全省"百家银行进千企"政银企对接会（宜春专场），与 587 户企业及项目签订合作协议，签约金额达 472.5 亿元。切实提升了金融服务实效，有力形成金融发展与实体经济发展的良性互动。

三是设立锂电新能源和中医药产业发展引导基金帮扶科技企业成长。在丰城市设立循环产业发展基金，总规模 20 亿元。同时，剑邑投资基金、循环经济园区金融仓储基金、科陆产业发展基金，总计 18 亿元也正积极服务于当地建设。樟树市首个产业投资基金——江西工埠基金，基金规模为 6 亿元已启动。

四是引进新型金融工具和产品助力企业融资。引进蚂蚁金服、苏宁金服、双创金融等新型金融机构，为企业提供线上金融服务，实现线上线下共同发展；人民银行宜春中支积极指导各金融机构创新发展应收账款、供应链融资等信贷产品，仅 2017 年全市金融机构累计发放应收账款质押贷款 92.97 亿元；各家支行机构推出不同信贷产品。如中国农业银行、农商银行等金融机构为支持油茶、毛竹等地域特色产业发展，分别开发了油茶贷、毛竹贷等信贷产品；宜春农商行推出了"诚商信贷通"信贷产品，很好地为个体工商户和"三农"企业解决融资难题。

五是构建多层次资本市场拓宽融资渠道。市金融办每年都对企业上市挂牌扶持政策进行修改完善，引导和企业走向资本市场，并建立起全市上市挂牌企业后备资源库 53 家。2017 年 6 月全市举办上市、挂牌企业股权融资对接会，有 3 家银行与 21 家"新三板"挂牌企业及 8 家拟上市、挂牌企业进行面对面对接融资，多渠道拓宽融资渠道助力企业破解融资难题。

六是小微企业融资大幅改善。银监分局引领宜春银行机构切实加大对小微企业的信贷投入。2017 年，全市银行业金融机构小微企业贷款余额 752.78 亿元，较年初增加 137.92 亿元，增长 22.42%，小微企业申贷获得率达到 97.96%。全市银行服务网点达 686 家，较年初增加 6 家，有效增加了小微企业信贷供给"源头活水"。持续推进村镇银行县域"全覆盖"，切实减轻小微企业通过民间融资"过桥"产生的高融资成本。借助助贷周转基金，全年银行机构与宜春财投公司开展"宜春市助贷周转金"合作，发生转贷业务 230 户、877 笔，累计续贷 30 亿元，极大地缓解了中小企业到期贷款无本续贷困难。通过银税合作，辖内银行发放"中银税贷通""税易贷"等信用贷款惠及小微企业 65 户，贷款余额 8104.52 万元。

调查问卷统计表明（见表 12-13）民营企业对宜春当地信贷状况总体满意，满意的占比率较高。从贷款分项评价来看，贷款难易程度 46.36% 的企业认为满意，38.18% 的企业认为一般，只有 8.18% 的企业不满意；贷款时间 57.27% 的企业认为满意，30.0% 的企业认为一般，5.46% 的企业不满意；信贷通期限 52.73% 的企业认为满意，21.82% 的企业认为一般，5.46% 的企业不满意；小微企业贷款支持上，50.0% 的企业认为满意，26.36% 的企业认为一般，5.46% 的企业不满意。

表 12-13　企业对当地贷款方面的分项评价

题目/选项	很满意	较满意	一般	不满意	很不满意	没有接触/ 不了解
贷款难易程度	10（9.09%）	41（37.27%）	42（38.18%）	8（7.27%）	1（0.91%）	8（7.27%）
企业续贷时间	13（11.82%）	50（45.45%）	33（30%）	5（4.55%）	1（0.91%）	8（7.27%）
惠农和财园 信贷通期限	12（10.91%）	46（41.82%）	24（21.82%）	5（4.55%）	1（0.91%）	22（20%）
对小微企业的 贷款支持	10（9.09%）	45（40.91%）	29（26.36%）	5（4.55%）	1（0.91%）	20（18.18%）

资料来源：本书课题组宜春统计调查问卷。

六、企业负担有所减轻

2017 年全市上下突出"降成本、减负担"的目标，推动各项惠企减负政策和重点工作任务的落实，有效从涉企收费、税费负担、生产经营成本等方面为减轻企业负担，确保企业轻装上阵。

涉企收费得到减免。市行政审批局督促市、区直单位对企业的部分行政事业性、经营性收费和涉及行政审批前置条件的经营服务性收费进行减免，2017 年市本级为园区企业减免各项费用 2000 余万元，各县市区减免各项费用近亿元，切实减轻了园区企业负担。

企业税务负担减轻。市税务局 2018 年以来鼓励高新技术发展减免企业所得税 1167.56 万元，促进小微企业发展减免企业所得税 4366.49 万元，惠及管辖范围内近 60% 的企业，优惠政策的落实减轻了企业负担。

企业生产经营成本降低。市发改委制定下发《宜春市降低企业成本优化发展环境专项行动 2017 年工作要点和各专项帮扶 2017 年工作计划》，对"降成本、优环境"工作进行了全面部署，督促各单位解决"入企听诉" 59 个问题，2017 年为企业减轻负担 102 亿元以上。市工信委重点加大了涉企保证金目录清单的规范和清理，减轻企业资金负担近 1.9 亿元；帮助 7 户企业获得电能替代项目，组织 15 户企业以单建模式、4 个园区以打包模式申报电力需求侧管理平台用户建设，为企业降低成本 5.2 亿元。各项措施切实减轻企业经营成本和负担，支持实体经济持续健康发展，为全市经济结构调整和转型升级不断注入了新动能。

七、"亲""清"政商关系不断完善

一是"入企听诉"切实破解企业难题。市、县各部门每年都开展"入企听诉"活动，进一步了解掌握企业发展过程中的实际现状，认真剖析企业发展环境存在的问题。二是加强政策宣讲，助力企业争取资金。市商务局通过上门宣讲、召开宣讲会等方式把国家、省、市出台的各项政策和便利措施宣传到企业，帮助企业用足政策。2017 年商务局组织开展的政策宣讲和业务培训会议近 20 次，参会企业超过 700 家次，帮助企业申报了 87 个项目 370 余万元，有效地缓解了企业资金压力。三是"医疗帮扶"开辟医疗工伤直通车。市卫计委建立市级公立医疗机构与企业服务对接机制，协助解决企业各类医疗、工伤事故等。2017 年共为 43 名企业法人、投资人提供了免费体检服务，为企业解决重大医疗问题 3 个，与 2 家企业签订了《医疗服务协议》等。四是"一对一"挂点帮扶干实事、真作为。开展市直单位领导干部联系挂点企业活动，"一对一"挂点帮扶，及时协调解决企业审批、建设、生产过程中的实际困难和问题，要求每个市直单位每年至少为挂点联系企业做 1~2 件"看得见、摸得着"的实事。有效地推动构建宜春阳光健康和谐的政商环境。

八、民营企业投资信心不断增强

从调查评估来看（见图 12-5），随着政策的有效落实，宜春民间投资信心不断增强。调查问卷分为 0~10 分，其中 0 分代表毫无信心，10 分代表信心十足满分。据统计 10 分占比为 31.37%，7~10 分占比高达93.14%。这说明民营企业对宜春社会经济发展看好，信心足态度乐观。

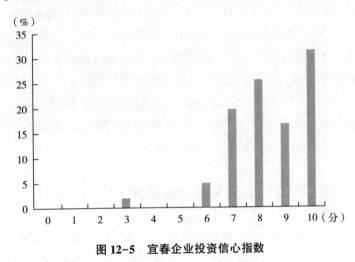

图 12-5　宜春企业投资信心指数

第四节　进一步激发宜春市民间投资活力的政策建议

宜春市制约民间投资增长的因素是多方面的，因此，进一步激发民间投资活力，应多管齐下，多方面发力，才能奏效。

一、进一步推进"放、管、服"改革

全面落实国家和省里关于"放、管、服"改革的政策文件，大幅减少投资项目前置审批、梳理审批链条、削减审批环节、压缩承诺时限、规范中介服务，努力打造"流程最佳、环节最少、时间最短、服务最优"的企业投资建设项目办理流程。

一是推动县市区行政审批局建设。按照"一枚印章管审批"的要求，通过"直接划转、集中划入、整建制入驻"三种方式，梳理各县市区相对集中行政审批事项清单，大力推进县市区行政审批局建设，推动原行政审批机关的审批职权向行政审批局集中。二是积极推进网上审批。强化"互联网+政务服务"应用，打破部门间的"信息孤岛"，强力推进互联互通，高效整合政务资源、简化优化服务流程、逐步压缩办理时限，加快全省电子证照库的建设步伐，逐步取消纸质审批材料，做到从审批材料上提速，通过让数据"多跑路"，换取群众、企业少跑腿，甚至不跑腿。三是精简行政审批事项。推动实现省内设定事项"零审批"，真正还权于市场和社会，最大限度激发市场主体发展活力和创造力。四是大力减少审批环节。凡是法律、法规、规章没有明确规定的审批环节和行政机关自行设置的审批环节，坚决取消。减少行政审批部门内部科室审查、人员审批签字环节，减少不必要的行政审批流程，确保80%的事项在窗口直接办理。

二、切实减轻民营企业负担

一是尽最大努力减少或取消市属行政事业性、经营服务性收费。进一步大力清理和规范涉企收费，实行收费目录清单制管理，加大收费政策公示力度，对省属行政事业性、经营服务性收费能取消的坚决取消，为企业减负创造更大的空间。比如，涉企的证照、登记、审查类收费完全可以降低或取消，像银行业服务收费、气象部门老建筑物的防雷检测收费等都可取消。

二是加大金融扶持力度。鼓励银行对发展前景较好、企业信用良好的新型行业加强调研，组织银企对接活动，构建银企洽谈互动平台，切实增强银行对企业的帮扶力度。同时放大"财园信贷通"的贷款量，支持优质企业做大做强。

三是完善基础配套设施建设。加强园区道路、水、电、气、网络等配套基础设施的建设，降低用能成本，让企业生产没有后顾之忧；协助企业解决招工难问题，集中时间组织专场招聘会，鼓励宜春职业院校主动加强企业对接，为企业输送各类技术人员；健全人才引进机制，加大人才引进政策奖励，为企业提供专业优秀的高技术人才。

四是强化入企帮扶。重点在对口帮扶和专项帮扶上再持续用力、精准发力。对口帮扶方面，把工业园区全覆盖、规模以上企业全覆盖做得更实，今年全市将继续选派一批想干事、能干成事的干部，作为单位对口帮扶企业联络员，健全完善"六员工作法"，点对点服务企业，为企业发展出主意、想办法，发挥部门的专业、信息优势，帮助企业争取改革试点、政策、项目、资金等方面的支持。专项帮扶方面，全面提高产业链帮扶、专家顾问团精准帮扶、金融定向帮扶三个专项帮扶工作的针对性，特别是围绕发展新经济、培育新动能开展系列活动，补好短板，强化金融、人才、技术等支撑。

三、构建"亲""清"新型政商关系

各级干部要坦荡真诚与民营企业接触交往，勇于担当、靠前服务，积极主动为民营企业解决实际困难。完善政策发布等信息公开机制和政企沟通机制，帮助企业解决项目申报、技术引进、融资贷款、用工管理等问题。规范对民营企业的执法行为，最大限度地避免因不当执法办案给民营企业产品信誉和企业形象造成不良影响。

四、加强高端人才培养和引进力度

一是大力引进高层次科技创新创业人才。特别针对锂电新能源、生物新医药、半导体照明、装备制造、新材料等领域，引进一批拥有关键技术或自主知识产权，能够带动企业核心竞争力提升和高新技术产业发展的科技领军型人才，在资金奖励、科研配套、住房医疗、配偶就业和子女入学等方面均做到政策有所倾斜，帮助企业建设一支科技水平高、创新能力强的科技创新创业人才队伍。

二是大力引进高层次经营管理人才。重点引进一批在营销策划、资本运作、财务核算、国际贸易、国际法律法规等方面有建树的优秀经营管理者以及职业经理人，努力建设一支具有全球战略眼光、市场开拓精神、管理创新能力和社会责任感的高层次经营管理人才队伍。

三是努力营造企业引才的良好环境。在全市范围大力弘扬尊重知识、尊重人才、尊重创造的城市文化，着力强化崇尚创新、崇尚创造、崇尚创业的价值取向，给人才发挥聪明才智的空间。充分利用广播、电视、报纸、杂志、网络等媒体，大力宣传企业引进人才的先进事例和良好的创新创业环境。

五、推动企业创新发展

一是积极支持民营企业建立高水平研发机构。依托锂电、生物医药、装备制造、新材料等行业龙头民企布局设立一批省级技术创新中心、企业重点实验室和创新平台。市县区科技局可以通过项目资助、后补助、社会资本与政府合作等多种方式给予引导扶持。

二是鼓励民企发展产业技术创新战略联盟。组织行业内有代表性的民营企业联合高校、科研机构、国有企业、社会服务机构等共同发起建立产业技术创新战略联盟，完善产学研协同创新机制，推动基础研究、应用研究与技术创新对接融通。

三是加强优秀创新型民营企业家培育。发挥企业家组织的积极作用，加大对民营企业家创新思维和能力提升的培训力度。弘扬工匠精神，积极倡导民营企业家坚守实体经济，在实践中培养一批具有全球战略眼光、市场开拓精神、管理创新能力和社会责任感的优秀创新型民营企业家。

四是完善科技金融促进民营企业发展。发展完善科技金融，形成科技创新与创业投资基金、银行信贷、融资担保、科技保险等各种金融方式深度结合的模式和机制。鼓励有影响、有实力的民营金融机构，通过设立创业投资基金、投贷联动、设立服务平台开展科技金融服务等方式，为民营中小微企业提供投融资支持。

六、拓宽民间投资融资渠道

创新丰富融资方式，加大金融扶持力度。积极鼓励互联网企业和金融企业融合发展，创新服务产品。为中小微企业提供更多的全天候、全方位、"一站式"金融服务，满足各类中小微企业多样化的融资需求。深化银行机构与税务部门合作，推动"银税互动"良性循环发展，将企业的纳税信用、纳税贡献转化为有价值的融资成本，解决诚信纳税企业缺抵押、少担保、难以获得银行资金支持的难题。进一步鼓励和支持县级融资性担保机构，提升为中小企业融资担保的能力。加强对影子银行、同业业务、理财业务的管理，全面清理不必要的资金"通道"和"过桥"环节，促进各类资金与实体企业直接对接，降低财务成本。

七、加强宣传引导

采取多种方式宣传党中央、国务院鼓励和支持民间投资和民营经济发展的相关政策措施。只要不违反保密规定，相关文件都应在政府网站公示或者通过微信公众号推送，绝不能让"文件睡在柜子里"。树立和宣传优秀民营企业形象，对社会舆论进行正确引导。

针对国家、省、市出台的一系列支持民营经济发展的政策，积极搞好宣传，突出政策宣传的服务性和针对性，面向企业开展多层次务实宣传活动，扩大政策宣传的覆盖范围，充分发挥媒体宣传优势，打造立体式、全方位宣传格局，把政策毫无保留地送给企业。

八、构建完善的法治环境

深入排查整治影响经济发展和企业经营的突出治安问题，持续不断开展打击"砖沙石霸"、敲诈勒索、强揽工程、强买强卖、垄断市场、盗抢生产设施设备等违法犯罪活动的专项斗争，净化企业周边治安环境。严厉打击危害市场经济秩序的违法犯罪活动，切实保护企业创新发展，维护正常生产经营秩序。

建立涉企重大案件风险评估制度，对涉企案件确需采取人身强制措施、资金冻结措施、财产扣押措施的，采取措施前必须对企业经营和社会稳定可能造成的风险进行全面评估，准确把握执法的力度、时机和方式方法，并及时向党委政府报告或向有关部门通报，协助做好企业生产经营衔接和稳定工作。

严禁借联系服务之名谋取私利，严禁介入或干预企业正常生产经营活动，严禁向联系企业摊派、收费，严禁对联系企业有吃、拿、卡、要等行为，发现一起，查处一起，维护公安机关的良好形象。

九、完善责任追究机制

坚持以解决影响经济发展环境的突出问题为导向，围绕优化发展环境领域内工作作风不实、态度不好、服务不优等突出问题，开展"整作风、提效能、优形象"专项活动。定期组织人员，开展明察暗访，强化对"降成本、优环境"各项惠企政策执行落实情况的监督检查，确保政策落实到位，最大限度释放改革红利，将"放、管、服"改革做深、做透、做到位，不断推向深入。同时，严格问责制度，对执行政策不力、有令不行、有禁不止，损害企业和投资者利益、破坏投资环境、影响改革推进的人和事，发现一起，通报一起，典型问题提交组织部门和纪检部门进行组织处理与纪律处分。

建立健全线上线下相结合的监督投诉和问题反馈服务体系。市领导不定期察访服务窗口，了解中心运行情况，听取群众意见，提出工作要求。纪检监察机关派驻机构对行政服务中心开展"贴身"监督，实行"一季度一督察"机制，受理作风问题投诉，对发现落实不到位问题进行问责，并督促整改；强化社会监督，社会公众依托智能办事大厅和手机微信以及12345投诉电话，对办件情况可实时查询、在线监督、事后评价、随时投诉，中心限时反馈处理结果，做到"有呼必应、有诉必理、有理必果"，让工作人员处于全方位多元监督之下。

高度重视促进民间投资工作，加强组织协调，完善工作机制，狠抓工作落实。要对民间投资情况实行"一月一调度、一季一通报、半年一观摩"。对民间投资情况开展全面督导检查，对执行政策不力、落实政策不到位的地区和部门进行通报。

开展涉企部门公开承诺活动。市直相关涉企部门主要负责人，对社会、对企业公开承诺，明确服务企业审批时限、服务企业指南等，由企业监督，纪委牵头，设立举报电话、电子邮箱、微信公众号等投诉渠道，并严格保密，保护投诉人，严查举报事项，并及时回复投诉人处理结果。

第十三章　抚州市激发民间投资
活力的实践与探索

民间投资是拉动经济增长、促进就业的重要引擎。提振民间投资，对于实现经济高质量发展意义重大。为了更好地掌握抚州市民间投资情况，及时发现和解决现阶段民间投资存在的问题，调研组通过座谈会、企业走访、问卷调查等方式进行了调研，针对存在的问题，提出了相关政策建议。

第一节　抚州市投资环境的基本情况

为深入贯彻落实习近平总书记关于加大营商环境改革力度的重要指示精神和省委、省政府相关决策部署，抚州市持续深化"放、管、服"改革，促进政府依法行政、司法机关公正司法、企业依法诚信经营，努力营造充满活力的创新环境、包容开放的投资环境、提质增效的生产环境、独具魅力的人才环境、高效透明的政务环境、公平公正的法治环境、和谐稳定的社会环境、重商尊商的亲商环境，全力打造"流程最优、体制最顺、机制最活、效率最高、服务最好"的营商环境。

一、充满活力的创新环境

（1）为企业科技创新提供更有力的政策支撑。加大财政科研项目和资金管理25条政策措施落实力度，完善相关配套细则。设立抚州市科技创新基金，支持科技型企业科技平台建设、科技成果转化、实施科研项目、开展科技服务等，重点投向关键设备与核心技术研发；引导符合抚州市产业发展方向的高端科研成果在抚转化，经评审按技术合同实际成交额的 10%给予资助，最高不超过 50 万元；研究制定首台（套）重大技术装备示范应用支持政策，积极推动新技术新产品示范应用。设立智库建设专项资金，加快新型智库建设，支持企业与高校、科研院所合作共建智库研究平台，建设以院士、海内外高端人才为支撑的智库专家队伍。加大高新技术企业所得税优惠及研发费用税前加计扣除等税收优惠政策落实力度。到 2020 年，全市开发区及所属规模以上工业企业实现科技合作全覆盖。

（2）为创新创业提供更高效的实现路径。充分发挥中小企业公共服务平台作用，加强咨询、培训、融资、场所等创新创业服务，培育发展一批双创示范基地、科技企业孵化器、小微企业创新创业基地、创业孵化示范基地、大学生创新创业实习实训基地、众创空间等双创平台。各县（区）要围绕首位产业、主导产业，探索建设产业创新服务综合体，形成由政府、平台运营商、高校院所、中介组织、融资机构参与的"五位一体"创新服务体系。到 2020 年，各县（区）首位产业实现创新服务综合体全覆盖、双创平台均达到 5~10 个。

（3）为新旧动能接续转换提供更强劲的改革动力。探索开展"亩均论英雄"改革，运用亩均增加值、亩均税收、全员劳动生产率、单位能耗增加值、单位排放增加值、R&D 经费支出占主营业务收入比重等指标，对企业进行"亩产效益"综合评价和分类，实施差别化用地、用电、用水、用气、排污、信贷等资源要素政策以及精准化创新指导，大力扶持高效企业，坚决淘汰落后产能。到 2020 年，建立以单位资源产出效益为核心的工业企业资源利用绩效综合评价机制，实现实际用地 3 亩以上工业企业资源利用综合评价全覆盖。

二、包容开放的投资环境

（1）不断拓展民间资本投资领域。市属国有资本一般不再以独资增量方式进入完全竞争领域。全面落实民间资本准入平等待遇，任何部门不得对民间资本单独设置附加条件、歧视性条款和准入门槛；在抚州高新区探索开展企业投资项目承诺制试点，进一步增强企业投资主体地位；鼓励民间资本参与本市重大项目建设和国有企业混合所有制改革，有序推出抚州市政府和社会资本合作（PPP）项目，大幅度降低或取消民间资本进入现代金融、交通运输、商贸物流、文化体育、全域旅游、工业设计、大健康等服务业的准入门槛，充分激发民间投资活力和潜力。

（2）打造优越的外商投资环境。制定抚州市贯彻落实国家关于扩大对外开放积极利用外资相关政策的实施意见，贯彻落实国家放宽服务业、制造业、采矿业等领域外资准入限制政策，以及《外商投资产业指导目录》（2017年修订）等政策法规，营造有利于各类投资者平等准入、公平竞争的投资环境；外资跨国公司在抚州设立总部或地区总部，按照《关于加快抚州市总部经济发展若干政策（试行）》（抚府办抄字〔2017〕85号），与内资企业享受同等扶持政策。对产业发展带动性强、投资规模巨大、行业领军、技术创新贡献大的优质外资项目，在不违背公平竞争原则的前提下，聚集整合各级各类要素资源予以全力支持。

（3）努力提升贸易便利化水平。出台抚州市提高贸易便利化水平的政策措施，建立贸易便利化工作联席会议制度；深入推进海关通关一体化改革，全面落实"一次申报、分步处置"通关管理模式，进一步推进企业税款"汇总征税、自报自缴"等税费作业改革，不断提高货物通关效率。优化海关查验作业方式，对高信用等级企业降低查验率。实施无纸化通关通检模式，推动企业申报数据跨系统、多部门共享；鼓励发展跨境电商业务，吸引境外消费回流，促进内外贸易融合发展；积极引进培育外贸综合服务企业；大力发展"走出去"公共服务平台，利用重大经贸活动、国际智库论坛、研讨会等平台，积极融入"一带一路"国家倡议，为企业提供出口和境外投资的信息、法律、风险防范、技术支撑等服务。

三、提质增效的生产环境

（1）构建创新型经济发展格局。加快培育新经济新动能，抚州高新区围绕"千亿园区"目标，重点打造1个过500亿元首位产业和2~3个200亿~300亿元主导产业；各省级开发区重点打造1个100亿元首位产业和1~2个过50亿元主导产业。加大对首位产业扶持力度，重点支持抚州高新区新一代信息技术、生物医药、汽车及零部件和新能源新材料、崇仁变电设备、金溪香精香料、黎川日用耐热陶瓷、宜黄塑料等产业集群做大做强。聚焦文化创意、全域旅游、健康养老、现代物流、中医药、数字经济等新兴产业，着力引进一批重大项目和重点企业。大力实施高新技术企业、科技型中小企业"双倍增"计划，加大政策扶持力度。加快推动互联网、大数据、人工智能、工业设计与现有产业的嫁接融合。到2020年，实现全市百亿企业达5家以上；新增1家国家新型工业化产业示范基地和2个以上省级重点工业产业集群；新引进招商引资项目中新兴产业项目占50%以上；力争全市高新技术企业和科技型中小企业均达到300家以上。

（2）创新开发区投融资机制。市金控、市工创投、抚州高新区和各县（区）共同发起设立100亿元产业发展引导母基金，引进市场化运作的子基金、风投基金，解决企业融资难题；抓住国家开发性金融机构支持返乡创业等机遇，建立全市统一的统贷平台、担保平台和管理平台，积极争取开发区基础设施和创业平台建设以及创业企业获得资金支持；支持抚州高新区开展园区金融试点工作，引导市级金融机构和其他类金融机构在抚州高新区设立分支机构和营业网点；支持开发区投融资平台通过发行企业债、中期票据、项目债、ABS等方式筹集发展资金。

（3）优化空间要素资源配置。加大园区闲置土地清理力度，深挖盘活存量资源，鼓励企业在不改变用地性质、符合城乡规划及消防规范前提下，实施"零增地"技改、建设使用多层标准厂房，充分利用地下空间，提高土地单位面积产出效益和土地使用效率；推行项目"拎包入住"的"重资本、轻资产"招商模式，根据企业需要代建订制多层标准厂房，抚州高新区连续三年每年建设100万平方米标准厂房，各县（区）开发区根据实际情况，连续三年每年建设10万~30万平方米标准厂房。工信、财政、发改部门要积极支持开发区申报省级资金扶持，国土部门要优先保障建设用地指标。

（4）加大金融扶持实体经济力度。强化银行信贷投放，积极争取各商业银行增加对抚州市的有效信贷投放，力争每年新增贷款300亿元。加大企业挂牌上市和债务融资扶持力度，争取2020年前新增境内外上市公司5家。积极引进埠外银行机构入驻抚州，加快推动东乡和南城筹建村镇银行，实现抚州市村镇银行县域全覆盖。推进全省科技金融创新试验区建设，吸引更多科技金融机构落户抚州。

四、独具魅力的人才环境

（1）强化引才支持保障。实施"赣抚才子3333"引才计划，按照

《抚州市高层次人才引进实施办法》（抚发〔2017〕22号）要求，市、县（区）财政每年安排引才专项经费，重点支持开发区企业引进"两院"院士、国家"千人计划""万人计划"等国家重大人才工程和"省级百千万人才工程"、省"双千计划"等省部级重大人才工程入选人员。到2020年，实现全市开发区引进各类高中端人才200名以上。

（2）落实公共服务保障。成立人才发展服务中心，为引进高层次人才发放《抚州人才卡》，人才凭卡可享受相关部门提供的创业、工作、住房、子女就学、休闲度假等"一站式"服务。加快柔性引智平台、重点产业平台、产学研合作平台和创业孵化平台"四大平台"建设，为人才提供创新创业舞台。建设一批方便人才子女就近入学的优质中小学校，统筹安排引进人才子女入园入学。增加医疗服务供给，为引进的高端人才建立健康服务档案，提供便捷医疗通道，定期组织开展免费体检服务，所需费用由各地政府多渠道统筹解决。

（3）加强人才住房保障。采取购租并举方式，建立购租住房补助、拎包入住式人才公寓等多位一体的住房保障形式，优先满足企业人才住房需求；抚州高新区连续三年每年建设人才公寓500套、员工住房1500套，各县（区）开发区连续三年每年建设人才公寓100套、员工住房300套，国土部门要优先保障开发区人才公寓及生活配套服务设施建设用地指标。

（4）完善人才培养和激励机制。加大校企人才联合培养力度，支持市属院校与企业合作办学，推进专业设置与产业需求、课程内容与职业标准对接。抚州职业技术学院等院校开设与各开发区主导产业紧密相关的专业，由政府、开发区和企业三方出资，每年定向培养产业技术工人2000人以上。出台抚州市工业园区用工办法，进一步完善企业用工服务机制，加大政策支持。研究制定《关于加强对本土人才服务激励的若干措施》，对做出突出贡献的优秀人才予以奖励。

五、高效透明的政务环境

（1）持续加强作风建设。开展"进一步解放思想、深入调查研究、切实改进干部作风"活动，加强执纪监督和巡视巡察，曝光一批负面案例和一批群众不满意窗口单位、服务岗位，着力整治"怕"字，解决干部怕担当、怕追责、怕麻烦、怕吃亏、新官不理旧事、不兑现政策承诺等问题；

着力整治"慢"字,解决干部懒政怠政、工作拖拉、推诿扯皮、效率低下等问题;着力整治"假"字,去虚功、求实效,解决弄虚作假、不察实情、不办实事、工作虚浮、行动少落实差等问题;着力整治"庸"字,解决干部不思进取、能力不足等问题;着力整治"散"字,解决干部作风涣散、纪律松弛、不讲规矩等问题。

(2)深化"放、管、服"改革。进一步精简下放审批事项,凡不合法、不合规的审批事项一律取消。对确需保留的审批事项,要减少审批前置条件。做好国家级开发区全链审批赋权清单编制及省直部门赋权国家级开发区直报事项下放工作。深化投资项目在线审批监管平台共享应用,实现房产交易与不动产登记受理窗口物理性整合、合署办公,全面推动在建设工程领域实行联合勘验、联合图审、联合测绘、联合验收;推进"互联网+政务服务",完善政务服务网,构建全市政务服务数据共享平台,推进电子证照系统建设,深化"最多跑一次"改革和政务服务标准化、规范化,在开办企业,办理施工许可,获得用力、用水、用气、网络、信贷,登记财产,缴纳税费,跨境贸易,办理破产,注销企业,注册商标,申请专利,合同管理等方面,做到减环节、优流程、压时限、提效率。建设中介服务"网上超市";深化商事制度改革,巩固"多证合一、一照一码、先照后证"、企业登记全程电子化和企业简易注销登记等改革成果,建立企业电子档案,实现企业信息资源共享;推行办税事项省内通办、"跨区域、跨部门"通办,为新办纳税人提供7项涉税事项"套餐式"服务,将小微企业财务报表由月报改为季报。全面推广"电子税务局",确保2018年底前网上申报率达90%以上,其他业务网上办税率达80%以上。加强网格化网点建设,提供自助办税和"移动办税"服务。

(3)推进企业降本增效。持续开展降成本优环境专项行动,进一步降低企业综合劳动力成本、用地综合成本、物流成本、阶段性降低企业"五险一金"缴费比例、压减办电成本,取消临时接电收费和电力客户带电接火费,减半收取高可靠性供电收费。出台了抚州市贯彻落实中央"惠台31条"实施意见;加强涉企收费监管,清理规范涉企保证金和中介服务费,依法查处各类违法违规收费行为;加强精准帮扶、精准施策,建立企业分类服务工作机制,强化"一对一""店小二""保姆式"精准对接服务。争取更多企业获得电力直接交易政策支持。鼓励更多零担物流企业开展零担物流业务。

六、公平公正的法治环境

（1）推进法治政府建设。加大普法宣传教育力度，全面推进依法行政，严格行政执法和责任追究，对执法不当造成企业利益损害的，应依法予以赔偿，切实保障企业合法权益。进一步清理、废止或修改不利于市场竞争环境，阻碍要素流动的规范性文件。在开办企业，办理施工许可，获得用电、用水、用气、网络、信贷、登记财产、缴纳税费、跨境贸易、办理破产、注销企业、注册商标、申请专利、合同管理等方面严格依法办事。

（2）规范涉企行政执法。严格规范涉企行政执法行为，分类制定实施行政裁量权基准制度，规范裁量范围、种类、幅度。同一行政执法机关对同一企业实施多项监督检查的，开展综合执法，下级行政执法机关不得重复检查，多个行政执法机关对同一企业提出执法检查计划的，实行联合检查。拓宽行政复议受理渠道，依法维护企业正当权益。

（3）依法保护知识产权。健全完善知识产权保护制度，出台《关于加快特色型知识产权强市建设的实施意见》，制定中国驰名商标和"江西名牌"保护名录，建立知识产权侵权查处快速反应机制，将知识产权侵权行为信息纳入社会信用记录，加大对知识产权和商标专用权的保护力度。加强对企业知识产权维权援助服务，推进知识产权行政执法、司法保护、仲裁调解等工作，依托司法机关、商（协）会等，完善知识产权纠纷多元解决机制，降低企业维权成本。探索推动专利质押融资保证保险的发展。

（4）强化企业经营司法保障。严厉打击各类干扰企业正常生产经营、损害企业合法权益和影响公平竞争的违法行为，依法保护各类市场主体合法权益。定期开展法律服务市场执法检查，规范律师和法律服务工作者执业行为。在市行政服务中心设立集法律咨询、司法鉴定、法律援助、公证服务、仲裁事务于一体的市公共法律服务中心。加强涉企法律服务，完善法律顾问全覆盖模式，积极稳妥推进"公司律师"改革。完善纠纷多元、快速化解机制，依法做到快立、快审、快执，降低诉讼成本。健全商事纠纷非诉讼解决机制，支持企业通过仲裁、调解等便捷方式解决商事纠纷。强化政企沟通互动机制，保障企业申辩权、救济权。推动公证业务向银行信托、融资租赁、融资担保、资产管理等领域拓展。

七、和谐稳定的社会环境

（1）着力打造诚信政府。重点在政策落实兑现机制建设、政府和社会资本合作、公共资源交易、招商引资、政府机构履行法定义务等领域加强政务诚信建设，强化失信风险防范，推行失信违约责任追究制度，不定期开展政府机构失信问题专项治理，将未按期整改的单位和个人记入单位和个人政务失信记录，纳入公共信用信息管理系统，依法依规对被列为失信人的单位和个人实施惩戒措施，提高政府诚信施政、诚信作为、诚信执法能力。

（2）推进社会信用体系建设。实现市公共信用信息平台全市域覆盖和与全省其他地市信用信息互为查询，推进信用信息在采集、共享、使用、公开等环节的应用。不断优化"信用中国（江西抚州）"网，建好微信公众号。依托市公共信用信息平台、市文明办诚信"红黑榜"、市市场监管局企业监管警示系统和市中介机构诚信考核评价系统，加强企业信用监管，建立健全部门协同监管和联合奖惩机制，对严重违法失信主体依法采取市场进入限制，严厉打击"逃废债"行为，及时曝光"老赖"信息，形成"一处失信，处处受限"的失信惩戒长效机制，推动各类市场主体加强自律，增强依法诚信经营意识和社会责任意识，营造公平竞争的营商环境。贯彻实施好《抚州市文明行为促进条例》，努力打造"诚信抚州"。

（3）依法加强市场监管。建立跨部门、跨领域"双随机、一公开"监管执法机制，实现市场监管领域全覆盖。各市场监管部门要结合各自职能，严厉打击危害社会公众安全、安全生产、建筑质量以及不正当竞争、商业欺诈、传销、侵犯知识产权、坑害投资者等违法行为，强化强制性产品认证和体系认证监管，严厉查处虚假认证、买证、卖证行为，维护公平公正的市场经济秩序。

（4）着力提升公众安全感。加强社会治安综合治理和"平安抚州"建设，深入开展"扫黑除恶"专项斗争，聚焦涉黑涉恶问题突出的重点地区、重点行业、重点领域，把打击锋芒始终对准群众反映最强烈、最深恶痛绝的各类黑恶势力违法犯罪，严厉打击扰乱企业秩序、敲诈勒索、欺行霸市、强买强卖、强揽工程、阻挠施工、哄抬价格等违法犯罪行为，深挖黑恶势力"保护伞"，有力打击震慑黑恶势力犯罪，有效铲除黑恶势力滋生土壤，不断增强各类市场主体的安全感和满意度，为企业发展提供和谐稳定的社会环境。

八、重商尊商的亲商环境

大力弘扬企业家精神。为做出突出贡献的优秀企业家颁发荣誉证书。提高企业家在人大、政协中的任职比例，鼓励企业家在群团组织兼职。建立政府领导与企业家定期交流机制，有效破解政商关系中存在的突出问题及不和谐因素，努力构建"亲""清"新型政商关系，营造亲商、重商、安商、富商的良好社会氛围，使企业进得来、留得住、发展好、业绩优。

第二节　抚州市民营经济发展和投资的基本情况

近年来，抚州市按照习近平总书记在民营企业座谈会议上的讲话精神要求，把加快民营经济发展作为调整经济结构、深化改革开放和促进高质量、跨越式发展的重要抓手，不断推动抚州市民营经济发展迈上新水平，民营经济在稳定增长、促进创新、增加就业、改善民生等领域正发挥越来越重要的作用。

一、民间投资总量稳步增长

近年来，抚州市民间投资规模不断扩大，由 2015 年的 791.91 亿元，增长到 2016 年的 855.91 亿元，到 2017 年的 952.9 亿元，再到 2018 年的 1057.72 亿元（见图 13-1），年增长率分别为 15.00%、8.10%、11.30%、11.00%（见图 13-2），前三年的增速均低于同期全省平均水平（全省民间投资年增长率分别为 17.5%、9.8%、13.0%），2018 年略高于全省平均水平（见图 13-2）。从民间投资占总投资的比重来看，2015~2018 年，抚州民间投资在总投资中的比重分别为 72.01%、68.40%、68.00% 和 60.40%，四年的占比也低于同期全省平均水平（全省民间投资占比分别为 74.1%、

71.4%、71.8%和76.60%）。

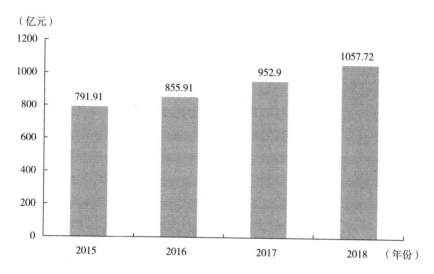

图 13-1　2015～2018 年抚州民间投资额增长情况

数据来源：根据相关资料整理。

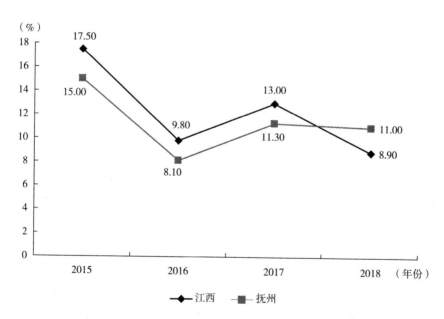

图 13-2　2015～2018 年抚州民间投资额增长率与全省的比较

数据来源：根据相关资料整理。

二、民营经济社会贡献更加凸显

截至 2018 年底，全市登记在册的民营市场主体 135729 多家，其中个体工商户和农民专业合作社达 101247 家、私营企业达 34482 户。2018 年，预计全市非公经济占 GDP 比重 60.2%，对 GDP 的贡献率达 58.5%，非公投资全年增速 11.8%，占总固投比重 70%。特别是全市非公经济上缴税收占比超过 80%，提供就业岗位超过 80%，新增就业超过 90%。共有 441 家非公有制企业参与"百企帮百村"活动，企业实施项目 985 个，投入资金 10446 万元，30612 贫困人口受益，为推动全市经济社会发展作出了重要贡献。

表 13-1　2018 年抚州市私营企业和个体工商户户数和注册资金情况

企业类型	户数（户）	户数同比增长（%）	注册资金（亿元）	注册资金同比增长（%）
私营企业	34482	16.9	1724.19	35.5
个体工商户	101247	-0.6	127.45	12.0
合计	135729	3.3	1851.64	33.6

资料来源：江西省统计局。

三、民营企业投资信心充足

问卷调查表明，61.25% 的企业对抚州促进民间投资政策的落实情况表示认同，其中表示非常满意的企业占比 28.75%，表示比较满意的企业占比 32.50%，表示一般的企业占 23.75%，只有 2.5% 的企业认为投资政策落实差（见图 13-3）。全省企业非常满意的占比为 24.86%，比较满意的占比为 35.36%，两者之和为 60.22%，认为一般的为 25.63%，表示不满意的企业为 2.03%。可见抚州市企业对民间投资政策落实情况的满意度略高于全省平均水平（高 1.03 个百分点）。对于 2019 年是否有继续追加投资的调研，结果显示有 47.5% 的企业有新增投资计划，26.25% 的企业还在考虑中（见图 13-4）。

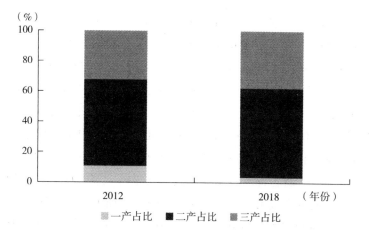

图 13-3　企业对抚州民间投资政策落实情况的评价

资料来源：根据相关资料整理。

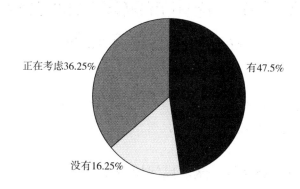

图 13-4　企业是否有新增投资计划

资料来源：根据问卷调查结果整理。

四、投资领域更加多元化

一是引导民间资本投入基础设施领域。抚州市共安排重点建设项目317 个（含 67 个抚河流域子项目），截至 9 月累计完成投资 365.2 亿元，占年度投资计划 63.8%，较上年同期提高 12.5 个百分点；其中新开工项目79 个，占计划新开工 133 个项目的 59.4%，开工率较上年同期提高 8.3 个百分点。撬动民营资本参与设立 12 只政府产业引导基金，基金总规模达到271.2 亿元。实行 PPP 项目入库动态管理，目前入库项目 61 个，总投资

374 亿元。全市基础设施投资增长 49.2%，较上年同期提高 2.5 个百分点。二是大力开展招商引资。全市新引进并已开工 2000 万元以上项目 293 个，完成年计划 77.11%，居全省第 3 位；其中亿元以上项目 140 个，居全省第 7 位。2000 万元以上项目实际进资 396.76 亿元，完成年计划 77.8%，同比增长 4.41%；其中亿元以上项目实际进资 357.3 亿元，同比增长 5.53%，增幅居全省第 2 位。三是积极推动企业"走出去"。中阳建设集团在赞比亚建设的江西产业园稳步推进；嘉盛纺织收购意大利著名品牌，带动产品进入欧美市场；江西志特产品在新加坡、马来西亚逐步扩大市场份额。目前，全市有实绩生产型出口企业 156 家，同比增加 10 家，实现进出口总值增长 15.8%；高新技术产品出口增长 52.67%，农产品出口增长 125.03%。

第三节　抚州市激发民间投资活力的做法与成效

调查发现，近年来，抚州市在激发民间投资方面，主要采取了以下政策措施，为提振企业家信心，推动民营经济发展提供了重要的保障。

一、出台配套文件，激发民间投资活力

为贯彻落实国家和省委省政府进一步激发民间有效投资活力精神，推动民间投资政策在抚州市落地生效，抚州市委、市政府先后出台了《关于大力促进非公有制经济更好更快发展的实施意见》《关于推动构建亲清政商关系的实施意见》《关于进一步优化营商环境的实施意见》等政策文件，市直各部门和县（市、区）政府也相继制定落实民间投资政策的实施方案与具体办法。根据座谈会和实地调研中民营企业反映的情况，上述政策措施总体落实良好，对激发当地民间有效投资活力起到了积极的推动作用。

二、推进"放、管、服"改革，激活发展动力

在简政放权方面，抚州市自 2013 年以来，及时有效承接上级政府下放

的权力事项共计 253 项，及时取消市本级 158 项证明事项，及时清理行政审批中介服务事项并实现清单动态管理。同时，商事制度改革持续深化，"证照分离""多证合一"等改革深入推进，全面实施"41 证合一"，实现企业"一照一码走天下"，高新区发出全省首张"不见面审批"营业执照；企业简易注销改革全面推行，有效增强了经济发展活力。截至 2018 年 10 月底，全市市场主体总量达 15.26 万户，新设立市场主体 2.83 万户，同比增长 45.47%。

在创新监管方面，抚州市强化"双随机、一公开"监管制度，仅 2017 年上半年，全市梳理抽查事项清单 6950 项，检查对象名录库共有 18.2 万余个市场主体入库。同时，进一步加强政府建设项目监督管理，出台规范简化政府投资重点项目招投标管理规定。另外，创新推出市场主体二维码信用名片，"互联网+二维码+信用监管"模式成为信用监管"江西样板"。

在优化服务方面，抚州市对政府投资项目前置手续及审批流程进行优化再造，将审批中介服务纳入管理优化范围。梳理完成市本级两批次"一次不跑"和"只跑一次"政务服务事项 637 项，有效打通便民服务"最后一公里"。将全市各类市场主体归类为正常主体、黄色警示主体、橙色警示主体和红色警示主体，有效减少了经营者被列入经营异常名录的风险。对环保、食品、安全生产、金融投资等领域企业和未年报企业、标识为"红色"的企业，加大抽查比例和频次，对守信企业减少或不予抽查。

三、创新金融支持方式，破解中小企业融资难题

为解决中小企业"融资难、融资贵"问题，抚州市出台了《关于金融支持实体经济发展的若干措施》，从紧密服务实体经济、创新金融产品和服务、完善风险分担机制、加强直接融资工作、降低企业融资成本、推进金融生态建设六方面提出了 20 条具体举措。其中，比较有特色的是，建立了银行抽贷报告制度，对单笔抽贷金额达到 500 万元以上或单笔抽贷金额占该融资企业未到期贷款余额 30% 以上的抽贷，必须事先报告市政府，由市金融办会同金融监管部门定期专门开会调度；建立政府倒贷基金制度，实现县域全覆盖，2017 年基金总规模达到 2.92 亿元，累计帮扶企业 1019 户，累计帮扶金额达 83.67 亿元；连续三年每年开展银行业金融机构挂点园区帮扶企业活动，在每个开发区重点服务 20 户企业；组建首期注册资本

金为 10 亿元的市金控融资担保集团，切实为实体企业贷款提供担保增信支持，更好地帮助民营企业解决融资难题。

四、推进政府与社会资本合作，拓展民营资本投资渠道

抚州市有序开展政府与社会资本合作，PPP 投融资新模式加快推广。建立市级 PPP 项目储备库，2016 年入库项目 27 个，总投资 279 亿元。其中 6 个项目列为省级 PPP 示范项目，廖坊水利枢纽灌区二期工程入选财政部首批 PPP 示范项目；2017 年推进 22 个重大 PPP 项目，总投资 189 亿元，成功入选国家中小城市市政工程领域 PPP 创新工作重点城市；2018 年录入综合信息平台的 PPP 项目 47 个，累计投资额 280.08 亿元，覆盖全市 14 个行业领域（见表 13-2）。

表 13-2　2016~2018 年上半年抚州市已落地亿元以上 PPP 项目情况

	序号	项目名称	总投资额（亿元）	落地时间
市本级	1	抚河流域生态保护及综合治理一期工程	48.14	2016 年 12 月
	2	抚州一中实验学校	6.53	2016 年 8 月
	3	临川二中实验学校	4	2018 年 8 月
	4	抚州市文昌里历史文化街区改造项目	18.74	2016 年 10 月
	5	廖坊水利枢纽灌区二期工程	12.89	2016 年 9 月
	6	抚州市康复医院	4	2017 年 2 月
	7	G316 资溪花山界至南城黄狮渡段公路改建工程	6.05	2016 年 11 月
南城县	1	南城县第二水厂建设工程 PPP 项目	1.675	2017 年 2 月
	2	南城县新建一中（新区中学）、泰伯学校、中医院二期、体育馆 PPP 项目	8.43	2017 年 11 月
临川区	1	临川区才都工业区东一环道路、工业大道东段道路建设工程和才子大桥新建工程 PPP 项目	2.95	2017 年 12 月
	2	临川区文化中心建设与第二小学新校区建设 PPP 项目	2.81	2017 年 12 月

	序号	项目名称	总投资额（亿元）	落地时间
东乡区	1	东乡区北港河河道治理工程 PPP 项目	7.01	2017 年 10 月
广昌县	1	广昌县城基础设施 PPP 项目	7.5	2017 年 4 月
	2	广昌县城乡生活垃圾处理设施一体化建设项目	1.62	2018 年 2 月
	3	广昌县农村生活污水集中处理项目	2	2017 年 11 月
崇仁县	1	崇仁县宝水新区海绵城市综合体系	8.4	2017 年 8 月
宜黄县	1	国道 G322 宜黄黄陂至乐安鳌溪段（宜黄境内）新建工程	3.42	2016 年 8 月
乐安县	1	国道 G322 宜黄黄陂至乐安鳌溪段（乐安境内）新建工程	5.19	2016 年 5 月
金溪县	1	抚州市金溪县医养服务提升建设项目	5.48	2017 年 12 月
资溪县	1	资溪县嵩市镇有机农业科技示范园	5.53	2018 年 4 月

资料来源：抚州市发展和改革委。

五、开展降成本优环境专项行动，切实减轻企业负担

抚州市在贯彻落实江西省"130 条"降成本优环境政策措施的同时，结合抚州实际，出台了《抚州市关于降成本、去产能、优环境全面推进实

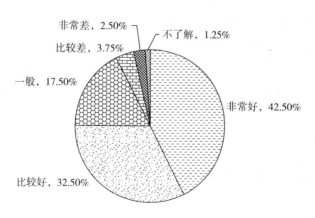

图 13-5　抚州市民营企业对降成本优环境政策落实情况的评价

资料来源：根据相关资料整理。

体经济健康发展的实施意见》，共推出 38 条惠企政策措施，并且深入、精准推进降成本优环境专项行动，切实为企业降本增效，至 2017 年底累计降低企业成本 70.5 亿元。问卷调查问及企业对于降成本优环境"130 条"政策措施落实情况时，75%的企业表示"非常好"或"比较好"（见图 13-5）。

六、支持民营企业转型升级，增强创新发展动力

面对经济发展新常态，抚州市以供给侧结构性改革为主线，以科技创新为动力，积极培育新动能。一是出台抚州市工业转型升级三年攻坚计划，明确工业转型升级的目标、任务和扶持政策。二是积极搭建企业创新平台。2016 年新增国家级企业技术中心 1 家、省级工程技术研究中心 3 家、省级"众创空间"6 家。江铃底盘技术中心被认定为国家企业技术中心。抚州高新区科技企业孵化器获批国家级孵化器、中小企业创业孵化基地被认定为全国创业孵化示范基地。抚州高新区荣获国家知识产权试点示范园区。2018 年新增 22 家国家知识产权示范企业，3 家省级科技协同创新体，新增数量列全省第一；新增 9 家省级工程技术研究中心；博雅生物企业技术中心入选国家企业技术中心拟认定名单，江铃底盘成为全省唯一一家获批国家技术创新示范企业并荣获全国机械工业质量奖，自立环保等 45 家企业 59 个新产品获省级优秀新产品奖，连续三年获奖数列全省第一。三是出台贯彻新理念培育新动能、深入实施工业强市战略、加快培育百亿企业等系列政策措施。四是设立 12 只总规模 271 亿元的市级产业引导基金。五是深入推进重大技改"三百计划"，2018 年全市工业技改投资增长 55.8%。启动实施智能制造"千百十个"计划，全市应用智能制造技术的企业达 95 家，使用智能制造设备 562 台（套），智能制造车间（生产线）24 个，智能产品生产企业 7 家。六是制定了抚州数字经济产业发展总体规划，组建市数字经济投资发展有限公司，成立星河大数据产业公司，抚州高新区获批"江西省新型工业化产业基地（数字经济）"，举办了第四届全省互联网大会。

七、开展"双返双创"活动，点燃创新创业热情

2016 年 5 月以来，抚州市大力开展以"抚商返乡创业，才子返乡创新"为主题的"双返双创"活动，出台《服务大众创业万众创新暨"双

返双创"36 条措施》，引导海内外抚州才子返乡创新、抚州商人返乡创业。
2016 年，全市抚州籍在外企业家返乡投资 2000 万元以上项目 115 个，占
全市落户项目数的 46.64%，总投资 225.3 亿元，已完成实际进资 41.1 亿
元。项目内容涵盖第一、第二、第三产业，涉及农业深加工、文化旅游、
健康养老、新型能源、生物制药、互联网金融等多个领域。同时，还搭建
创新创业平台，打造众创空间，为大学生、青年创客等群体提供创新创业
舞台，全市共建设创业孵化基地 13 个，建筑面积超 30 万平方米，其中抚
州高新区"中小企业创业孵化基地"已入孵企业 81 家，先后为入孵企业
减免补贴租金、物业管理费、水电费等 260 余万元，解决就业 1000 余人，
2016 年经国家人社部确定为第三批全国创业孵化示范基地。2017 年引进在
外抚州籍企业家返乡投资 2000 万元以上项目 120 个，占全市落户招商引资
总数 42.6%。2018 年抓好"一揽子"人才新政策的落实，柔性引进人才增
至 1337 人次，其中国家"千人计划"2 人、国家"万人计划"3 人。组建
院士工作站达 13 家，新聘请院士、科技领军人物 26 名作为市政府科技顾
问。抚州高新区、广明集团获批为江西省首批"双创"示范基地。

第四节　进一步激发抚州市民间投资
活力的对策建议

民间投资是经济发展的"晴雨表"，激活和扩大民间投资是实现抚州
高质量、跨越式发展的重要支撑力量。近年来，全市民间资本总量不足、
民间投资增速放缓、后续增长乏力，原因是多方面的，这与投资机会相对
较少有关，也与政策落实不到位有关，还与民企投资整体环境仍需改善有
关。促进抚州民间投资平稳快速发展，需在认识、理论、制度方面多管齐
下，综合施策。

一、多措并举，提振民间投资信心

一是完善平等保护产权的法律制度。确保民营企业和国有企业平等受
到法律保护，平等使用生产要素，平等参与市场竞争。废除对非公有制经

济各种形式的不合理规定，消除各种隐性壁垒。坚持有错必究，抓紧甄别纠正一批社会反映强烈的产权纠纷申诉案件。加强对非公有制经济产权保护，加快依法甄别纠正一些历史形成的涉及民企的冤错案件，并向社会公告，消除影响，提振信心。强化知识产权保护，让侵权者付出沉重代价，让企业家有成就感、安全感。

二是加强对促进民间投资政策措施的顶层设计及指导，确保县区各项政策措施既符合国家规定又契合地方实际，最大限度地发挥好政策协同效应。加快清理和修改各种歧视和不利于民间资本投资和民营经济发展的法律法规和政策措施。研究设立全市统一的企业维权服务平台。

三是采取多种措施宣传党中央、国务院鼓励和支持民间投资和民营经济发展的相关政策措施，绝不能让"文件睡在柜子里"。只要不违反保密规定，相关文件都应在政府网站公示或者通过微信公众号推送。树立和宣传优秀民营企业形象，对社会舆论进行正确引导。

二、疏通梗阻，建设公平有序的营商环境

一是进一步放开重点领域市场准入，打破"玻璃门""弹簧门"等乱象，对各类投资主体进入社会服务领域一视同仁。目前，阻碍民间资本投资的"显性障碍"已不多见，但一些地方在招投标过程中利用注册资本、资质、资格、评估等限制民企进入，"隐性障碍"依然不少。要加大公平竞争审查力度，畅通民间投资通道。

二是支持社会资本进入医疗、教育、养老领域，出台针对养老、民办医疗和教育等民生行业的民间资本管理办法，为民营资本进入这些行业提供管理依据。

三是梳理汇总民营企业在生产经营及项目落地建设中存在的困难和问题，建立问题动态台账和服务平台。

三、精准施策，努力破解民间融资难融资贵

一是建议地方政府出面成立民营企业投资基金和政府性基金，专门针对民营企业进行资金支持。

二是从国家层面、省级层面对民间投资落实扶持性的国家贷款政策。

优化征信系统，健全民营企业政策性担保机构，加大企业融资担保基金扶持力度，完善信贷风险补偿机制，现有的政策性银行应增加对民营企业特别是高新技术类企业的支持。

三是积极探索金融改革创新。推出适合轻资产企业贷款的相关工具，鼓励发展中小企业集合债券等金融产品。鼓励民间资本参与现有银行业金融机构重组改制、投资入股银行等金融机构。完善金融组织结构，不断满足中小企业千差万别的融资需求，有效解决短贷长用、过桥贷等问题。

四是稳妥推进农村土地"三权分立"改革，颁证确权，解决中小民营企业贷款抵押品不足的问题。

四、降费减税，切实做到制度性降成本

一是深入推进税收制度改革。在国家层面和省级层面加大涉企税种整合归并减免力度，从根本上解决实体经济企业税费负担过重过高问题。继续推进以营改增、清理收费为主要内容的"减税"政策，降低名义税率。继续归并简化增值税，尽量简化统一企业所得税优惠条款。加快推进"均税"政策，彻底解决行业间、地区间税负不公现象。对于营改增改革后税负增加的行业，比如，临川区的建筑行业、广昌县的物流等，研究出台新的办法，切实降低企业税负。

二是深入推进收费制度改革。适当降低企业"五险一金"缴费占工资总额的比例。适度下调残疾人就业保障金等方面的收费标准。进一步强化收费监管。取消、降低部分服务性收费。在已经公布全国政府定价的经营服务性收费目录清单"一张网"基础上，建立清单动态调整机制。充分发挥"涉企收费投诉留言"平台和全国12358价格监管平台的作用，严肃查处各类违法违规收费行为，曝光乱收费典型案例，坚决防止不合理收费死灰复燃。

三是降低制度性交易成本。在注册登记环节，清理不必要的后置审批和许可，由"先照后证"深化到"先照减证"。在投资建设方面，推行"负面清单+标准+承诺+备案"制。在生产经营环节，推进生产经营许可制度和市场认证制度并轨。

四是深入推进电力制度改革。进一步规范电网环节收费，提高两部制电价灵活性，落实国家直购电交易、综合电价扶持、峰谷电价、降低一般

工商业电价等电价扶持政策，推进输配电价格改革与电力市场化交易。结合深化增值税改革降低电网企业税负。在条件成熟的情况下，全市范围内可统一下调电价。

五是深入推进土地制度改革。建立政府储备用地制度，合理确定地价水平，积极推行工业用地弹性年期、长期租赁、先租后让、租让结合的供给制度。缩短民营企业用地审批时间，提高办事效率。降低用地成本。

六是深入推进流通制度改革。开展物流降本增效综合改革试点，打破地方保护和行业垄断，破除制约物流降本增效和创新发展的体制机制障碍，促进物流业健康发展。制定优惠政策，鼓励顺丰等大型民营物流公司进入经济欠发达地区，比如说黎川县，为企业提供先进的物流服务，降低物流成本。引导民营企业借助电子商务和跨境电子商务，加快商品和要素流动。

五、固本开源，增加人力资本的积累与形成

一是政府做好协调，针对具体产业内容，采取点对点形式，出台相应政策留住本地人才，并大力发展职业教育培训，培养一批企业急需的管理者和技术人员。

二是要创新人才机制，尊重人才，重视人才，政府出台政策前要做好调查研究，充分听取各方意见，科学决策。建议出台政策吸引高层次人才来抚州就业，设置人才引入奖励，帮助解决人才住房和子女入学问题。结合各县产业特色由工商联组织民企相关人才开展学习、培训、参观、考察活动，提升其创新、转型、运作、管理能力，更好地留住人才，保护人才。

三是政府加强宣传，搭建多样就业供需平台。宣传在家乡就业的好处和发展前景，鼓励当地人才改变就业思维，积极在家乡就业，增强本地人归属感。

六、有位必为，构建"亲""清"新型政商关系

一是加快建立规范企业依法经营和诚信经营的制度。强化企业家公平竞争权益保障，健全企业家诚信经营激励约束机制，持续提高监管的公平

性、规范性和简约性。

二是尽快出台惩戒"为官不为"、鼓励"为官有为"的措施。列明政商交往"正面清单"和"负面清单",划定政商交往界限,促进规范有利于政府和企业对接的政商交往常态化、制度化新机制,敦促政府官员既有所作为,又摆正位置。

三是开展政府清欠行动,打造诚信政府。大力推动政府诚信制度建设,完善政务诚信体系。对拖欠民企的工程款、材料款、保证金、奖励资金等制订清偿行动计划。杜绝"新官不理旧账"现象,努力消除"弹簧门"、拆掉"旋转门"、打破"玻璃门",提高政府依法行政的能力。

四是营造尊重和激励民企干事创业的氛围。树立对民企的激励导向,强化民企的遵纪守法意识,引导民企主动履行社会责任,积极投身国家重大战略。深化"放、管、服"改革,建立和完善支撑民间投资的公共服务机制。

江西省营商环境和设区市民间投资
政策落实情况调查问卷

尊敬的企业家：

　　您好！

　　为进一步优化全省营商环境，推动各项民间投资政策的落地生效，促进江西民间投资健康发展，特设计本调查问卷。请根据实际情况认真、客观填写，我们将会为您填写的内容严格保密。以下问题如无特别说明均为单选，请在相应选项方框内画"√"，谢谢您的合作！

2018 年 4 月

一、营商环境评价

企业名称或问卷编号：＿＿＿＿＿＿　（非必填选项）

1. 企业基本情况

（1）贵企业所在地区。

□南昌　　　□九江　　　□赣州　　　□上饶　　　□宜春　　　□吉安

□新余　　　□抚州　　　□萍乡　　　□景德镇　　□鹰潭

（2）贵企业主要从事哪种行业？（可多选，最多 3 项）

□农、林、牧、渔业　　　□采矿业　　　□制造业

☐电力、热力、燃气及水的生产和供应业　　☐建筑业

☐批发和零售业　　☐交通运输、仓储和邮政业　　☐住宿和餐饮业

☐信息传输、计算机服务和软件业　　☐金融业

☐房地产业　　☐租赁和商务服务业　　☐科学研究、技术服务业

☐水利、环境和公共设施管理业　　☐居民服务、修理和其他服务业

☐教育　　☐卫生和社会工作　　☐文化、体育和娱乐业

☐电子商务　　☐其他_____

（3）贵企业所有制性质。

☐国有　　　　　☐集体　　　　　☐私营　　　　☐混合所有

☐中外合资　　　☐外资企业　　　☐其他_____

（4）贵企业投资主要来源地。

☐当地　　　　　☐本省外地　　☐浙江省　　☐广东省　　☐福建省

☐本国其他外省　　☐美欧　　☐日韩　　☐港澳台　　☐其他____

（5）按照行业特点和2017年末的数据，贵企业规模属于哪类？

☐大型企业　　　☐中型企业　　　☐小型企业　　　☐微型企业

2. 对营商环境的总体评价

您认为近三年当地营商环境的变化趋势如何？

☐有明显改善　☐有一些改善　☐没什么变化　☐有变坏的趋势

☐明显恶化

3. 要素环境评价

（1）您对当地各项基础设施现状的评价。

评价项目	很满意	较满意	一般	不满意	很不满意	没有接触/不了解
公路运输						
铁路运输						
港口及航运						
空港及空运						
通信设施						

（2）与2016年相比，2017年以下各项成本变动情况。

评价项目	下降了20%以上（含）	下降了10%~20%（含）	下降了0~10%（含）	没有变化	上升了0~10%（含）	上升了10%~20%（含）	上升了20%以上（含）
用工成本							
用地成本							
用电成本							
用水成本							
用气成本							
综合融资成本							
公路运输成本							
铁路运输成本							
航运成本							
空运成本							

4. 法治环境评价

(1) 当贵企业合法权益受到侵害时，最可能采取的维权手段是什么？

□通过法律途径

□向上级主管部门投诉

□向信访、人大等其他有权机关反映

□向新闻媒体反映，启动舆论监督

□请求工商联或行业协会的帮助

□忍气吞声

(2) 企业希望加强哪些法律服务？（可多选，最多3项）

□完善企业内部管理，减少劳务纠纷

□协调税务、工商、海关等部门，解决企业困难

□加强法律咨询服务力度

□举办公益法律讲座，帮助企业了解法律热点

□其他_____

□都不需要

5. 政务环境评价

(1) 企业是否遭遇过"新官不理旧账"（指有明确合同或协议的事

项）的问题？

  □从没遭遇过 □遭遇过 1 次 □遭遇过 2 次

  □遭遇过 3 次 □遭遇过 4 次 □遭遇过 5 次及以上

  （2）您认为《关于降低企业成本、优化发展环境的若干意见》（"80条"）、《关于进一步降低企业成本优化发展环境的若干政策措施》（"20条"）、《江西省人民政府关于精准深入推进降低企业成本优化发展环境的补充意见》（"30条"），这些政策的落实情况如何？

  □非常好 □比较好 □一般

  □比较差 □非常差 □不了解/未申请/企业不符合优惠条件

  （3）您对"一次不跑"政务服务清单了解吗？

  □很了解   □有一些了解

  □听过，内容不太清楚 □完全没听过

  （4）近三个月来，在办理与企业有关的政务服务事项中，贵企业一般要跑几次办事部门（含办事大厅、服务中心）可办结？

  □一次都没跑过，网上（或有专人上门）即可办好 □1 次

  □2 次   □3～4 次   □5 次及以上

  □未办理相关事项

  （5）据您了解，以下部门是否有慢作为的现象？（可多选）

评价部门	没有公示或告知有关事项导致浪费时间	手续和流程烦琐	故意拖延未按时限办结	以上皆无
工商管理部门				
税务部门				
社会保障部门				
司法部门				
土地部门				
环保部门				
电力部门				
供水部门				
城管部门				
通信部门				

  （6）据您了解，以下部门是否有怕作为的现象？（可多选）

评价部门	以没有明文规定等为借口敷衍了事	职责范围内的工作推诿到其他部门或人员	不主动、不创新服务	以上皆无
工商管理部门				
税务部门				
社会保障部门				
司法部门				
土地部门				
环保部门				
电力部门				
供水部门				
城管部门				
通信部门				

（7）据您了解，以下部门是否有乱作为的现象？（可多选）

评价部门	吃拿卡要	乱收费/乱摊派/强制捐款	乱罚款	以上皆无
工商管理部门				
税务部门				
社会保障部门				
司法部门				
土地部门				
环保部门				
电力部门				
供水部门				
城管部门				
通信部门				

6. 市场环境评价

（1）请对当地市场信用方面做出评价。

评价项目	很满意	较满意	一般	不满意	很不满意	没有接触/不了解
建立健全信用信息公示机制						
建立激励和惩戒措施清单制度						

（2）您认为当地市场监管是否存在下列现象？（可多选，最多3项）

□基层少数执法人员素质偏低

□行政执法不公正、程序不规范

□对行政执法缺乏有效监督，自由裁量权大

□多头检查，频繁检查

□工作人员以权谋私，吃拿卡要

□市场准入存在门槛（含PPP准入、特定行业和产业准入等）

□国企与民企，本土企业与外地企业受到差别待遇

□其他＿＿＿＿＿＿＿＿＿＿＿

□不存在任何问题

7. 社会配套和创新环境评价

（1）请对当地商业服务做出评价。

评价项目	很满意	较满意	一般	不满意	很不满意	没有接触/不了解
工程服务						
管理咨询						
市场调研						
会计核算						
法律服务						
保险						
信息技术服务						

（2）请对当地社会环境做出评价。

评价项目	很满意	较满意	一般	不满意	很不满意	没有接触/不了解
环保设施与服务						
教育设施与服务						
文化设施与服务						
医疗卫生设施与服务						
体育设施与服务						

8. 营商环境监测评价

（1）据您了解，企业办理以下事项所需时间和费用为多少？

评价项目	办理时间（以工作日的天数计算）	所需费用（元）	没有接触/不了解
注册公司/开办企业			
每月纳税申报时间			
增值税退税申报时间			
退税到账时间			
企业所得税审计申报时间			
企业所得税审计完成时间			
办理施工许可			
出口报关单审查			
出口通关			
进口报关单审查			
进口通关			
产权转移登记			

（2）您认为当地获得信贷方面如何？

评价项目	很满意	较满意	一般	不满意	很不满意	没有接触/不了解
贷款难易程度						
企业续贷时间						
惠农和财园信贷通期限						
对小微企业的贷款支持						

（3）您认为当地办事优化程度和政务服务如何？

评价项目	很满意	较满意	一般	不满意	很不满意	没有接触/不了解
多种办事途径（实体大厅、电话、网上、微信等）						
审批环节和审批周期						
预约、预审流程						
申请材料多或者多部门重复递交						
一次性告知所需内容						
承诺时限办结						
中介机构收费和服务						

9. 您对江西优化营商环境有何意见或者建议？

_____

_____。

二、设区市民间投资政策落实情况

1. 民间投资总体评价

（1）贵企业认为当地促进民间投资相关政策的落实情况怎么样？

□非常好　　　□比较好　　　□一般

□比较差　　　□非常差　　　□不了解/未申请/企业不符合优惠条件

（2）贵企业在当地继续投资经营的信心指数_____。（1~10分，10分满分）

（3）贵企业今年是否有新增投资的计划？

□有，预计投资额度为_____万元　　□没有　　□正在考虑

（4）您认为当地投资环境是否存在以下问题？（可多选，最多3项）

□政策难以落实，缺乏实施细则和操作办法

□基层办事人员对政策解读随意性大

□所有制歧视　　　　　□地方保护主义严重

□产业配套及规模性差　□审批办事手续烦琐

□企业税费负担过重　　□人才缺乏，招工困难
□企业融资困难　　　　□生活环境不舒适
□社会治安状况差　　　□其他_____
□不存在任何问题

2. 对民间投资政策落实情况的评价

评价项目	很满意	较满意	一般	不满意	很不满意	没有接触/不了解
推进"放、管、服"改革，精简、整合投资项目报建审批事项						
提高审批效率，实现项目网上申报、并联审批、信息公开、协同监管						
开展民间投资项目报建审批情况清理核查						
鼓励民营企业投资新兴产业服务						
禁止设置任何门槛限制民间资本参与 PPP 项目						
进一步降低企业税费负担						
进一步规范有关部门和中介机构收费行为						
科学合理确定车辆通行费标准，开展物流领域收费专项检查						
进一步降低贷款中间环节费用，清理金融机构服务收费项目及价格						
为民间资本提供多样化融资服务						
推广"无间贷款""连连贷"，扩大无还本续贷政策适用范围						

评价项目	很满意	较满意	一般	不满意	很不满意	没有接触/不了解
建立健全省、市、县三级政府出资的融资担保机构						
加强政府失信行为监管，确保政府诚信履约						
因地制宜明确政商交往"正面清单"和"负面清单"						
加强各种所有制经济产权保护						

3. 您对加强民间投资政策落实有何意见或者建议？

_____

_____

_____ 。

参考文献

［1］刘进军，何元峰等．甘肃省促进民间投资相关政策措施落实情况调研报告［J］．甘肃行政学院学报，2018（1）．

［2］国家行政学院经济学部课题组．大力促进民间投资政策措施落实情况评估与思考［N］．中国经济时报，2017-09-28.

［3］江西省政府办公厅．江西省人民政府办公厅关于进一步完善政务服务机制提升政务服务效能的通知［EB/OL］．江西省人民政府网，2018-04-24.

［4］江西省政府办公厅．关于印发降低社会保险费率综合实施方案的通知［EB/OL］．江西省人民政府网，2019-04-24.

［5］鹰潭市市场监督管理局．鹰潭市市场监督管理局关于服务民营经济发展的若干措施［EB/OL］．鹰潭市人民政府网，2019-03-18.

［6］鹰潭市政府．2019年鹰潭市政府工作报告［N］．鹰潭日报，2019-01-30.

［7］国务院办公厅．国务院办公厅关于全面推行行政执法公示制度执法全过程记录制度重大执法决定法制审核制度的指导意见［EB/OL］．中华人民共和国中央人民政府网，2018-12-05.

［8］江西省人民政府中共江西省委 江西省人民政府关于支持民营经济健康发展的若干意见［N］．江西日报，2019-02-15.

［9］景德镇市人民政府中共景德镇市委 景德镇市人民政府关于支持民营经济高质量发展的实施意见［EB/OL］．景德镇市城市管理局，2019-04-23.

［10］中共景德镇市委统战部．景德镇市建设"一机制四平台"打通服务非公经济"最后一公里"［EB/OL］．中共江西省委宣传部，2017-11-20.

［11］张志岳．改革开放以来景德镇市非公有制经济发展综述［N］．景德镇日报，2019-02-19.

［12］抚州市人民政府．2016~2018年抚州市政府工作报告［EB/OL］．抚州市政府网，2019-02-19.

［13］国务院办公厅．国务院办公厅关于进一步激发民间有效投资活

力促进经济持续健康发展的指导意见［EB/OL］．中华人民共和国中央人民政府网，2017-09-01．

［14］中国财政科学研究院宏观经济研究中心课题组．政府投资效果评价研究——对国家预算内固定资产投资的宏观效应分析［J］．财政科学，2017（9）．

［15］辜胜阻，韩龙艳，李文晶．进一步激活民间投资的战略思考［J］．学习与实践，2018（5）．

［16］王凤祥，张伟．环境规制、民间投资与我国绿色技术创新［J］．科技管理研究，2017，37（11）：211-216．

［17］邱信丰，吴锋刚．江西民间投资产业结构现状、问题及优化路径分析［J］．金融与经济，2017（4）．

［18］Evans P.，Karras G. Are Government Activities Productive? Evidence from a Panel of US States［J］．The Review of Economics and Statistics，1994（1）：1-11．

后　记

优化营商环境，落实民间投资政策，是一个地方经济发展的重要基础，也是解放生产力、提升竞争力的基本条件。进入新时代，对进一步落实民间投资政策提出了新要求。本书运用定量和定性分析相结合的方法，从要素、法治、政务、市场、配套和创新等多个维度对江西省及十一个设区市落实民间投资政策的状况及存在的主要问题进行了深入的分析，在此基础上提出了进一步改善江西营商环境、落实民间投资政策的政策建议，这对于拉动民间投资、促进江西经济高质量跨越式发展具有重要意义。

本书由麻智辉、高玫全程策划，提出选题和框架，拟定提纲，并负责全书的统稿、定稿。各章撰写分工如下：

第一章：麻智辉。第二章：麻智辉、高玫、方芳。第三章：麻智辉、余永华、薛飞、揭昌亮。第四章：麻智辉、刘晓东、余永华、朱顺东。第五章：高玫、刘晓东、郭佳、薛飞。第六章：余永华、朱顺东。第七章：高玫、方芳。第八章：方芳、麻骏斌。第九章：刘晓东、汤忠根、余永华。第十章：朱顺东、薛飞。第十一章：麻智辉、薛飞。第十二章：郭佳、麻骏斌。第十三章：高玫、揭昌亮。附录：麻智辉、高玫、方芳。